세상을 뒤흔든 10대들

소녀 편

코코 샤넬부터 나탈리 포트만까지,
한 권으로 만나는 46가지 인생 이야기

세상을 뒤흔든 10대들

미셸 로엠 매칸 · 아멜리 웰든 지음 | 장은재 옮김

소녀 편

라의눈

미래는 자신이 갖고 있는 꿈의 아름다움을 믿는 사람들의 것이다.
— 엘리너 루즈벨트 ELEANOR ROOSEVELT

그대에게 역사상 중요한 인물을 말해 보라고 하면 – 누구의 이름을 댈까? 그대 역시, 여자보다 남자의 이름을 더 많이 생각해 낼 것이다 (그렇지 않다면, 그대가 훌륭한 거다!). 사람들은 왜 하나같이 역사상 유력한 인물에 대해 남자 위주로 생각할까? 여자가 중요한 일을 하지 않았기 때문일까? 절대 그렇지 않다! 여자의 힘, 재능, 인내심은 세계 문화와 문명 형성에 매우 중요한 역할을 해 왔다. 기록되고 가르쳐진 역사에서 여성들의 많은 이야기가 무시됐을 뿐이다.

다행히 근래에는 여성의 역사적 역할을 복구하는 방향으로 진보가 이뤄지고 있다. 그대들 대다수가 아멜리아 이어하트 Amelia Earhart, 수전 B. 앤서니 Susan B. Anthony, 로자 파크스 Rosa Parks 등 경이로운 여성들의 업적을 기록한 책을 읽었을 것이고, 속으로 이렇게 생각했을지도 모른다. '이봐요, 내가 크면 그 못지않게 중요한 일을 할 수 있을 거라고요!' 오늘날 역사책들이 예전보다는 훨씬 여성들을 인정하고는 있지만, 오늘을 사는 소녀인 그대는 내일의 역사책에 자신들의 이야기가 실릴 수 있다는 점을 알아야 할 것이다.

'세상을 뒤흔든 10대들: 소녀편'에서 말하고 싶은 것은 그대들은 어른이 될 때까지 기다릴 필요가 없다는 사실이다. 이 책에 실린 소녀들은 세상을 뒤흔들기 위해 어른이 될 때까지 기다리지 않았다.

세상을 뒤흔든다는 것이 꼭 유명해지거나 엄청난 부자가 되는 것을 뜻하지는 않는다. 그대가 기회를 잡고, 변화하고, 다른 사람들에게 영감을 주고, 자립하고, 그대에게 쏟아지는 비판을 무시하고, 사람들의 마음을 바꾸거나 누군가의 마음을 편안하게 해 준다면, 그렇게 하는 것이 바로 세상을 뒤흔드는 것이다. 세상을 뒤흔든다는 것은 그냥 물러나 앉아 세상이 그대를 흔들게 내버려두지 않는다는 의미이다.

이런 생각을 마음에 품고, 우리는 '세상을 뒤흔든 10대들: 소녀편'의 작업을 시작했다. 우리는 경탄할 만한 소녀들의 역사를 다시 복원하는 일에 참여했다는 사실에 자부심을 느낀다. 또한 우리의 작업을 통해 그대가 자신의 꿈을 발견하고, 그대 안에 잠재된 남다른 힘을 믿게 되기를 바란다.

훌륭한 소녀들이 너무나 많아서, 책에 포함시킬 대상을 결정하기가 꽤나 어려웠다. 역사상 기록이 남은 소녀들, 혹은 나이 스물이 되기 전에 중대한 일을 시작한 경우를 선택했고 국가, 시대, 성취의 다양성을 반영하도록 신경 썼다. 이 책의 주인공들은 지구상 곳곳에서 출현했고, 각자 완전히 다른 방식으로 세상을 뒤흔들었지만, 그들에게는 몇 가지 공통점이 있다. 가난, 부족한 교육, 불우한 가정환경, 성차별적인 사회, 억압적인 정부, 질투심 많은 남편, 자기 불신 등의 장애를 극복하고 자신의 꿈을 실현했다는 사실이다. 이 책의 주인공 누구도 쉬운 길을 갈 수 없었지만 결코 포기하지 않았다.

20세 이전이란 제한을 두어, 만년에 영향력 있는 성취를 이룬 수천 명의 여성들을 포함시킬 수 없었다. 노예 해방과 여성 인권 운동가였던 아프리카 노예 출신 소저너 트루스 Sojourner Truth 나, 최초의 여성 우주인인 소련 우주비행사 발렌티나 테레쉬코바 Valentina Tereshkova 처럼 믿을 수 없을 정도로 훌륭한 성취를 이룬 여성들이 그렇다.

그대는 이 책에 소개된 주인공들이 경탄할 만한 성취를 이룬 수백만 명의 훌륭한 소녀들 중 일부에 불과하다는 사실을 명심해야 한다. 우리는 이 책에 소개된 소녀들의 삶이 우리를 감동시킨 만큼 그대의 삶에도 격려가 되기를 희망한다. 그들은 현 시대를 살아가는 소녀들이 꿈에 따라 살아가고, 열정에 따라 행동하며, 목표를 달성할 수 있다는 분명한 증거다.

그러니 이제는 그대가 나서서 세상을 뒤흔들 차례다!

이 책에 소개된 소녀 중의 한 명인 안나 엘리자베스 디킨슨 Anna Elizabeth Dickinson이 말한 것처럼 '세상은 세상을 갖고자 하는 사람들의 것'이다.

차 례

애슐리
로즈-쿠터

Ashley Rhodes-Courter

1985년~ | 작가이자 사회운동가 | 미국

나는 애슐리가 자신의 이야기를 용기 있게 밝힌 점에 박수를 보낸다.
또한 가정위탁보호 시스템 foster care system의 관리를 받는 아이들을
돕기 위해 노력하는 이 젊은 여성을 공개적으로 칭찬하고 싶다.

수전 버킹엄 슬레이드 Suzanne Buckingham Slade 작가

열일곱 살 애슐리는 대학에 가기로 결정했지만, 돈이 없었다. 몇 해 전, 그녀를 입양한 양부모는 사랑과 안전한 보금자리를 제공해 주었지만, 대학 등록금을 부담할 능력은 없었다. 애슐리는 글쓰기 대회에 응모해 상금을 타기로 결정했다!

'가장 강렬한 충격을 받았던 날'을 주제로 글을 공모한다는 뉴욕타임즈매거진 New York Times Magazine의 기사를 읽는 순간, 애슐리는 어느 날에 대해 써야 할지 정확히 알 수 있었다. 그녀가 입양되던 날이었다.

애슐리는 조립식 소파에 깊숙이 등을 기대고 앉아 방 한켠에 있는 텔레비전의 화면에 온 정신을 집중했다. 법정을 녹화한 비디오가 돌

아가기 시작하고 자신의 모습이 화면에 나타나자 애슐리는 다시 그 순간으로 돌아간 듯 긴장과 초조에 속이 울렁거리기 시작했다. 화면 속에서 판사가 열두 살 애슐리에게 묻고 있었다.

"입양되기를 원합니까?"

화면 속의 애슐리가 어깨를 움츠리며 말했다.

"그런 것 같아요."

'어린 고아 애니 Little Orphan Annie'(*미국의 만화가 해롤드 그레이 Harold Gray의 만화(1924) – 옮긴이)와 같은 대답은 아니었지만, 그보다 훨씬 강력한 반응이었다. 입양은 복잡하고 어려운 일이었다. 9년 동안 14개 위탁 가정에서 살았고, 44명의 사회복지사, 23명의 변호사, 19명의 위탁 부모, 3명의 학대 기록 등기소 직원, 4명의 판사의 손을 거친 열두 살의 소녀에겐 더욱 더 그랬다. 마침내 애슐리는 영원히 자신을 입양할 가정을 찾았지만, 그러는 것이 정말 자신을 위해 최선인지 알 도리가 없었다. 애슐리 로도스에게 삶은 시련과 혼란만이 가득한 것이어서, 또 한 번 다른 가정으로 옮겨 가는 일에 대해 흥분하거나 기대를 가질 만한 여지는 없었다.

대회에 응모할 글쓰기를 마친 애슐리는 '세 개의 작은 단어 Three Little Words'란 제목을 붙였다. 입양이 결정되던 날, 그녀가 판사에게 했던 말이 세 단어 "그런 것 같아요 I guess so"였기 때문이다. 그녀는 대학 등록금에 보탤 상금을 탈 수 있기를 간절히 바라며 원고를 잡지사로 보냈다. 자신의 글이 대상을 받게 되었을 때, 애슐리는 마냥 행복했다! 애슐리의 이야기가 잡지에 실리고, 책으로 출판하자는 제의

도 들어왔다. 모든 사람들이 애슐리의 이야기
에 관심을 가졌다.

애슐리의 위탁 부모 중 한 여자는 애슐리가 쓰러질 때까지 땡볕 아래서 운동장을 뛰게 했다! 그녀는 후에 위탁받았던 아이들 여러 명을 학대한 혐의로 기소되었다.

그녀의 이야기는 길고 고통스러웠다. 애슐
리가 세 살일 적에 그녀의 생모와 의붓아버지,
어린 남동생은 플로리다로 이주했다. 애슐리
의 엄마는 이렇게 말했다고 한다.

"영원히 행복하게 살기 위해 햇빛의 주 Sunshine State(*미국 플로리다
주의 속칭, Sunshine에는 행복이란 뜻도 있다 – 옮긴이)로 이사하는 거야."

하지만 가족이 플로리다에 도착했을 때, 애슐리의 어머니와 의붓아
버지는 경찰에 체포됐고, 애슐리와 남동생은 모르는 사람의 가정으로
보내졌다. 동생과 같은 집에 살 때도 있었고, 따로 살 때도 있었다. 애
슐리는 궁금했다. '내가 무슨 끔찍한 일을 저질렀기에 엄마와 떨어져
살아야만 하는 걸까?'

애슐리는 어린 시절 내내 글쓰기를 좋아했지만, 책 같은 것을 써 보
겠다고 생각한 적은 없었다. 그녀가 쓴 글은 대부분 시, 노래, 일기 같
은 것이었고 그것을 다른 사람에게 보일 생각은 해 본 적이 없었다.
애슐리는 많은 가정을 옮겨 다녔고, 때때로 다른 위탁 아동들과 함께
살기도 했다. 아이들은 애슐리의 소지품을 훔치거나 망가뜨리기 일
쑤였다. 애슐리에겐 자신이 썼던 글이 거의 남아 있지 않았다. 하지만
애슐리는 글을 쓰는 과정에서 위안을 얻었고, 쓰고 나서는 언제라도
기억해낼 수 있도록 그 시와 노래들을 외워 두었다. 그렇게 하면 아무
도 시와 노래를 훔쳐갈 수 없을 테니까.

애슐리가 5학년이던 어느 겨울 날, 담임 선생님은 그녀에게 방과 후에 남으라고 말했다. 애슐리의 담임 선생님은 친절했지만 엄격하기도 한 분이었다. 이날 선생님이 애슐리를 남으라고 한 이유는 야단을 치려는 것이 아니라 상을 주기 위해서였다. 선생님은 자신의 책상 서랍에서 책을 한 권 꺼내 그녀에게 건넸다. '빨강머리 앤'이었다.

그것은 애슐리가 태어나 처음으로 갖게 된 책이었다. 책 표지를 열자 선생님이 써 놓은 글이 눈에 들어왔다. 선생님의 글로 인해 선물은 좀 더 특별한 것이 되었다. 애슐리는 책을 읽어 나가면서 책의 주인공과 자신이 많은 점에서 비슷하다는 사실을 깨달았다. 주인공 앤은 빨간 머리의 고아였고, 이름도 알파벳 A로 시작했다. 애슐리는 앤만이 아니라 소설 속의 단어들이 그려 내고 있는 생각과도 연결된 느낌이 들었다.

애슐리의 글쓰기는 글쓰기 대회에 입상함으로써 새로운 전환점을 맞았다. 그러나 책을 쓴다는 것은 훨씬 겁나는 일이었다. 양어머니 게이가 애슐리를 격려해 주었다.

"걱정하지 마라, 내가 도와 줄게."

게이는 소설가였다. 그녀는 책을 쓰는 과정을 잘 알았고, 책을 출판하기 위해 애슐리가 무엇을 해야 할지도 알고 있었다. 또한 게이는 애슐리가 자신의 삶에 관해 쓸 작정이라면, 그녀가 위탁보호를 받으며 살았던 모든 곳을 기록한 파일을 플로리다 주 당국으로부터 확보해야 한다는 사실 역시 알고 있었다. 애슐리와 게이는 함께 기록 파일을 검토했고, 애슐리가 이전에 위탁되었던 가정들과도 접촉했다. 두 사람은 인터뷰를 모았고, 애슐리가 여러 해 동안 잊고 지냈던 장소들을 방문했다.

일단 초고를 작성한 후 애슐리는 다른 사람들에게 그 원고를 읽게 하고, 원고에 대한 그들의 생각을 들었다. 게이가 가장 자주 했던 지적(그건 다른 사람들도 마찬가지였다)은 좀 더 많은 감정을 책에 표현하라는 것이었다. 이것은 가장 큰 어려움이자 해결해야 할 과제가 되었다.

"어릴 적부터 내겐 감정 표현이 허락되지 않았어요. 나는 거절, 슬픔, 고통, 죄의식, 공포 등의 감정에 휘둘리지 않도록 무진 애를 써야 했어요."

자신이 느끼도록 허용하지 않았던 감정을 글로 표현하는 것이 애슐리에게는 어려운 일이었던 것이다. 하지만 애슐리는 주변 사람들의 평가가 진심에서 우러난 것임을 알았다. 그들은 애슐리가 묘사한 장소나 행위 이상의 무엇인가를 통해 애슐리와 유대감을 갖게 되기를 바랐고, 애슐리의 글 속에서 그녀의 감정을 느끼고 싶어 했다. 애슐리는 여러 번 글을 수정했다.

그러나 애슐리는 자신의 책이 고아의 눈물을 담은 감상적인 이야기가 돼서는 안 된다고 생각했다. 자신의 이야기가 독자들로 하여금 복지시스템의 실상에 대해 이해하고, 그런 시스템으로 인해 위탁보호 대상 아동들이 맞닥뜨리게 되는 문제들을 인식하여 구체적인 행동을 하게 되길 원했다. 또한 자신의 책이 위험에 빠진 청소년들과 함께 일하며 그런 청소년들의 삶이 변화될 수 있도록 애쓰는 모든 사람들에게 고마움을 전하기를 바랐다. 그들은 아이들에게 안전한 가정을 찾아 주기 위해 매일 늦게까지 일하면서도, 자신들의 격무에 대해 감사의 보상을 받지 못하고 있었다.

'세 개의 작은 단어'가 2008년에 출간되었을 때, 애슐리의 나이는 스물셋이었다. 이 책은 뉴욕타임즈 베스트셀러가 되었고, 애슐리는 북 투어를 통해 위탁보호시스템에 대한 인식이 고취되도록 노력했다. 애슐리는 플로리다 지역에 방영된 '입양 탐구 Explore Adoption'라는 텔레비전 쇼에도 출연했는데, 후에 그 쇼는 에미상을 수상했다. 또한 그녀는 리바이스사의 여권 신장 커뮤니티인 'Shape What's to Come(미래를 디자인하자)'의 홍보대사를 맡았고, 2011년에는 MTV의 국제 특파원이 되었다.

글쓰기 공모전에서 획득한 상금으로 에커드 대학 Eckerd College에 진학한 그녀는 언론과 공연을 전공했으며, 2008년 졸업했다. 이제 애슐리는 남가주 대학(USC)의 대학원에서 사회복지를 공부하고 있다. 학업과 병행해 위탁보호 아동의 엄마 역할을 하면서, 전국을 돌며 위탁보호에 관한 강연도 계속하고 있다.

위탁보호의 목적은 아이들이 영구적이고 사랑에 넘치는 가정(자신의 가족이든 입양된 가족이든 상관없다)을 찾을 때까지 안전한 장소에서 머물 수 있게 하는 것이다. 모든 위탁 가정이 나쁜 것은 아니지만 많은 위탁 가정이 이상적인 수준에 못 미치는 것 또한 사실이다.

2009년 현재 미국에는 424,000명의 아동이 위탁 가정에서 살고 있다.

나는 이렇게 세상을 뒤흔들 거야!

나는 10대들이 가족, 친구, 학교로 인해 겪게 되는 스트레스를 극복할 수 있는 책을 써서 세상을 흔들고 싶다. 나는 학교 공부를 제대로 따라가지 못하는 아이들이 친구나 가족과의 문제 때문이란 것을 알고 있다. 10대에게는 학교의 상담 교사로부터 얻을 수 없는 자신 감과 가이드가 필요하다. 나는 책으로부터 얻은 조언을 이용해 안심할 수 있었고, 다른 아이들에게도 똑같은 효과가 있을 것이라고 믿는다. 이것이 내가 세상을 뒤흔드는 길이다.

에밀리 앤 브레이크 Emily Ann Brake ● 13세

※ '나는 이렇게 세상을 뒤흔들 거야'에 인용된 소녀들의 나이는 인용 시점을 반영한 것이다.

나탈리 포트만

Natalie Portman

1981년~ | 배우 | 이스라엘, 미국

나탈리는 청바지에 따뜻해 보이는 체크무늬 코트를 입고, 갈색 머리를 뒤로 넘겨 늘어뜨린 모습이었다. 그녀는 밖으로 걸어 나가 장갑 낀 손을 말뚝 울타리에 올려놓았다. 겨울 아침에 볼 수 있는 평범한 이웃집 소녀와 다르지 않았다. 그녀를 둘러싼 촬영 스태프만 없다면 말이다.

사실 나탈리는 이웃집 소녀가 맞다. '뷰티풀 걸 Beautiful Girls'이란 영화에서 그녀는 주연 배우 티모시 허튼 Timothy Hutton의 이웃에 사는 소녀 마티 Marty 역을 맡았다. 나탈리가 자신의 대사를 시작했다. 허튼의 눈 치우는 능력에 대해 농담을 주고받는 장면이었다. 당시 나탈리는 10대 초반의 소녀였음에도 불구하고, 연기하는 모습은 자신감 있나탈리는 과학자이기도 하다! 공동 연구자로 저술한 두 편의 논문이 과학 저널에 실리기도 했을 정도이다. 그녀는 또한 미국에서 가장 권위 있는 고등학생 과학 경시대회인 '인텔 과학 영재 경선 Intel Science Talent Search'의 준결승까지 진출했다.

고 침착했다.

그 장면은 2분 30초 정도에 불과했지만, 그 짧은 시간에 나탈리는 영화의 나머지 부분에서 그녀가 연기해야 할 엉뚱한 캐릭터를 성공적으로 창조해 냈다. 영화가 개봉되자 나탈리의 연기는 극찬을 받았고, 시카고 영화비평가 협회로부터 최우수 조연 배우 및 가장 촉망되는 여배우 상의 후보로 지명되기까지 했다! '뷰티풀 걸'에서의 호연을 발판으로 나탈리는 가장 성공한 영화 스타의 반열에 올랐다.

나탈리 포트만으로 알려진 이 여배우는 1981년 6월 9일, 이스라엘의 예루살렘에서 태어났다. 그녀의 본명은 나탈리 헤르슐라그 Natalie Hershlag이다(나중에 연기를 시작하면서 가족의 사생활을 지키기 위해 예명으로 포트만을 쓰게 된다). 나탈리의 아버지는 산부인과 의사이고, 엄마는 예술가다. 나탈리가 세 살 때 가족은 미국으로 이주했고, 코네티컷 주의 워싱턴DC에 살다가 뉴욕으로 이사했다.

나탈리는 어려서부터 예술적 재능을 드러냈다. 나탈리는 댄스를 배우고 연극 캠프에 참가하곤 했다. 이웃에 사는 친구들과 공연 장면을 흉내내며 놀기도 했다. 그녀는 어릴 때부터 사람들의 눈길을 사로잡는 존재감을 뿜어냈다. 열한 살 때는 피자 가게에서 레블론 Revlon 화장품의 모델 제의를 받기도 했지만 거절했다. 연기에 집중하고 싶었기 때문이다. 그녀의 연기에 대한 열정과 집중은 이내 보상받게 되었다. 열두 살 때, 자신의 데뷔작인 '레옹 Leon: The Professional'을 통해 스타가 될 기회를 잡았던 것이다. 레옹은 부모가 살해당한 후 전문 킬러의 제자가 되는 소녀의 이야기를 그린 것이다. '레옹'에서 나탈리가 보여준 연기에 대부분 호평을 보냈지만, 일부 평론가들은 성인 취향의 폭력적인 주제에 대해 거북해했고, 더구나 그 역을 연기한 배우의 나이가 너무 어리다는 점을 불편하게 생각했다.

'레옹'으로 데뷔한지 얼마 안 지나서, 나탈리는 다른 배역을 따냈다. 1996년 개봉된 영화 '뷰티풀 걸'에서 그녀가 맡은 역은 조숙한 이웃집 소녀 마티였고, 비평가들은 다시 한번 나탈리의 연기에 강한 인상을 받았다. 뉴욕타임즈에 실린 한 리뷰는 이렇게 평하고 있다.

"관객을 뿅 가게 만드는 신인 budding knockout이 주연보다 더 눈길을 끄는 훌륭한 연기 scene-stealingly good를 했다."

1990년대 후반 나탈리는 영화계의 떠오르는 별로서의 입지를 확고하게 다졌다. 나탈리는 '여기보다 어딘가에 Anywhere but Here'에서 엄마와 함께 미국을 횡단하는 딸을, 그리고 스타워즈 속편 3부작(스타워즈 에피소드 1-보이지 않는 위협, 에피소드 2-클론의 습격, 에피소드 3-시스의 복수)에서 파드메 아미달라 여왕 역을 연기했다. 2000년대 들어서는 '가든 스테이트 Garden State', '클로저 Closer', '브이 포 벤데타 V for Vendetta', '마고리엄의 장난감 백화점 Mr. Magorium' s Wonder Emporium', '천일의 스캔들 The Other Boleyn Girl', '브라더스 Brothers', '블랙 스완 Black Swan' 등에서 주연을 맡았다. 나탈리는 다양한 역을 연기했고, 이들 영화 대부분이 성인 관객 취향이라는 점을 주목해야 할 것이다.

나탈리는 도전적인 역을 겁내거나 피한 적이 없다. 다양한 스펙트

럼의 역할을 맡아 성공했다는 사실이 배우로서 나탈리의 다재다능함을 말해 준다. 나탈리는 어떤 역할을 맡을 때마다 최선을 다해 준비하는 것으로 잘 알려져 있다. '브이 포 벤데타'에서의 배역을 소화하기 위해 나탈리는 머리를 삭발했고, 영국 억양의 완벽한 영어를 구사하기 위해 발성 코치를 두고 일상생활에서도 영국식 영어를 사용하며 연습을 계속했다. '블랙 스완'에서 발레리나 역을 하기 위해 하루 8시간씩 발레 연습을 했고 갈비뼈 부상과 뇌진탕에도 불구하고 연기를 계속했다. 그녀는 배역에 완전히 몰입하는 자신을 이렇게 설명한다.

"연기의 가장 좋은 점은 다른 사람의 삶을 살아 보고, 그들과 같은 경험을 할 수 있다는 거예요. 그 사람들의 눈에 세상이 어떻게 보이는지를 알게 되는 거죠."

나탈리는 노력에 걸 맞는 찬사를 받았다. 아카데미상, 골든글로브상, 미국배우조합상 Screen Actors Guild Award, 영국아카데미상 BAFTA Award 등 수많은 상을 수상한 것이다. 나탈리의 성취는 연극으로까지 확장된다. 브로드웨이에서 공연된 연극 '안네 프랑크의 일기'에서 주인공을 맡았고, 안톤 체호프의 연극 '갈매기'에도 출연했다. 나탈리는 핸섬찰리필름 HandsomeCharlie Films이란 제작사를 설립해 영화제작자로도 활동하기 시작했다.

나탈리는 자신의 일생 내내, 자신을 진보시키는 데 전력을 기울였다. 그녀는 배우로 성공한 만큼이나 학업에서도 탁월한 성취를 보였다. 뉴욕 롱아일랜드 Long Island에 있는 공립 고등학교에 다닐 때는 대학과목 선이수 과정 advanced placement curriculum(약칭 AP)을 마쳤고, 졸업시험 공부를 위해 '스타워즈 에피소드 1-보이지 않는 위협'의 뉴욕 시사회에 불참하기도 했다! 나탈리는 하버드 대학에 입학해 심리학을 전공했고, 대학 재학 중에는 공부에 집중하기 위해 여름 방학 때만 영화 촬영에 임했다. 하버드대학 졸업 후, 나탈리는 예루살렘의 헤브루 대학 Hebrew University에서 공부를 계속했다. 그녀는 헤브루어와 영어를 능숙하게 구사하며 아랍어, 프랑스어, 독일어, 일본어를 배웠다.

나탈리는 여러 가지 사회 문제에 관심과 열정을 갖고 있다. 동물의 권리에 대해 강한 신념을 갖고 있는 그녀는 여덟 살 이후 채식주의자로 살고 있다. 모피, 가죽, 깃털 등 동물의 사체를 사용한 옷을 입지 않으며, 동물로부터 얻은 재료를 전혀 사용하지 않는 신발을 만들어 출시하기도 했다.

또 한 가지 나탈리가 소망하는 것이 있다. 전 세계의 가난한 사람들이 자신과 가족을 돌볼 수 있을 만큼 돈을 벌 수 있는 세상을 만드는 것이다. 나탈리는 개발도상국의 가족들에게 은행 업무를 지원하는 국제기구와 함께 일하고 있다. 그들이 하는 사업 중에는 소액융자 microloans란 것이 있는데, 자신의 사업을 시작하려는 사람들(주로 여성들)에게 소액의 자금을 지원하는 일이다.

나탈리는 자신의 사생활을 공개하는 것을 꺼렸지만, 그녀가 가족을 중요하게 여긴다는 사실은 의문의 여지가 없다. 그녀는 '블랙 스완'을 촬영하면서 만난 프랑스 출신의 발레리나 벵자멩 밀피에 Benjamin

Millepied와 가정을 이뤘고, 둘 사이에 아들을 얻었다.

나탈리는 이제 자신의 삶에 엄마란 역할을 추가했다. 우리는 쉼 없이 진화하고 있는 그녀의 연기를 계속 지켜볼 수 있게 되었다. 지성, 창의성, 배움에 대한 갈증으로 나탈리는 늘 새로운 도전을 준비할 것이며, 우리에게 도전에서 성공하는 모습을 보여줄 것이다.

지금 세상을 흔들고 있는 소녀!

애비게일 브레슬린 Abigail Breslin

1996년생인 애비게일 브레슬린은 세 살 때부터 연기 생활을 시작했다! 애비게일은 몇 개의 광고에 출연했고, 다섯 살이 되자 영화 '싸인 Signs'에 출연했다. 애비게일은 '리틀 미스 선샤인 Little Miss Sunshine'에서의 올리브 역으로 아카데미 여우조연상 후보에 이름을 올렸다. 오스카상 역사상 최연소 후보였다. 애비게일은 자신이 맡은 캐릭터에 생명을 불어넣는 능력을 갖고 있는 것으로 유명하다. 애비게일은 영화계의 스타가 되어 세상을 흔들 것이 틀림없다.

※ '지금 세상을 흔들고 있는 소녀'에 관한 정보는 공개된 자료들로부터 얻어진 것이다.

고토 미도리

Midori Goto

1971년~ | 바이올리니스트 | 일본, 미국

우리는 음악가로서의 자신에 대해 비판적일 수 있도록 훈련을 받고,
그렇게 훈련된 자기 비평을 통해 더 향상될 수 있다. 하지만 근본적으로
우리는 음악을 사랑한다. 연습하고 또 연습하며 음악을 계속하도록
우리를 몰고 가는 힘은 바로 사랑이다. 나는 음악을
아주 많이 사랑하고, 음악은 내게 아주 많은 기쁨을 준다.

고토 미도리 Midori Goto

축제는 야외에서 열렸고, 여름밤은 덥고 습했다. 열네 살 미도리는 무대에 서 있었고, 그녀의 앞쪽엔 유명한 작곡가이자 지휘자인 레너드 번스타인 Leonard Bernstein이 있었다. 보스턴 심포니 오케스트라의 연주자들에 둘러싸인 미도리는 탱글우드 뮤직 페스티벌 Tanglewood Music Festival 공연에서 중요한 바이올린 독주를 맡았다.

미도리는 이미 번스타인 작곡의 어렵기로 유명한 '바이올린, 현악 합주단, 하프 및 퍼커션을 위한 세레나데 Serenade for Violin, String Orchestra, Harp, and Percussion'를 4악장까지 훌륭히 연주하여 청중들을 놀라게 만든 상태였다. 마지막 악장인 제5악장이 시작되었다. 뉴욕타

임즈는 이날 연주를 '기술적으로 거의 완벽했다'고 평하며, 어려운 작품에 도전한 미도리에 대해 놀라움 가득한 찬사를 보냈다.

마지막 악장이 어느 정도 진행되었을 때, 미도리는 바이올리니스트라면 누구나 두려워하는 사고에 직면했다. 바이올린의 줄이 끊어진 것이다. 하지만 미도리는 특유의 침착함으로 상황을 수습했다. 몸을 돌려 악장(바이올린 파트를 이끌면서 지휘자를 보조하는 인물)의 바이올린을 빌렸던 것이다. 악장의 바이올린은 미도리가 연주하던 바이올린보다 눈에 띄게 컸고 그녀의 악기와 많이 달랐지만, 미도리는 아주 잠깐 쉰 다음 '세레나데' 연주를 계속했다.

위기는 그렇게 물러간 듯했고, 오케스트라는 연주를 이어갔다. 하지만 잠시 후 생각할 수도 없는 일이 일어났다. 또 다시 바이올린 줄이 끊어진 것이었다! 이번에 미도리는 부악장의 바이올린을 빌려야 했다. 그러나 그 바이올린은 미도리가 쓰던 것과 너무나 달랐다. 노련한 연주자도 당황할 수밖에 없는 상황이지만 미도리는 악장의 끝까지 매끄럽게 연주를 끝냈다. 연주가 끝나자 청중과 동료 연주자들 모두 기립해 크고 열렬한 환호와 박수갈채를 보냈고, 지휘자였던 번스타인은 감격에 겨워 이 어린 연주자를 부둥켜안았다. 당시 그 자리에 있었던 사람들은 자신들이 전 세계적으로 돌풍을 일으킬 젊은 연주자의 역사적인 연주 장면과 함께 했다는 사실을 몰랐을 것이다.

음악 전문가들에게 미도리라는 이름으로 알려진 고토 미도리는,

1971년 10월 25일 일본의 오사카에서 태어났다. 그녀는 걸음마를 시작할 때부터 바이올린에 관심을 가졌고, 부모를 졸라 세 살 생일에 바이올린을 선물 받았다. 그것이 그녀의 첫 악기였다. 그녀는 네 살 때부터 바이올리니스트였던 어머니와 함께 음악 공부를 시작했다.

1980년대 초 미도리 가족은 미국으로 이주했고, 그녀는 세계적으로 유명한 줄리어드 음악학교에서 20세기 최고의 바이올린 교사로 일컬어지는 도로시 딜레이 Dorothy DeLay 교수에게 배울 수 있었다. 그녀는 겨우 열한 살 때 뉴욕 필하모닉 오케스트라의 송년의 밤 축제 New Year's Eve Gala를 통해 데뷔했다. 원래 미도리의 연주는 프로그램에 없었는데, 그녀의 재능에 깊이 감명받은 오케스트라의 음악 감독이 마지막 순서에 그녀를 포함시켰던 것이다. 미도리를 전설로 만든 탱글우드의 연주는 그로부터 몇 년 후에 이루어졌다. 이후 미도리는 전 세계를 순회하며 수천 회의 연주회를 가졌다. 1년 동안 무려 100회에 달하는 연주회를 가진 적도 있었다. 그녀는 열네 살 때부터 음반을 녹음했고, 2012년까지 열 개가 넘는 앨범을 냈다.

미도리는 열다섯 살에 줄리어드 음악학교를 떠나 자신만의 방식으로 바이올린을 공부하겠다고 결심했다. 미도리의 독자적인 음악 탐구는 바이올리니스트로서의 독특한 기법과 안목을 개발하는 데 도움이 되었다. 미도리는 그 시절을 이렇게 회상한다.

"모든 것이 한꺼번에 시작됐죠. 역사와 문화와 이론에 대한 지식,

미도리가 쓴 책, '심플리 미도리 Simply Midori'가 2004년 독일에서 출판됐다.

연주회의 경험, 그리고 개인적인 경험까지! 그런 것들이 진정으로 자신에 대해 생각하게 만들었어요. 저는 저 자신의 교사가 되어야 했고, 음악을 듣는 능력을 개발해야 했고, 아주 비판적으로 저를 평가해야 했어요."

미도리는 일생에 걸쳐 성장을 계속했고, 그녀의 성공은 오늘날까지 이어지고 있다. 그녀는 현재 남가주 대학(USC)의 손튼 음악학교 Thornton School of Music에서 교수로 재직하며 학생들을 가르치고 있다. 미도리는 또한 공동체들과 일하는 데도 많은 시간을 할애하고 있다.

"저는 늘 교육에 관심이 있었어요. 받기만 하지 말고 다른 사람을 도와주고 공동체의 일부가 되어야겠다고 생각해요."

1992년 그녀는 '미도리와 친구들 Midori & Friends'이란 재단을 설립해 어린이들이 일상생활에서 음악을 즐기도록 노력하고 있다. 뉴욕에 거점을 둔 이 비영리 재단은 공립학교들과 협력해 연주회, 워크숍 활동 등을 통해 어린이들에게 음악과 친해지고 음악을 탐구할 수 있는 기회를 제공하고 있다. 미도리는 자신의 조국인 일본에서도 '음악 공유 Music Sharing'라 불리는 단체를 출범시켰다. 그녀는 청소년 오케스트라를 지원하고, 작은 마을 공동체에까지 세계 일류 음악을 소개하는 단체들을 설립했다. 2007년 그녀는 유엔 평화사절로 임명되었고, 이를 계기로 미도리의 공동체 지원 활동은 전 세계적으로 알려지게 되었다. 평화사절로서 미도리는 전 세계를 순회하며 삶의 질을 향상시키기 위해 유엔이 하는 일에 대해 관심을 불러일으키고 있다.

그녀처럼 큰 재능을 갖고 있는 젊은이라면 음악에 전념해야 한다고 생각할 수도 있지만, 미도리는 늘 다른 관심사에 대해서도 시간을 할애했다. 10대 시절 미도리는 역사와 고고학에 매료되었다. 그녀는 책 읽기를 좋아하고, 글쓰기와 연극 관람도 즐긴다. 대학에서는 심리학과 성과학 gender studies을 전공했고, 두 전공 모두 학사 학위와 석사 학위를 취득했다.

어린 소녀 시절 미도리가 갖고 있던 광범위한 관심사는 그녀의 음악을 풍요롭게 만들어 주는 배경이 되기도 했지만, 전문 분야에 집중할 수 없다는 고민 역시 안겨 주었다. 탱글우드에서 역사적인 연주를 마친 며칠 후, 즉 자신이 세계에서 가장 재능 있는 젊은 음악가임을 증명한 지 얼마 지나지 않은 시점에서, 미도리는 기자에게 이렇게 말했다.

"아직은 내가 무엇을 원하는지 확신할 수 없어요. 작가가 되거나 고고학자가 될지도 모르고, 아니면 바이올리니스트가 될 수도 있겠죠."

앞의 두 가지 중 하나를 선택했더라도 미도리가 만족한 삶을 살았을지 모르지만, 전 세계 수만 명의 음악 애호가들에게는 미도리가 맨 나중 옵션을 선택한 것이 행운일 것이다.

나는 이렇게 세상을 뒤흔들 거야!

나는 오케스트라나 밴드에서 연주함으로써 세상을 흔들 작정이다. 나는 이미 몇 개의 악단에서 클라리넷을 연주하고 있고, 뉴욕 식물원 New York Botanical Gardens과 카네기홀에서 피아노를 연주한 적이 있다!

털렌다 크로포드 Terlenda Crawford ● 12세

마야 린

Maya Lin

1959년~ | 건축가 | 미국

전쟁이란 것이 단지 승리냐 패배냐의 문제가 아니란 것을
절대로 잊어서는 안 될 것입니다.
전쟁은 누군가의 생명에 관련된 문제입니다.

마야 린 Maya Lin, 자신의 베트남 전쟁 기념물 디자인에 대한 토론 중에

버 Burr 교수의 건축학 수업은 언제나 흥미로웠다. 버 교수는 아주 명석한 사람이 분명하지만, 가끔 마야는 수업 내용을 벗어나 딴 생각을 하기도 했다. 오늘처럼 화창한 봄날엔 더 그랬다. 그런데 갑자기 누군가가 강의실에 들어와 버 교수에게 쪽지를 건넸다. 쪽지를 읽던 그는 꽤나 충격을 받은 듯 보였다. 버 교수는 헛기침을 한번 하더니, 학생들에게 말했다.

"베트남전 참전 군인들을 위한 기념물 컨테스트의 당선작이 결정되었답니다."

이번 학기 버 교수의 수업을 듣는 학생들은 모두, 베트남 참전 군인들을 기리기 위해 워싱턴DC에 건립되는 국가 기념물 공모전에 디자

인 작품을 응모했다. 작품 응모는 수업 과제였을 뿐인데, 왜 강의 시간 중에 당선작을 발표한다는 것일까? 분명 전문 건축가의 작품이 당선될 텐데, 마야와 학생들은 어리둥절했다.

"그리고 당선자는 우리의 마야 린~!"

버 교수의 말에 학생들 모두가 놀라 숨을 죽였다. 마야 린도 마찬가지로 숨이 턱 막혔다. 어떻게 이런 일이 있을 수 있나? 마야는 대학 3학년생에 불과했고, 실제 건축 경험은 전혀 없었다. 그녀의 디자인은 낯설어 보였고, 학생들이 봤던 어떤 기념물과도 달랐다. 사실 버 교수는 마야의 작품에 B학점을 주었다. 그런데 그 B학점짜리 작품이 1,500개 가까운 경쟁 작품을 물리치고 당선되었던 것이다. 버 교수는 마야에게로 다가가 악수를 청했다.

"축하한다, 마야."

교수는 쾌활한 목소리로 실망감을 숨기려 애썼다. 버 교수 역시 공모전에 출품했는데, 이 어리고 미숙한 학생이 교수인 자신을 이겼던 것이다.

이날이 전문 건축가로서 마야의 경력이 시작된 첫날인 셈이다. 마야는 이후에도 디자인 일을 계속했고, 미국 내에서 가장 독창적이고 사랑받는 기념물을 여러 개 디자인하게 된다. 하지만 디자인과 건축에 대한 열정은 그녀가 훨씬 어렸을 때부터 시작된 것이다.

마야의 부모님은 1940년대에 중국에서 미국으로 망명했다. 그녀의 어머니는 웃옷 안 주머니에 달랑 100달러짜리 지폐 한 장만 꽂은 채 중국을 떠나야 했다. 미국에 도착한 마야의 부모님은 오하이오 대학에 일자리를 얻었다. 아버지는 회화과 교수, 어머니는 동양 문학 및 영문학 교수가 되었다. 오하이오 주의 아덴 Athens에 정착한 후 둘 사이에 아들이 태어났고, 그 다음에 딸 마야가 태어났다.

마야와 오빠는 대학 캠퍼스의 활기 넘치고 예술적인 환경 속에서 자랐다. 마야는 이렇게 말했다.

"부모님은 오빠와 내가 하고 싶은 것을 결정할 수 있을 때까지 아주 많은 것을 베풀어 주셨어요. 아이에게 부모의 의견을 강요하지 않는 것, 아마도 그런 것이 동양의 철학인 듯해요."

마야는 여러 가지로 진로를 탐색했지만, 어릴 때부터 건축에 사로 잡혔다. 그녀는 아버지의 화실에서 나온 종이와 재료 부스러기들로 자기 방에 소형 마을을 건설하며 많은 시간을 보냈다.

고등학교를 졸업한 마야는 예일 대학에 입학했고, 건축과 조각을 전공했다. 마야의 지도 교수는 하나의 전공을 선택하길 바랐지만, 마야는 그러지 않았다. 마야는 조각 분야에서 배운 것이 건축학에 필요한 기술을 향상시키고, 건축 분야에서 배운 것이 조각 기술을 향상시킨다고 믿었다.

"건축학은, 마치 소설을 쓰는 것과 같아요. 방문 손잡이부터 세밀한 부분을 칠할 도료까지, 건물에 들어가는 모든 것이 중요하죠. 조각은 시를 쓰는 것과 비슷합니다. 너무 많은 말을 하면 안 되죠. 조각은 껍질을 벗겨 드러낸 생각입니다."

마야의 말이다. 지금까지도 마야는 조각을 사용해 건축 디자인을 한다. 우선 작은 모형을 만들고, 그 모형들로부터 세부 그림을 만드는 것이다.

대학 2학년 때 마야는 유럽에 가서 건축학을 공부했다. 그때 마야가 본 유럽의 묘지들은 공원처럼 아름다웠다. 그녀는 유럽 사람들이 고인을 애도하기 위해 묘지에 가기도 하지만 평화로운 주변 환경을 즐기고 싶을 때도 묘지를 찾는다는 사실에 주목했다. 마야는 이렇게 설명한다.

"저는 늘 죽음에 대해 호기심을 갖고 있었어요. 사람이 죽음과 관계 맺는 방식에 관심이 있었지요."

세상 어디에나 죽음이 있고, 사람들은 죽음이 야기하는 슬픔을 이겨내고 평화를 얻을 길을 찾아낼 필요가 있었다.

다음 해 예일대로 돌아온 마야는 자신의 이런 통찰을 수업 과제와 관련시켰다. 주어진 과제는 베트남전에서 사망한 사람들을 기리는 기념물을 디자인하는 것이었다. 공모전에 당선된 디자인은 워싱턴DC의 헌법정원 Constitution Gardens 내에 설치될 예정이었다. 디자인의 전제조건은 두 가지뿐이었다. 우선 전쟁 중에 사망하거나 실종된 병사 5만 8천 명의 이름이 포함되어야 하며, 다음으로는 주변 경관과 조화되어야 한다(이 기념물은 링컨 기념관 Lincoln Memorial과 워싱턴 기념비 Washington Monument 사이에 설치될 예정이었다)는 것이었다. 디자인 선정 위원회는 그 기념물이 베트남 전쟁이 미국에 남긴 상처를 치유하는 일에도 도움이 되기를 희망했다.

작품 구상을 하기 전에 마야는 헌법정원 Constitution Gardens 주위를 걸으며, 설치될 장소를 꼼꼼히 살펴보았다. 마야는 다음과 같이 자문했다.

"어떻게 해야 전사한 사람들의 친지들이 상실감을 극복할 수 있을까?"

"어떻게 해야 미국인들이 전쟁의 상처를 치유할 수 있을까?"

마야의 결론은 사람들로 하여금 자신의 고통을 직시하고, 상실을 받아들이고, 사랑했던 사람들을 자랑스러움으로 기억할 수 있도록 해야 한다는 것이었다. 마야가 제출한 디자인은 130도 각도로 벌어진 두 개의 길고 검은 화강암 벽이 중간에서 만나는 것이었다. 그것은 삼각형의 두 변처럼 보이기도 했다. 전사한 병사들의 이름이 새겨질 검고 매끄러운 화강암 벽은 빛을 반사해 참배하는 사람들의 모습이 비칠 수 있도록 디자인되었다. 병사들의 이름을 보는 행위를 통해 참배객들이 자신을 성찰하게 되는 셈이었다. 워싱턴DC의 다른 기념물들이 대부분 사람들의 실물 조각상이란 사실을 떠올리면, 마야의 디자인은 분명 비범한 것이었다.

1,420개의 응모작을 누르고 마야의 작품이 당선되자, 사람들은 젊은 여성의 성취란 사실에 열광했다. 하지만 마야의 디자인은 이내 논란에 휩싸였다. 베트남 전쟁에 대해 미국인들은 상반되는 정서를 가지고 있었다. 마음에 사무치는 마야의 디자인을 좋아하는 사람들도 있었지만, 그 작품이 애국적인 전쟁 기념물이라면 당연히 갖춰야 할 모습에서 벗어났다고 생각하는 사람들도 있었다. 시카고 트리뷴지 Chicago Tribune는 그녀의 디자인이 '괴상망측하다'고 평했고, 뉴욕타임

즈는 '수치스러운 검은 상처'라고까지 폄하했다.

워싱턴의 권력자들이 마야의 작품에 반대하는 발언을 시작했다. 내무장관 제임스 와트 James Watt, 텍사스의 백만장자 로스 페로 Ross Perot, 상원의원 제레미어 덴튼 Jeremiah Denton 등이 벌떼 같이 일어나 프로젝트를 중단시키라고 했다. 그들은 마야의 독특한 시각을 좋아하지 않았다. 사실 그들의 가장 큰 불만은 워싱턴의 다른 기념물들이 모두 흰색인데 이 작품만 검은색이라는 데 있었다. 그들은 마야에게까지 비판의 화살을 돌려서 베트남에서 싸워 보지도 않은 젊은 여자가 어떻게 전쟁의 의미를 이해할 수 있냐는 식으로 매도했다.

미국 전체가 패를 나눠 다투는 거대한 갈등 상황에도 불구하고, 마야는 자신의 디자인을 방어했고 디자인의 변경을 거부했다. 일단 그 기념물이 건립되고 나면 대중들도 제대로 반응할 거라고 확신했기 때문이다. 기념물 건립을 이끌었던 참전군인 잔 스크러그스 Jan Scruggs는 마야의 용기를 찬탄했다.

> 마야는 벽에 베트남 참전 병사들의 이름만을 새기려 했다. 마야는 벽에 자신의 이름을 남기는 것조차 거부했다. 결국 마야의 이름은 벽의 뒤쪽 사람들 눈에 보이지 않는 곳에 새겨졌다.

"마야는 이 디자인에 진실한 신념을 갖고 있었다. 그녀의 강력한 확신에 힘입어 우리는 몇 가지 갈등을 극복해 낼 수 있었다."

마야는 원치 않았지만, 타협이 이루어졌다. 그녀의 작품이 설치될 부지 근처에 제2의 기념물을 조성한다는 안이었다. 프레데릭 하트 Frederick Hart는 20만 달러라는 디자인료를 받고 전통적인 병사 3명의 조각상을 만들었다. 마야가 받은 디자인료는 고작 2만 달러였다.

참배객들은 벽을 만졌을 때 느껴지는 그 따뜻한 기운에 깜짝 놀라게 된다. 마치 기념물이 살아 있는 듯 느껴진다고 한다. 검은색 화강암이 태양의 온기를 오래도록 잡아 두기 때문이다.

1982년 모습을 드러낸 마야의 작품은 순식간에 돌풍을 일으켰고, 비평가들은 침묵했다. 마침내 미국 국민들은 베트남에 미국이 개입한 이래 30여 년 동안 풀리지 않던 분노와 슬픔을 치유할 구심점을 갖게 되었다. 방문객의 모습을 반영한 작품은 베트남에 관해 억눌러 두었던 감정에 대처하도록 용기를 주었고, 슬픔에 젖은 사람들 모두에게 도움이 되었다. 방문객들은 사랑하는 이의 이름 아래 꽃과 기념품을 놓았고, 벽에 새겨진 이름을 탁본하여 가져가기도 했다. 공모작 심사위원회는 이 기념물에 대해 이렇게 칭송했다.

"이 탁월한 디자인은 전쟁 기념물(기념비까지 통틀어서)이 인식되는 방식을 바꿔놓았다."

1988년 마야는 대통령디자인상 Presidential Design Award을 수상했다. 하지만 이제 그녀에겐 자신의 작품이 미국에서 가장 많은 사람들이 방문하는 기념물이 되었다는 사실이 더 중요했다.

베트남 전쟁 기념물 이후, 마야는 다시는 기념물을 디자인하지 않겠다고 맹세했다. 엄청난 논란에 신물이 났기 때문이다. 하지만 인권 운동 기념물 Civil Rights Memorial을 디자인해 달라는 부탁은 차마 거절할 수 없었다. 로자 파크스 Rosa Parks, 마틴 루터 킹 주니어 목사로부터 잊혀진 영웅들까지, 그 기념물은 1950~60년대 민권 운동 시기에 평등을 위해 싸웠던 사람들을 기리기 위한 것이었다. 마야는 혁신적인 디자인을 찾기 위해 역사책을 뒤지고 킹 목사의 연설을 연구했다.

마야는 검은색 화강암 벽에 킹 목사의 연설문 일부를 새기고, 그 벽을 얇은 물줄기가 타고 흐르도록 디자인했다. 벽을 흘러내린 물은 연못으로 흘러 들어간다. 벽 앞에는 원반 모양의 커다란 검은색 화강암에 학교 분리법 폐지로부터 킹 목사 암살까지 인권운동 시대의 연대기를 적어 놓았다.

마야는 건축 일을 계속했고, 그 결과 많은 기념물과 공공 조각물을 디자인했다. 그녀의 디자인은 결코 보는 사람이나 공간을 압도하는 법이 없다. 작품의 목표는 사람을 위협하거나 설교하기 위한 것이 아니라, 사람들로 하여금 멈춰 서서 생각하게 만드는 것이다. 마야는 자신의 작품이 사람들의 정서에 작용하기를 바랐다. 베트남 전쟁 기념물은 수십만 방문자의 감정을 자극했고, 미국인들로 하여금 전쟁이 남긴 상처를 치유하도록 도움을 주었다. 그 후 마야는 '잃어 버린 것은 무엇인가 What Is Missing?'라는 조각을 만들었고, 미국 소재 중국인 박물관을 비롯해 몇 개의 기념물과 건물을 더 디자인했다. 마야는 미국 국가예술진흥기금 National Endowment for the Arts에서 주는 상을 받았고, 로마 주재 미국 학술협회 American Academy in Rome, 미국 문예예술원 American Academy of Arts and Letters 등으로부터 상을 받았다. 마야는 세상에 자신의 흔적을 남겼다. 그것은 평화와 화해를 상징하는 흔적이었다.

나는 이렇게 세상을 뒤흔들 거야!

나는 이종(異種)간 장기이식을 통해 세상을 흔들어 볼 작정이다. 동물 장기를 인간의 신체에 이식하는 일은 인간 장기 이식이 불가능한 수천 명의 사람들에게 건강한 삶을 누릴 기회를 주게 될 것이다.

데나 고든 Dena Gordon ● 15세

리고베르타 멘추

Rigoberta Menchú

1959년~ | 시민운동가 | 과테말라

리고베르타는 커피나무 아래 떨어진 커피콩을 줍기 위해 허리를 굽혔다. 등이 아파 왔다. 그녀는 어머니가 젖먹이 동생 니콜라스를 등에 업은 채 커피콩을 따고 있는 모습을 걱정스럽게 바라보았다. 어머니는 이곳 핑카 finca(대규모 커피, 면화, 사탕수수 농장)에서 15일 째 일하고 있는 중이었고, 동생 니콜라스는 일을 시작한 날부터 지금까지 쉬지 않고 울어댔다. 니콜라스는 지금도 울고 있다. 어머니는 니콜라스를 등에서 내려, 약초를 먹여 보려고 애썼다. 니콜라스의 배는 영양실조로 부풀어 올랐고, 이제는 숨을 쉬는 것도 힘들어 보였다.

여덟 살 소녀, 리고베르타는 분노를 억누를 수가 없었다. 핑카에서 일해 받는 돈으로는 아픈 아기를 치료할 약은커녕 먹고 살 음식을 사기도 힘들었다. 다른 노동자들과 말이 통하지 않아 누구에게 도움을 청할 수도 없었다. 만약 그녀의 어머니가 동생을 돌보기 위해 일을 중단하면, 그녀들은 가차 없이 쫓겨나게 될 것이었다. 그날 늦은 아침 니콜라스가 숨을 거뒀을 때, 리고베르타는 그때까지 살아오며 느꼈던 그 어떤 분노보다 더 심한 분노에 몸을 떨었다. 젖먹이 동생이 죽은 날, 그날은 엄청난 고난으로부터 원주민 부족을 구하기 위해 리고베르타가 전투를 시작한 첫 날이었다.

리고베르타 멘추는 1959년, 과테말라 서북부의 산간 마을에서 태어났다. 리고베르타와 그녀의 일곱 형제들은 부모님이 터를 잡은 치멜 Chimel 마을에서 자랐다. 과테말라의 다른 주민들과 마찬가지로 리고베르타의 가족과 마을 사람들은 중앙아메리카의 아주 오래되고 자랑스러운 인종인 마야족의 후예들이었다. 그러나 그들은 아주 가난했고, 나무줄기나 옥수숫대로 지은 작은 움막에서 살았다. 그들은 숲을 개간해 식구들을 먹여 살릴 옥수수를 키울 밭을 만들어야 했다. 하지만 밭에서 나오는 빈약한 소출에만 의지해 온 가족이 먹고살 수는 없었기에, 대부분 주민들은 라디노스 Ladinos(1,500년대에 중앙아메리카를 침략했던 스페인사람들의 후손)가 소유한 핑카에서 일했다.

과테말라 국민의 대다수는 원주민이었지만, 땅과 농장을 좌지우지하는 것은 라디노스였다. 대부분의 원주민 아이들처럼 리고베르타는

리고베르타가 태어났을 때, 산파는 붉은색 실을 아기의 손과 발에 둘러 주었다. 이는 아기의 순수성을 상징함과 동시에 나중에 대지를 돌보는 일을 잊지 말라는 뜻을 전하는 것이었다. 리고베르타의 목에는 재앙을 막기 위해 약초, 작물, 소금, 라임 열매, 담배, 마늘 등이 들어 있는 봉지를 매달아 주었다.

전혀 학교에 다닐 형편이 아니었다. 그녀는 걸음마를 시작하자마자 부모님을 따라 핑카에서 일해야 했다. 어린 소녀는 엄마 뒤를 따라가면서 떨어진 커피나 목화를 주웠다. 아니면 엄마가 좀 더 많은 커피나 목화를 딸 수 있도록 어린 형제들을 돌봤다. 여덟 살이 되자 리고베르타는 풀타임으로 일하게 되었다. 풀타임이란 의미는 새벽 3시부터 해가 질 때까지였다. 리고베르타가 하루 15시간을 일하고 품삯으로 받는 돈은 4센트였다!

노동 조건은 끔찍스러울 정도로 열악했다. 노동자들은 간신히 먹고 살 만큼의 급료를 받았지만, 핑카의 주인들은 노동자들이 커피나무 가지 하나라도 부러뜨리면 급료를 깎았다. 노동자들은 음식이나 약품 등 필수품을 회사 상점으로부터 구입할 수 있었지만, 정상 가격보다 한참 높은 가격을 지불해야 했다. 그러다 보니 여러 달 동안 격심한 노동에 시달린 후에도 돈을 벌 수 없었고, 음식을 사기 위해 빚을 져야 하는 형편에 몰렸다. 불평하는 노동자들은 즉시 해고되었다. 리고베르타는 오빠와 남동생을 핑카에서 잃었다. 어린 남동생은 영양실조로, 오빠는 유독성 살충제의 후유증으로 세상을 떠났다(핑카의 주인들은 대개 노동자들을 밭에서 철수시키지 않은 상태에서 살충제를 살포하곤 했다).

핑카에서 일을 끝내고 자신들의 산간 마을로 돌아오면, 더 곤란한 문제가 기다리는 경우가 비일비재했다. 가족들이 먹고 지낼 만큼의 양식을 얻기 위해 땅을 개간하고 밭을 가꾸는 데는 여러 해가 걸렸다. 하지만 밭에서 제대로 소출이 나올 때가 되면, 부유한 토지 소유주들이 나타나 그 땅이 자신들의 땅이라고 주장하곤 했던 것이다. 원주민들은 자신들이 일군 땅에서 떠나거나, 거기서 고용 노동자로 일하는 수밖엔 없었다.

마을의 지도자였던 리고베르타의 아버지 비센테 Vicente 는 이 같은 횡포에 저항했다. 리고베르타는 아버지를 따라 과테말라의 수도인

과테말라시티로 여행하곤 했다. 아버지는 과테말라시티에서 정부 공직자들을 만나 도움을 호소했지만, 그들은 원주민의 문제에 관심이 없었다. 비센테는 진정으로 노동자들을 돕고자 하는 노동 조직들과 접촉했다. 그들과의 만남을 통해 리고베르타는, 조직을 만들어 자신들의 권리를 주장하고 맞서 싸우는 것만이 정부와 부유한 토지 소유주들로부터 자신들을 지킬 수 있은 유일한 길이란 신념을 갖게 되었다. 아버지는 리고베르타에게 이렇게 당부했다.

"네가 나이가 들어 때가 되면, 너는 말이다, 아버지가 하는 일을 해야 한다."

리고베르타가 열세 살이었을 때, 아버지는 원주민 조직을 만들었다는 이유로 처음 체포되었다. 그 후 몇 년 동안은 악몽 그 자체였다. 과테말라 정부와 지주들은 마을에 군대를 투입했다. 군인들은 모든 것을 파괴했고 아이들까지 살해했다. 저항하는 사람은 누구라도 투옥하고 고문했다. 심지어 원주민 청년들에게 자신의 부족을 정벌하도록 강요했고, 그 말을 듣지 않으면 살해했다.

열다섯 살이 됐을 때, 리고베르타는 자기 부족의 지도자가 되었다. 그녀는 아버지의 동료와 성직자들, 유럽 사람들과도 만났으며 군대의 습격으로부터 마을을 지키기 위해 마을 사람들을 조직했다. 그들에겐 마을 방어를 위해 쓸 돈이 없었지만 창의성이 있었다. 마을 사람들은 지하 도피로와 비밀스러운 은신처, 부비트랩을 만들었고 몽둥이와 돌, 다른 원시적인 무기들을 사용해 자신들을 방어하는 법을 익혔다.

리고베르타는 이제 다른 마을을 돌아다니며 방어와 반격술을 가르쳤다. 이 과정 중에 그녀는 원주민들을 조직하는 일에 언어가 큰 장애가 된다는 사실을 깨달았다. 마야 원주민들은 22개의 다른 언어를 사용했고, 스페인어를 사용하는 부족은 거의 없었다. 서로 다른 말을 쓰는 부족들 간에 의사소통을 하고 스페인어로 된 법령에 함께 항의하는 일은 거의 불가능한 것이었다. 그 후 몇 년 동안 리고베르타는 주요 마야 언어 중 3개를 배워 말할 수 있게 되었고, 마을에 거주하는 가톨릭 수녀의 도움으로 스페인어도 구사할 수 있었다. 이제 그녀는 자기 민족의 목소리가 되기 위해 필요한 도구를 모두 갖게 된 것이다.

1978년, 열아홉 살 리고베르타와 그녀의 가족은 정부군에 쫓기는 형편이 되었다. 가족 모두가 원주민의 권리를 위한 투쟁에 관여하고 있었기 때문이다. 일찍이 그녀의 아버지는 소작농통합위원회 Committee of Peasant Unity(혹은 CUC)를 공동으로 창설했다. CUC는 지주들로부터 공정한 임금과 온당한 대접을 획득하기 위해 투쟁했고, 원주민 공동체와 종교, 문화에 대한 존중을 요구했다. 1979년 리고베르타가 CUC에 가입했을 당시, CUC는 과테말라 국민 다수의 지지를 받는 강력한 정치 집단으로 성장해 있었다.

가족이 함께 기거하는 것은 너무나 위험했다. 마을 사람들은 멘추 일가와 이별하기 전에 그들을 기리는 특별한 축제를 준비했다. 그들은 구운 돼지고기와 타말레(*옥수수 가루와 다진 고기, 고추 등으로 만드는 마야 전통 요리 – 옮긴이)를 나눠 먹으며, 북과 마림바(*실로폰 비슷한 타악기 – 옮긴이)를 연주하며 밤늦도록 춤을 췄다. 이날 밤은 고난으로 가득한 리고베르타의 일생 중 가장 행복했던 기억 중 하나였다. 다음 날 아침, 리고베르타의 가족은 다른 마을로 뿔뿔이 흩어졌다. 이후 리고베르타는 다시는 살아 있는 가족들과 재회할 수 없었다.

그녀의 막내 남동생 페트로시니오가 고문을 당한 끝에 불에 타 죽었다. 그녀와 어머니는 속수무책, 그가 죽어가는 모습을 지켜볼 수밖에 없었다. 그로부터 넉 달 후에는 리고베르타의 아버지가 수도 과테말라시티에서 살해당했다. 리고베르타의 아버지와 CUC 멤버들은 몇 개의 라디오방송국을 접수했고, 방송을 통해 자신들이 처한 상황을 외부 세계에 알리고자 했다. 그들이 스페인 대사관을 점거하고 세계의 이목을 끌려고 하던 중, 군대가 건물을 폭격했고 대사관 안에 있던 사람들은 전원 사망했다. 그 다음 해에는 어머니가 살해되었다. 그녀의 어머니는 굶주리는 마을 사람들을 위해 식료품을 사러 나가던 길이었다.

과테말라의 원주민들은 이제 리고베르타가 자신들을 이끌어 주기를 희망했다. 그녀는 CUC의 지도자가 됐다. 수도에는 저항 운동 조직을 만들고, 마을에는 자력 방어 기술을 전수했다. 그러나 원주민에 대한 납치와 살해는 끊이지 않았다. 1980년 10만 명의 원주민이 살해당했고, 3만 명이 실종되었으며, 20만 명이 멕시코로 도피해 난민이 되었다. 1981년 스물두 살의 리고베르타는 생명의 위협을 느끼고 동료들과 함께 멕시코 망명길에 올랐다. 고난에 신음하는 자신의 민족을 뒤로 하고 떠나야 한다는 생각에 가슴이 찢어지는 것 같았지만, 그들이 처해 있는 상황을 바깥 세상에 알릴 수 있는 방법은 그것뿐이었다.

멕시코에 머무는 동안, 리고베르타는 원주민들에 대한 과테말라 정부의 잔인한 학대를 중지시키기 위해 노력했다. 그리고 자신의 동족이 처한 상황을 알리기 위해 전 세계를 여행했다. 1983년 마침내 세계가 그녀의 목소리에 귀를 기울였다. 리고베르타의 삶을 소개한 '나, 리고베르타 멘추 I, Rigoberta Menchú'라는 책이 출간된 것이다. 그 책은 커다란 호응을 얻었고, 12개 언어로 번역되었다. 1992년 땅에 떨어진 커피 콩을 줍던 작은 소녀는 자신의 민족을 위한 노력을 인정받아 노벨평화상을 수상하게 되었다. 리고베르타는 세상에서 가장 영예로운 상을 받은 가장 젊은 인물이었다.

리고베르타의 리더십과 그녀를 따른 민족의 용기 덕분에, 과테말라의 상황은 개선되었다. 그녀는 노벨상의 상금 120만 달러로 리고베르타멘추툼 재단을 설립했다. 원주민 공동체의 상황을 향상시키기 위한 지속적인 지원을 제공하는 것이 그 목적이었다. 세계의 엄청난 관심이 과테말라에 집중되었고, 과테말라 정부는 원주민에 대한 공격과

납치를 멈출 수밖에 없었다. 최근 과테말라 정
부는 원주민 집단과 함께 원주민의 관심사를
해결하기 위해 협력하고 있다.

과테말라의 문제들이 어느 정도 개선되면서, 리고베르타는 마침내
사랑에 빠지고 결혼할 수 있었다. 이런 일이 일어나리라고는 꿈에도
생각하지 못했다. 결혼 후에도 리고베르타의 활동은 멈추지 않았다.
그녀는 이제 전 세계의 원주민들에게로 관심을 돌렸다.

"우리는 과테말라를 둘러싸고 있던 침묵을 깼습니다. 이제 원주민
과 비원주민이 협력하며 살아가는 것을 보고 싶습니다." 1993년 리고
베르타는 원주민 부족들을 위한 유엔 친선대사로 선정되었고, 2009
년 과테말라 원주민을 위한 마야족의 대학 설립 작업을 시작했다.

리고베르타의 도전은 아직 끝나지 않았다. 세상에 불의가 있는 한,
리고베르타는 억압받고 착취당하는 사람들의 목소리를 대변할 것이다.

지금 세상을 흔들고 있는 소녀!

프란시아 사이먼 Francia Simon

프란시아가 사는 도미니카 공화국에서는 출생증명서를 제출해야만 학교에 입
학할 수 있다. 하지만 모든 사람이 출생증명서를 갖고 있는 것은 아니며, 망명자
나 난민인 경우에는 출생증명서가 없는 경우가 많았다. 프란시아는 열심히 노력
한 결과 자신의 출생 관련 서류를 준비해 학교에 입학할 수 있었다. 그리고 이제
그녀는 자신과 같은 처지에 있는 아이들을 위해 일하고 있다. 프란시아의 활동은
2010년 국제아동평화상 International Children's Peace Prize으로 보상받았고,
그 상은 리고베르타 멘추가 시상했다.

아마탈라우프 알−샤르키
(라우파 핫산)

Raufa Hassan

1958~2011년 │ 언론인이자 시민운동가 │ 예멘

나는 베일이 더 이상 마음에 들지 않는다. 베일은 커다란 거짓말로 느껴질
뿐이다. 나는 내가 되고 싶다. 그냥 내가 존재하는 방식대로 받아들여지고 싶다.
베일은 그저 삶을 억압할 뿐이고, 내게 아무런 도움도 되지 않는다는 사실이
실감되기 시작했다. 이런 생각 끝에 마음속에서 분노가 들끓기 시작했다.
나는 다른 사람이 되어 있었다.

라우파 핫산 Raufa Hassan

1975년, 예멘이란 나라에 텔레비전이 막 소개되었다. 라우파 핫산
이라는 이름으로 알려진 열일곱 소녀는 지금 첫 번째 예멘 텔레비전
프로그램에 막 출연하려는 참이었다. 라우파는 이미 열두 살 때부터
자신의 라디오 쇼로 성공 가도를 달려온 스타였고, 이제 온 나라에 그
녀의 모습을 공개하게 될 것이었다.

대학 신입생이었던 라우파는 아랍의 전통적인 베일을 더 이상 쓰지
않겠다고 맹세한 바 있다. 대부분의 무슬림 여성들에게 베일은 꼭 지
켜야 할 관습이었고, 특히 예멘에서는 더 그랬다. 무슬림 여성들은 공
공장소에서는 항시 베일을 써서 남자들의 시선으로부터 자신을 감춰
야 했다. 라우파는 이런 전통에 덜 엄격한 이집트에서 대학을 다녔기

때문에, 베일은 여성을 억제하기 위한 상징의 하나라고 믿게 되었다. 라우파에게 베일은 차별의 한 가지 형태였다. 다시 베일을 쓰게 되면 라우파 자신과 자신의 조국에 대해 거짓말을 한 것이 되는 셈이다. 라우파는 절대로 베일을 쓰지 않으리라 다짐했다.

카메라가 돌아가기 시작했고, 예멘 국민 모두가 그들이 좋아하는 여성 유명인의 얼굴을 보았다. 많은 시청자들이 충격을 받았고, 라우파의 가족이나 친구들도 예외가 아니었다. 하지만 라우파는 자신의 신념을 굳게 지켰다. 베일을 쓰지 않음으로써 라우파는 공개적으로 자신이 독립성을 가진 존재임을 주장했고, 이슬람 국가들에서 여성의 권리를 신장하려는 운동을 촉발시켰다.

라우파 핫산, 그녀의 본명은 아마탈라우프 알-샤르키였다. 그녀는 1958년 이브 Ibb라 불리우는 북예멘의 마을에서 태어나, 6학년 때부터 대중 매체에서 일하기 시작했다. 아마탈라우프의 첫 번째 일은 어린이를 위한 라디오 쇼에서 노래를 부르는 것이었다. 하지만 그녀는 곧 더 큰 일을 맡게 되었다. 어느 날 한 방송 진행자가 펑크를 냈고, 아마탈라우프는 그를 대신해 프로그램을 진행했다. 겨우 열두 살 먹은 소녀라는 것이 믿어지지 않을 정도로 훌륭한 진행 솜씨를 보였기에, 방송국은 공식적으로 아마탈라우프가 책임지고 진행하는 프로그램을 제의하게 되었다!

하지만 그녀가 자신의 이름으로 라디오 쇼를 진행하게 되면 아버지가 반대할 것이 확실했다. 아버지는 자신의 딸이 방송에 나와 공개적으로 말하는 것을 남부끄러운 일로 여길 것이었다. 아마탈라우프는 자신의 쇼를 진행하고 싶다는 의사가 확고했기에, 새로운 방법을 하나 찾아냈다. 방송용 이름을 새로 만들어 아무도 방송 진행자가 아마탈라우프인지 모르게 한 것이다. 아마탈라우프의 어머니는 이러한 생각에 찬성했고, 자신의 딸이 돈을 벌게 된 것을 만족스러워 했다. 그날부터 아마탈라우프는 라우파 핫산이란 이름으로 예멘 대중들에게 알려지기 시작했다.

라우파는 학교 수업이 끝난 후 매일 방송국으로 출근해 자신의 방송분을 녹음했다. 라우파의 방송 일은 계획대로 순조롭게 진행되었다. 하지만 6개월쯤 지난 후, 한 아나운서가 무심결에 그녀를 '라우파 핫산 알-샤르키'라고 하는 말실수를 했다. 라우파의 비밀스런 정체가 폭로되고 말았다! 처음에 라우파의 아버지는 당장 방송을 그만두라고 펄펄 뛰었지만, 결국은 라우파가 자신의 쇼를 계속하는 것을 받아들였다.

2009년 현재 예멘 여성의 문맹률은 55%까지 줄어든 것으로 추정된다.

라우파가 진행하는 방송은 다른 방송들과 확연히 달랐다. 3년 동안 라우파는 가족 문제에 집중했다. 다른 프로그램들이 아내로서 지켜야 할 여성의 의무 같은 주제를 다루는데 반해, 라우파는 남성과 여성이 함께 져야 할 가족의 의무를 강조했다. 라우파는 10대 때 이미 양성 간의 평등을 추구하고 있었다.

이후 몇 년 동안 라우파는 여성 운동에 깊이 관여했고, 여성의 권리를 주장하고 옹호하는 조직과 활동에 적극적으로 참여했다. 라우파는 예멘여성연합 Yemeni Women's Association에 가입하여, 1973년 종교

집단에 의해 해체될 때까지 적극적으로 활동했다. 1973년 열다섯 살이었을 때, 라우파는 세 명의 친구와 함께 예멘의 소녀와 여성들에게 글을 읽고 쓰는 것을 가르치기 위한 학교를 설립했다. 이는 예멘 교육사상 중요한 사건이었다. 당시 예멘 여성의 70퍼센트 이상이 문맹이었기 때문이다. 라우파는 예멘 군대 열병식에서 행진을 벌여 국민들에게 큰 충격을 주기도 했다. 라우파와 소녀들은 3주 동안 대오를 갖추고 걷는 법과 총을 메고 걷는 법을 훈련했다. 그녀들은 혁명의 날 기념식에 참가한 최초의 여성이었다. 그 이전까지 혁명의 날 기념식에는 남자들만 참가하는 것이 당연한 일이었다.

라우파의 신념과 철학은 '베일을 쓸 것인가, 말 것인가' 하는 행동으로 가장 중요하게 표출되었다. 대부분의 예멘 여성들과 마찬가지로 라우파는 눈만 빼고 얼굴을 모두 가리는 전통 속에서 성장했다. 하지만 그녀는 라디오 방송을 진행하는 동안 베일을 쓰지 않았다. 베일이 목소리를 전달하는데 방해가 됐기 때문이다. 라우파는 이 사실을 비밀로 했다. 이런 사실이 알려지면 많은 사람들, 특히 자신의 가족으로부터 비난과 공격을 받게 될 것이 뻔했기 때문이다. 방송국에서 일하는 사람 몇 명만이 그 사실을 알고 있었다. 나머지 방송국 직원 대부분에겐 자신의 얼굴을 보이지 않았다. 라우파가 5년 동안 방송 일을 하는 동안, 담당 PD와 엔지니어만이 라우파를 지켜볼 수 있었다. 하지만 라우파의 마음속에서는 베일을 쓰는 일에 대한 거부감이 점점 더 커져만 갔다. 그녀는 베일이 여성으로서의 그녀를 억압하는 도구라고 여겼다.

1975년 라우파는 고등학교를 졸업했다. 그녀는 가족의 반대를 무릅쓰고 이집트의 카이로대학에 입학해, 언론정보학을 전공했다. 대학 1학년 때 예멘으로 돌아온 라우파는 더 이상 베일을 쓰고 있지 않았다. 가족과 친구들은 라우파의 이런 행동에 충격을 받았고, 라우파가 베일을 쓰지 않은 채 TV에 출연하자 경악을 금치 못했다. 라우파는 이제 전국적인 유명인사가 되었다.

그녀는 학업과 함께 여성 권리 증진을 위한 일을 계속했다. 1977년 예멘여성연합을 재출범시켰고, 2년 후에는 여성연합의 의장이 되었다. 라우파는 영국의 노리치 대학 Norwich University에서 언론학 석사를, 파리 대학 University of Paris에서 박사학위를 연이어 받았다.

라우파는 교수로 일하면서 여성 권리 증진을 위한 운동의 지도자로 활동했다. 1993년에는 예멘 최초로 치러진 민주 선거에 국회의원 후보로 출마하기도 했다. 선거에서 지기는 했지만 그녀는 활동을 멈추지 않았다. 예멘 여성들이 능동적이고 적극적으로 정치에 참여하도록 격려했다. 라우파는 사나 대학 Sana'a University에 여성학 센터 Women's Studies Center를 설립했고, 아랍민주주의연구원 Arab Democratic Institute을 공동 창립했다. 여성 참정권을 확대하고, 예멘 여성들, 특히 농촌지역 여성들이 투표권을 행사하고 세상에 자신들의

2010년 라우파는 지난 20년간 이뤄진 예멘의 진보에 관해 중동청년계획Middle East Youth Initiative과 인터뷰했다. 그 자리에서 그녀는 과거보다 여성들이 더 많은 권리를 갖게 됐지만, 여전히 향상되어야 할 것이 많다고 설명했다. "여성들이 일하고 있어요. 하지만 그 일이란 것이 전 인구의 70%가 거주하고 있는 농촌 지역에서의 일이고, 여성들은 가족 농장에서 일한 노동에 대해 급료를 받지 못하고 있다.

목소리를 내도록 돕기 위함이었다.

2011년 라우파는 카이로의 병원에서 눈을 감았다. 그녀의 활동에 감동했던 전 세계 사람들이 그녀의 죽음을 애도했다. 라우파는 예멘의 여성들에게 더 많은 힘을 주려고 애썼고 상당한 진전을 이뤘지만, 예멘 여성들의 앞날은 아직도 험난하다. 전통적으로 예멘 여성들의 역할은 제한적이고 순종적이었다. 오늘날에도 예멘의 소녀들은 10대에 결혼하는 것이 권장된다. 현모양처가 되는 것이 인생의 유일한 목표이고, 더 많은 아이들을 낳는 것을 기쁨으로 알도록 강요받고 있다. 학교에서든 직장에서든 여성들이 대중 앞에 나서는 일은 자주 좌절되며, 예멘 여성의 문맹률은 여전히 높다.

라우파는 어린 시절부터 여성의 권리를 증진하는 일에 리더십을 보였고, 여성 권리 증진이라는 큰 뜻을 위해 일생을 바쳤다. 라우파는 많은 업적을 이뤘고, 아랍 세계에서 가장 중요하고 영향력 있는 여권 신장론자 중 한 명이 되었다. 라우파는 자신의 선택을 제약하는 관습에 도전했고, 여성이 할 수 있는 일의 한계를 확장해 보여 주었다.

나는 이렇게 세상을 뒤흔들 거야!

나는 내 집 밖의 쓰레기를 줍고 청소하는 일로 세상을 뒤흔들어 보이겠다. 나는 쓰지 않을 때는 전등을 끌 것이다. 하지만 가장 중요한 일은 도움이 필요한 사람들을 돕는 것이다. 우리는 세상을 돕고 다른 사람을 돕기 위해 더 많은 일을 해야 한다.

시에라 로페즈 Sierra Lopez ● 12세

아드리아나
오캄포
Adriana Ocampo

1955년~ | 우주지질학자 | 콜롬비아, 아르헨티나, 미국

과학자라면 배우는 것을 멈춰서는 안 되며,
새로운 해법, 새로운 사고방식을 찾아내기 위해 끊임없이 도전해야 할 것이다.

아드리아나 오캄포 Adriana Ocampo

아드리아나는 친구들과 함께 관람석에 앉아 있었다. 주변에는 50만 명이 넘는 관중들이 앞으로 일어날 엄청난 사건을 기다리고 있었다. 바로 아폴로17호의 발사였다. 아폴로17호는 달에 사람을 보내고자 하는 여섯 번째 시도이자 마지막 계획이었다. 아드리아나는 우주탐사포스트509 Space Exploration Post 509(캘리포니아 주 패서디나Pasadena 지역 10대들을 위한 우주항공 공학 클럽)의 회원이었고, 이 장관을 보기 위해 미국을 횡단하는 먼 길을 여행해, 지금 이곳에 있는 것이다.

아드리아나와 우주탐사포스트509의 회원들은 여행 경비를 마련하기 위해 나사 NASA의 제트추진연구소 Jet Propulsion Lab(JPL)에서 일했다. 아폴로17호의 발사는 오후 9시 53분에 예정되어 있었지만, 발사

30초 전에 엔진이 꺼져 버렸다. 군중들은 불안해하며 다음 발사 예정 시각까지 두 시간 넘게 기다려야 할 형편이었다.

아드리아나와 친구들이 아폴로17호의 발사가 이대로 취소되는 것은 아닌가 초조해하고 있을 때, 엔진이 우르릉 소리를 내며 살아났다. 자정을 30분쯤 넘긴 시각, 우주선은 마침내 힘차게 땅을 울리며 하늘로 치솟았고, 밤하늘에 대낮처럼 환한 불기둥을 만들었다. 아드리아나는 아폴로17호의 비행 궤적을 눈으로 쫓으며, 예전부터 수없이 되풀이했던 생각을 다시 떠올렸다. '지구의 대기권 밖에는 무엇이 있을까? 다른 행성들은 어떤 모습일까? 행성들은 무엇으로 만들어졌을까? 행성들에는 고유한 생명체가 존재할까?' 아드리아나는 아폴로17호가 어두운 허공으로 사라지는 것을 지켜보며, 우주 과학에 대한 자신의 관심을 직업으로 연결해 일생 동안 탐구하겠다는 결심을 다시 한번 굳혔다.

아드리아나 오캄포는 1955년 1월 5일, 남아메리카 콜롬비아에서 태어났다. 가족은 아드리아나가 첫돌이 되기 전에 아르헨티나로 이주했고, 아드리아나가 열네 살이 될 때까지 그곳에서 살았다. 어린 아드리아나를 매혹시킨 것은 우주였다. 그녀는 하늘의 별을 바라보는 것을 좋아했고, 지구 밖 우주 공간으로의 여행을 꿈꿨다. 1969년 7월 20일, 아드리아나와 그녀의 가족, 친구, 이웃은 모두 TV 수상기 앞에 모여 인류 최초의 달 착륙 장면을 지켜보았다. 아드리아나는 TV 화면에 비쳐지는 영상에 완전히 마음을 뺏겼다. 같은 해 12월 아드리아나의 가족은 미국의 남부 캘리포니아로 이주했다.

그곳에서 아드리아나는 우주와 과학에 관련된 관심사를 탐구할 수 있는 많은 기회를 얻게 되었다. 캘리포니아로 이사한 지 얼마 되지 않아 아드리아나는 '우주탐사포스트509'에 가입했다. 우주탐사포스트509는 로스앤젤레스 근처에 있는 나사의 제트추진연구소(JPL)에 모여서 로봇과 회로기판부터 로켓과 기상 위성에 걸친 프로젝트를 수행하는 과학 그룹이었다. 아드리아나는 고등학교 1학년 한 해 동안 제트추진연구소에서 아르바이트를 했고, 고등학교 졸업 후에는 대학에서 공부하며 제트추진연구소의 프로젝트를 계속 진행했다. 아드리아나는 겨우 열아홉 살일 때, 제트추진연구소 측을 설득해 포스트509의 친구들과 추진하고 있던 기상 위성 프로젝트 연구비를 지원받았다. 연구비 지원은 치열한 경쟁을 거쳐 이루어졌다. 포스트509 그룹은 아이디어와 기획력에 있어 가장 유망한 프로젝트를 제출해 연구비 지원 대상에 선정되는 영예를 안았다.

대학 졸업 후 아드리아나는 제트추진연구소에서 정규 직원으로 일하며 여러 가지 획기적인 프로젝트에 참여했다. 그녀가 초기에 맡았던 임무는, 나사의 바이킹 프로젝트 중 두 차례 화성 탐색에서 얻어진 영상을 분석하는 것이었다. 바이킹 프로젝트는 화성과 화성 대기의 구성 성분을 밝히고 생명체의 증거를 찾는 것이 목적이었다. 아드리아나는 화성의 위성 두 개를 공동으로 관찰하고, 두 위성 중 하나인 포보스 Phobos의 지도를 개발하는 일에 참여했다. 이후 임무 중 하나

60

는 옵서버 Observer 프로젝트라 불리는 것으로, 화성의 구성 성분을 추가로 알아내고 과학자들이 더 개선된 화성 지도를 개발할 수 있도록 열 감지 장치를 운영하는 일이었다. 그렇지만 불행히도 옵서버 위성이 궤도에 진입하기로 예정된 날, 3일 전에 연구소와 위성 사이에 통신이 두절되는 사태가 발생했다. 그 후로 다른 우주선 몇 개가 화성으로 보내졌고, 일부는 성공적으로 화성에 착륙했다. 아드리아나는 다양한 프로젝트에 참여했지만, 화성 관련 임무에 계속 관심을 갖고 관여했다.

아드리아나는 목성을 비롯해 태양계 외곽의 다른 행성들을 연구하는 임무에도 참여했다. 두 대의 보이저 Voyager 우주선을 토성으로 보내는 임무에 참여했고, 천왕성과 해왕성, 그밖에 우리 태양계에 속한 모든 행성들에 대해서도 연구했다.

또 하나의 임무인 갈릴레오 Galileo를 통해서는 목성과 목성의 위성들을 좀 더 탐색했다. 아드리아나는 목성의 온도와 목성 구름의 구성 성분에 관한 정보를 얻기 위해 갈릴레오 우주선에 근적외선 기술을 적용하는 일에 참여했다. 아드리아나는 목성의 위성 중 하나인 유로파 Europa에 특별한 주의를 기울였다. 영상을 분석한 결과, 유로파의 얼음 덮인 표면이 한 때는 바다였을 가능성이 높았고, 어쩌면 표면의 얼어붙은 층 아래에 지금도 바다가 존재할 가능성조차 제기되었다. 이 발견으로 인해 과학자들은 유로파 궤도를 돌던 갈릴레오 우주선의 항로를 수정하여 목성의 대기권으로 진입하게 만들었다. 갈릴레오 우주선이 목성 대기권으로 진입하면 파괴되리라는 것을 알면서도 과학자들이 그런 결정을 내린 것은, 혹시나 존재할지도 모르는 유로파의 물이 지구에서 만든 물질로 오염되는 것을 막으려는 의도였다.

지구의 지질에도 관심을 가졌던 아드리아나는 이 분야에서도 깜짝 놀랄 발견을 했다. 그녀는 1988년 학술회의에서 멕시코의 유카탄 반도 가까이에 있는 세노테 cenotes(*카르스트 지형에서 발견되는 땅에 팬 구멍. 마야문명은 이 '성스러운 샘'을 중심으로 도시를 형성했다 – 옮긴이)의 고리에 주목했다. 그녀는 이 같은 패턴이 아주 오래 전, 소행성이 지구에 충돌해서 생긴 거대한 충돌 분화구일 가능성이 있다고 생각했다. 아드리아나와 다른 과학자들은 이 가설을 좀 더 면밀히 검토하기 시작했고, 그 결과 이제는 많은 과학자들이 공룡시대 말기인 6,500만 년 전, 그 곳에 거대한 소행성이 충돌했다고 믿게 되었다. 또한 이러한 충돌로 인해 공룡이 멸종되었다고 생각한다. 거대한 소행성이 지상에 충돌하는 충격으로 불이 나고, 지진과 거대한 해일이 발생하고, 대기 중에 두터운 흙과 먼지, 수증기와 연기가 뿜어져 나왔다는 것이다. 과학자들의 이론에 따르면 지구는 어둡고 차가워진 상태로 오랫동안 지냈고, 그 결과 수많은 생물이 지상에서 멸종됐다는 것이다. 소행성이 충돌했다고 추정되는 지점은 칙술루브 Chicxulub 분화구, 혹은 파멸의 분화구 Crater of Doom로 불리고 있다.

아드리아나의 탐험대는 멕시코 남부와 벨리즈 Belize에서 '파멸의 분화구'로부터 분출되어 300킬로미터 넘게 날아간 돌들을 찾아냈다.

아드리아나는 우주 지질학에 있어 선구자적인 작업을 계속하면서, 한편으로는 과학 교육을 촉진하고 과학자들의 범세계적 협력 작업을 주도했다. 그녀는 멕시코, 코스타리카, 나

62

이지리아, 이집트, 요르단, 중국 등 전 세계에서 개최되는 행성학 교육 과정을 개설했다. 또한 미국 히스패닉계 전문 공학자협회 United States Society of Hispanic Professional Engineers, 여성 공학자 협회 Society of Women Engineers 등을 통해 젊은 사람들이 과학을 탐구할 수 있도록 격려하는 일에 힘을 쏟았다. 그녀는 자기 자신에 대한 교육에도 철저해서, 1997년 석사학위를 받은 후 곧바로 박사학위를 시작했다. 아드리아나는 나사의 국제 우주 과학 프로그램의 책임운영자였고 네덜란드에 있는 유럽우주기구 European Space Agency에서도 일했다. 1990년대 초 아드리아나는 미국 우주학술회의 Space Conference of the Americas를 조직했고, 그 학술회의를 통해 여러 나라에서 모인 사람들에게 우주 과학에 관해 토론하고 배울 기회를 제공했다.

아드리아나는 빛나는 업적으로 인해 유명해졌고, 많은 영예 또한 얻었다. 여성을 위한 JPL자문회의 상 JPL Advisory Council for Women Award을 받고, 히스패닉 여성들의 권익 증진을 위한 조직 코미시옹 페메닐 Comisión Femenil에 의해 올해의 여성 과학자로 지명되기도 했다. 2003년에는 디스커버지에 의해 과학계의 가장 중요한 여성 50인 중 한 명으로 선정되기도 했다.

과학자로서, 그리고 자신의 일과 열정을 다른 이들과 공유하고자 하는 한 사람으로서 그녀가 성공할 수 있었던 것은 도전정신과 전문성 때문이었다. 자신이 어린 시절부터 꿈꾸었던 일에 헌신함으로써 그녀는 놀라운 업적을 쌓았고, 찬탄과 존경의 대상이 되었다.

나는 이렇게 세상을 뒤흔들 거야!

나는 그냥 이 세상만 흔들지 않고, 우리 은하계 전체를 뒤흔들어 보겠다! 나는 휠체어에
탄 세계 최초의 여성 우주인이 되어 볼 작정이다.

레이 벨 Rae Bell ● 13세

수전 엘로이즈 힌튼

Susan Eloise (S. E.) Hinton

1948년~ | **소설가** | **미국**

내가 어렸을 때, 여자애들이 할 수 있는 일은 아무것도 없었다.
머리를 땋고 눈 주위를 검게 칠하기도 했지만,
여자애들이 할 수 있는 행동은 거기까지였다.

S. E. 힌튼 Susan Eloise (S. E.) Hinton

수전은 아직도 자신의 소설이 영화가 된다는 사실이 실감나지 않
았다. 하지만 지금 그녀의 눈앞에서 배우 맷 딜런 Matt Dillon이 자신의
소설 '텍스 Tex'의 한 장면을 연기하고 있었다. 수전의 10대 팬들은 영
화 제작자들에게 줄기차게 편지를 보내서 수전의 소설을 영화로 만
들어 달라고 간청했고, 마침내 헐리웃이 그 소원을 들어 주었다. '럼
블 피시 Rumble Fish', '그건 그때고, 이건 지금 That Was Then, This Is Now'
등의 영화가 뒤를 이었다. 그리고 수전의 가장 유명한 소설 '아웃사
이더 The Outsiders'도 영화화 되었다. '아웃사이더'는 프랜시스 포드 코
폴라 Francis Ford Coppola 감독이 연출하고 맷 딜런, 에밀리오 에스테
베즈 Emilio Estevez, 랠프 마치오 Ralph Macchio, 패트릭 스웨이지 Patrick

66

Swayze, 톰 크루즈 Tom Cruise 등 쟁쟁한 배우들이 참여했다.

수전은 자신의 책을 영화화하는 과정에 깊이 관여했다. 자신의 작품이 제대로 표현되길 원했기 때문이다. 첫 소설 '아웃사이더'를 쓸 때, 수전은 그 책이 10대를 위한 소설 중 가장 유명한 소설이 되고 영화로 만들어질 것이라고는 상상도 못했다.

수전 엘로이즈 힌튼은 1948년 경, 오클라호마 주 털사 Tulsa에서 태어났다. 그녀는 어릴 때부터 책 읽기를 좋아했고, 작가를 꿈꿨다. 수전의 첫 작품은 카우보이와 말에 관한 것이었다. 그녀가 고등학생이 되었을 때, 아버지가 세상을 떠났다. 수전은 아버지와 가까운 사이였고, 아버지의 병세가 악화되어 갈수록 수전은 점점 더 자신의 글쓰기에 빠져들었다.

윌 로저스 고등학교 Will Rogers High School에 다닐 무렵, 수전은 '아웃사이더'를 집필했다. 수전은 겨우 열다섯 살 때 초고를 쓰기 시작했고, 1967년 소설이 출판될 때까지 네 번을 고쳐 썼다! 열아홉 살 수전은 하룻밤 사이에 성공한 사람이 되었다. 당시 대부분의 책들과 달리, 그녀의 소설은 많은 10대들이 겪고 있는 삶의 현실을 있는 그대로 다뤘다. 이 소설이 지나치게 폭력적이라고 비판하는 사람도 일부 있었지만, 대부분의 사람들은 10대의 갈등을 사실적으로 그려냈다고 호평했다.

'아웃사이더'는 소셜들 socials(부유한 가정의 자녀들)과 싸우면서 세상에서 자신의 자리를 찾기 위해 몸부림치는 주인공 포니보이 커티스 Ponyboy Curtis와 그의 그리저 greaser(빈민촌 아이들) 친구들 이야기다. 수

영화 '아웃사이더'는 수전의 원작 소설을 영화로 만들어 달라고 요청했던 학생들과 사서들에게 헌정되었다.

전은 자신의 고향에서 그들간의 실제 갈등을 목격하고 그 책에 대한 영감을 얻었다. 수전은 자신의 또래 친구들이 서로를 단지 가족의 수입과 외관으로만 판단하는 것을 괴로워했다.

수전의 소설은 출간 즉시 10대들의 인기를 얻었고, 비평가들의 극찬이 이어졌다. 하지만 어린 나이에 얻은 성공은 그녀에게 큰 압박으로 작용했고, 수전은 몇 년 동안 '작가의 벽 writer's block'이라 불리는 슬럼프를 겪어야 했다. 그녀는 '아웃사이더'가 어쩌다 얻어 걸린 요행은 아니었을까 의심하기 시작했다. 하지만 3년 후 수전은 다시 소설을 쓰기 시작했다. 1971년 털사대학에서 교육학 학위를 받은 후, 수전은 자신의 세 번째 소설을 출간했다. '그건 그때고, 이건 지금'이란 제목의 이 소설 역시 10대의 갈등, 폭력, 문제 가정을 소재로 한 것이었다. 수전은 이 주제로 작업을 이어갔고, 1975년 '럼블 피시', 1979년 '텍스'를 출간했고, 1988년에는 '스타 러너 길들이기 Taming the Star Runner'를 발표했다. 수전의 소설들 모두가 독자로부터 큰 호응을 받았고, 그 중 4개가 영화로 만들어져 큰 성공을 거두었다.

수전의 4개 작품 모두, 한 소년이 일인칭 주인공 시점에서 이야기를 풀어 가는 형식이었다. 수전은 소년의 입장에서 글을 쓰는 것이 더 편했다고 말했다. 아마도 수전이 성장하는 동안 가깝게 지낸 친구들이 소년들이었기 때문일지도 모르겠다. '아

'아웃사이더'가 출간된 그 해, 수전은 창조적 글쓰기 과목에서 D학점을 받았다!

68

웃사이더'를 출간할 때, 수전은 독자들에게 자신이 여자아이라는 것을 밝히기 싫어서 필명 S. E.를 사용했다. 이후 작품에서도 계속 그 필명을 썼다. 여자아이가 갱이며, 아이를 학대하는 부모, 소년의 관점에서 느끼는 또래들의 압력 같은 것들을 그렇게 사실적으로 알고 있다는 걸 믿을 사람이 없다고 생각했기 때문이다.

지금도 매년 수백만의 10대들이 수전의 소설을 읽고 있다. 수전은 또한 어린이 책도 썼다. 수전의 그림책 '큰 데이빗, 작은 데이빗 Big David, Little David'과 챕터북(*이야기의 호흡이 길며 장(章)으로 나뉜 어린이 책 – 옮긴이) '강아지 여동생 The Puppy Sister'이 1990년대 중반에 출간됐다. 수전의 책들은 셀 수 없이 많은 상을 받았다. 그 중에는 젊은이를 위한 미국 도서관협회 최고의 책 American Library Association's Best Books for Young Adults, 학교 도서관 저널의 올해의 책 School Library Journal's Best Books of the Year도 있다. 수전은 또한 청소년들에게 긍정적 영향을 미쳤다는 평가를 받아, 마거릿 에드워즈 상 Margaret A. Edwards Award의 첫 수상자가 되기도 했다. 그녀는 10대들의 갈등과 관심사를 사실적으로 그려낸 최초의 작가였다. 그녀의 도전은 '청년 문학'이란 장르에서 지속적인 영향력을 발휘하고 있다.

지금 세상을 흔들고 있는 소녀!

낸시 이 판 Nancy Yi Fan

열한 살 먹은 낸시 이 판이 소설 '칼새 Swordbird'를 쓰기 시작했을 때는 그녀가 영어를 일상 언어로 사용한 지 4년이 지난 시점이었다. 낸시 가족은 낸시가 일곱 살일 때 중국의 북경에서 미국으로 이주했다. 책 읽기를 좋아했던 낸시는 새로운 언어인 영어를 배우는 데도 남달랐다. 열세 살 때 낸시는 '칼새'를 출판사에 보냈고, 곧바로 출판 계약이 체결됐다! '칼새'는 뉴욕타임즈 베스트셀러가 됐고, 후에 중국어/영어 동시 게재본으로도 출간됐다. 2년 후, 낸시가 열 다섯 살일 때 두 번째 책 '칼 찾기 Sword Quest'가 출판되었다.

템플 그랜딘

Temple Grandin

1947년~ | 과학자, 발명가, 사회운동가 | 미국

템플은 목장을 가로질러 전속력으로 뛰었다. 그녀의 숨소리는 점점 거칠어졌고, 심장은 가슴 밖으로 튀어나올 듯 방망이질해 댔다. 템플은 이러다 심장이 멈출 것 같다고 느꼈지만 뜀박질을 멈출 수도, 속도를 늦출 수도 없었다. 아무 생각도 나지 않았다. 그저 계속 뛸 수밖에 없었다.

템플은 공황 발작을 앓고 있었다. 때를 가리지 않고 발작이 일어났고, 발작이 일어날 때마다 상황은 끔찍했다. 이번 발작은 템플이 앤 Ann 이모네 목장을 끼고 달리는 중에 일어났던 것이다. 그런데 달리던 그녀의 눈에 뭔가가 보였다. 보정 틀 squeeze chute이었다! 템플은 목장의 인부들이 송아지에게 주사를 놓는 동안 보정 틀 속에 암소를

넣어 둔다는 사실을 떠올렸다. 날뛰던 가축들도 보정 틀 측면의 문을
닫아 그들의 옆구리를 고정시켜 주면, 이상할 만큼 조용해지곤 했다.

템플은 말릴 새도 없이 빈 보정 틀 속으로 뛰어 들어갔다. 그리고는 네 발로 엎드린 채 소리질렀다.

"레버를 당겨요!"

앤 이모는 템플이 도대체 무슨 짓을 하려는 건지 알 도리가 없었지만, 어쨌든 레버를 당겼다. 문짝이 닫히고 템플을 부드럽게 조였다. 순간적으로 안도감이 밀려왔다. 템플은 극심한 공포가 어느새 사라져 버린 것을 느꼈다. 호흡이 가라앉았고, 맥박도 느려졌다. 고요하고 안정된 기운이 밀려들어왔다. 기적과도 같은 일이었다.

템플은 자신을 위한 보정 틀을 만들어야겠다고 결심했다.

> 1943년 레오 카너 Leo Kanner 박사는 공동 작업을 할 때 이상 행동을 보이는 아이들을 묘사하기 위해 자폐 autism란 용어를 최초로 사용했다. 자폐는 초기 아동기에 진단되는 뇌기능 장애이다. 말이 어눌하고, 눈을 맞추지 못하며, 소리를 듣지 못하는 것처럼 보이고, 느닷없이 짜증을 내며, 사람들에게 관심이 없고, 반복 행동(몸 흔들기, 돌기, 손뼉 치기 등)을 하는 것이 고전적 증상으로 알려져 있다. 자폐의 원인은 여전히 알려지지 않은 상태이고, 초기 개입과 치료가 도움이 된다는 사실은 알려져 있지만, 아직까지 확실한 치료법은 없다.

그해 여름, 열일곱 살의 템플 그랜딘은 정말로 자신을 위한 보정 틀을 설계하고 만들었다. 그 틀은 자폐로부터 생겨나는 과도한 불안으로부터 템플을 구해 주었다. 자신의 장애를 꿈을 이루게 해주는 자산으로 변화시킨 첫 걸음이었다.

1947년 템플 그랜딘이 매사추세츠 주의 보스턴에서 태어났을 때, 그녀가 자폐증을 갖고 있음을 알아본 사람은 아무도 없었다. 템플은

누군가가 안아 주면 끝까지 버팅기며 유모차에 혼자 있는 것을 더 좋아하긴 했지만, 부모님은 템플이 비정상일 거란 생각은 꿈에도 하지 않았다. 하지만 템플이 아장아장 걷게 되었을 때, 부모님은 템플이 말을 하지 않는다는 사실을 알아차렸고, 혹시 청각장애아일지도 모른다고 걱정하게 되었다. 또한 부모님은 템플이 또래의 다른 아이들처럼 놀지 않는다는 사실도 알게 되었다. 이웃의 또래 아이들이 친구들과 모래로 집을 짓고, 엄마와 짝짜꿍놀이를 하며 노는 동안, 템플은 혼자서 손가락 사이로 빠져나가는 모래를 지켜보며 모래알 하나하나를 홀린 듯 바라보고만 있었다. 템플은 뭔가 다른 아이였다.

최근 자폐에 대한 이해도가 많이 높아졌다. 만약 요즘이라면 템플은 고기능성 아스퍼거 증후군 Asperger's syndrome으로 진단받았을 것이다.

템플이 두 살 반이 됐을 때, 의사는 뇌 손상 가능성을 이야기했다. 그 당시엔 자폐에 대해 아는 사람이 거의 없었다. 템플과 같은 증상을 가진 사람들은 대개 가족으로부터 격리되어 병원이나 정신 치료 시설에 강제로 수용되어 살아야 했다. 의사가 권한 것도 템플을 격리 수용하는 것이었지만, 템플의 어머니는 이를 거부했다. 어머니는 언어 치료를 시작했고, 템플과 여동생을 매일 돌봐 줄 유모를 고용했다. 템플은 어린 시절을 이렇게 회상했다.

"나는 사람들의 말에 주의를 기울이지 않았다. 내 귀를 막고 백일몽에 빠져 있었다."

템플의 치료를 맡았던 선생님들이 그녀를 현실로 되돌려 주었다. 그들의 도움 덕분에 템플은 말을 시작했고 가족과 어울릴 수 있었다.

하지만 템플이 사춘기가 됐을 때, 살아가는 일은 더욱 어려워졌다. 자폐를 가진 사람들은 10대 시절 그 증상이 더욱 악화되는 경우가 흔하다. 아마도 호르몬의 변화 때문일 것으로 추정된다. 템플의 경우 그 악화된 증상은 온 몸을 마비시킬 듯한 공황 발작이었다. 그녀는 비정상적인 방식으로 표현되는 자신의 말과 행동 때문에도 고통 받고 살았다.

다행히도 고등학교 시절 템플은 그녀의 일생에서 가장 영향력 있는 멘토 중 한 사람을 만날 수 있었다. 그는 템플의 과학 선생님이었던 칼록 Carlock 씨였다. 칼록 선생은 템플이 믿기 어려울 정도로 명석하다는 사실을 알았다. 하지만 템플의 두뇌는 다른 학생들과는 다른 방식으로 작동하는 것이 분명했다. 템플은 모든 것을 시각적으로 받아들였다. 그녀는 세상을 사진 찍듯이 보는 것이다. 다른 아이들은 템플이 자신과는 다르다는 이유로 괴롭혔지만, 칼록 선생은 그 같은 다른 점을 장점으로 바꿀 수 있도록 노력했다. 칼록 선생은 템플에게 자신의 시각적 재능을 이용하는 실험을 설계해 보라고 조언했다. 템플은 칼록 선생님의 조언을 받아들였고, 과학자처럼 생각하고 실험하기 시작했다.

"내가 동급생들의 온갖 괴롭힘으로 의기소침해질 때마다, 선생님은 내게 용기를 주기 위해 애쓰셨다. 칼록 선생님의 과학실험실은 이해할 수 없는 세상으로부터 벗어날 수 있는 유일한 피난처였다."

템플은 자신을 놀리는 여학생에게 책을 집어던졌고, 그 때문에 첫 번째로 입학한 고등학교에서 쫓겨났다.

어린 시절 내내, 어머니는 템플을 치료해 주겠다는 생각으로 그녀가 원하지 않는 일을 하도록 했다. 고등학교 때 템플의 공황 발작이 너무 자주 일어나자, 어머니는 그녀를 애리조나 주에 있는 앤 이모의 목장에 보내서 여름을 보내도록 했다. 그것은 템플의 일생에서 최고로 훌륭했던 선택이었다. 템플은 목장의 동물을 돌보는 한편, 여러 가지 물건들을 설계하면서 행복한 시간을 보냈다. 가축용 보정 틀에 들어갈 때마다 몇 시간씩 불안으로부터 해방될 있다는 사실을 발견한 템플은 자신만의 보정 틀을 만들었다. 템플은 그 기계를 사용함으로써 얻은 효과를 이렇게 말한다.

"아주 고요하고 평화로운 느낌, 나는 평생 처음 내 몸이 정말로 편안하다고 느꼈다."

템플은 목장에서 또 하나의 획기적인 발견을 했다. 자신이 소를 아주 좋아할 뿐만 아니라, 소의 눈을 통해 세상을 바라보는 능력을 갖고 있음을 깨달았던 것이다. 템플은 암소가 무엇을 보는지, 어떻게 느끼는지, 그리고 그에 따라 암소들이 어떻게 행동할지를 마음속에 사진처럼 선명하게 떠올릴 수 있었다. 가축과 가축의 행동은 이내 열정적 관심의 대상이 되었다. 대학에서 템플은 심리학을 전공했고, 자신의 보정 틀 기계를 이용해 동급생들을 대상으로 인간의 스트레스에 대해 연구하기 시작했다.

석사 학위를 받기 위해 템플은 앤 이모의 농장에서 가까운 애리조나 주로 이사했다. 그녀는 애리조나 주립대학에서 소와 사육장에 초점을 둔 동물과학을 연구했다. 템플이 '보정 틀의 유형과 그에 따른 소의 행동 변화'를 주제로 논문을 쓰겠다고 하자, 지도교수는 그녀가 제정신이 아니라고 생각했고 일언지하에 기각했다. 하지만 템플은 안 된다는 대답을 받아들이지 않았다. 그녀는 건축설계학과에서 두 명의 다른 지도교수를 찾아냈고, 연구를 시작했다. 템플은 어떤 종류의 보정 틀이 소에게 상처를 입힐 확률이 높은지, 어떤 유형의 소가 사고를 잘 당하는지, 어떤 시점에 틀을 작동하는 것이 소의 스트레스와 부상을 줄이는 데 이상적인지 등을 찾아냈다. 오늘날 템플의 발견은 축산업계에서 널리 활용되고 있다.

템플은 이렇게 고백하고 있다.
"내가 기억할 수 있는 가장 어린 시절부터 누가 나를 안아 주는 것이 싫었다. 포옹은 늘 감당하기 어려운 것이었다. 여섯 살 무렵에는 몸을 담요로 돌돌 말고, 소파 쿠션 밑에 들어가 있곤 했다. 소파 쿠션의 압력이 몸과 마음을 느긋하게 이완시켜 주었기 때문이다. 나는 여러 시간 동안 백일몽 속에 있곤 했다. 그 백일몽 중에는 내 몸에 압력을 가해 줄 장치를 만드는 것도 포함되어 있었다."

졸업 후, 템플은 사람들이 자신의 능력을 신뢰할 수 있도록 더욱 열심히 일해야 했다. 그녀는 가축 사육장에서 사용할 좀 더 개선된 장치를 만들고자 했다. 소를 불안하게 만들지 않고, 평온함을 유지하면서 부상이나 불필요한 죽음을 줄여 주는 장치였다. 하지만 1960년대에 가축사육장에서 일하는 여자는 거의 없었다. 더구나 자폐증을 가진 여자라면 말할 것도 없다.

템플의 첫 번째 축산 설계 프로젝트는, 애리조나에 있는 존 웨인의 레드 리버 목축장에서 딥 뱃 cattle dipping vat을 만든 것이다. 딥 뱃은 살충제를 채워 넣은 길고 좁고 깊은 풀 pool로, 소가 딥 뱃을 수영해서 통과하게 함으로써 진드기와 이, 기타 기생충을 제거하는 장치였다. 기존 장치는 가파르고 미끄러운 경사로 때문에 풀에 들어가던 소가 겁에 질리는 경우가 많았다. 몸이 뒤집혀 빠져 죽는 소도 있었다. 템플은 홈이 파진 좀 더 완만한 경사로를 설계해 소가 안심하도록 했다.

현재 미국에서 사육되는 소와 돼지의 3분의 1이 템플이 고안한 좀 더 인도적인 장치들에 의해 관리되고 있다.

하지만 목축장에서 일하는 목동들은 템플이 왜 그런 설계를 했는지 알 수도 없었고, 그녀를 믿지도 않았다. 목동들은 템플의 새로운 디자인을 시험해 보기도 전에, 홈이 파진 경사로를 금속판으로 덮었다. 미끄러운 것을 개선하려는 템플의 노력은 물거품이 되었다. 템플이 설계한 딥 뱃을 사용한 첫 날, 전과 마찬가지로 소들은 겁에 질려 날뛰었고, 두 마리가 몸을 가누지 못하고 풀에 빠져 죽었다. 사건의 전말을 알게 된 템플은 머리끝까지 화가 났다! 템플이 주장하는 대로 금속판을 제거하자, 경사로는 완벽하게 기능했고 이를 본 목동들은 놀라워했다. 소들은 모두 차분하게 풀로 들어갔고 더 이상 빠져 죽는 일은 없었다.

템플은 축산에 관련된 설계를 계속했고, 미국 전역에 걸쳐 사육장을 재설계했다. 템플은 축산업 잡지에 셀 수 없이 많은 논문을 써서 동물 사육 설비를 어떻게 개선할 수 있는지를 전파했다. 템플은 동물 과학 박사가 됐고, 콜로라도 주립대학의 교수로 일하게 되었다. 그녀는 가축에 관한 행동과 심리 분야에서 세계 최고의 전문가이자, 가축을 인도적으로 취급해야 함을 주장하는 운동가로 유명해졌다.

그녀는 또한 자폐에 대해서도 세계적으로 유명한 전문가다. 템플은 가능한 빨리 자폐아에게 개입해 그 재능을 발휘하도록 격려하는 것이 그들을 좀 더 행복하고, 충만한 삶으로 이끌 수 있는 관건이라고 믿는다. 템플은 베스트셀러가 된 자신의 저서와 수많은 대중 강연을 통해 자폐를 가진 수천 명에게 도움을 주었다.

2010년 타임지는 가장 영향력 있는 인물 100명 중 한 명으로 템플을 선정했고, 같은 해 그녀의 생애를 다룬 영화가 에미상 Emmy awards 7개 부문을 휩쓸었다. 템플이 10대에 발명한 사람을 위한 보정 틀은 '허그 박스 hug box'란 애칭으로 불리우며 전 세계 자폐증을 가진 사람들에게 도움을 주고 있다. 템플 자신도 '허그 박스'를 45년 동안 사용해 왔지만, 이제는 더 이상 그것이 필요치 않다고 한다.

"저는 이제 사람들과 포용합니다."

템플의 설명이다.

다른 사람들과 다르다는 이유 때문에 온갖 역경과 맞서야 했음에도 불구하고 템플은 자신을 바꾸고 싶지 않다는 점을 분명히 했다. 템플은 장애가 자신에게 독특한 능력을 부여했다고 믿는다.

"손가락을 한 번 튕기면 자폐에서 벗어날 수 있다고 해도, 나는 그

템플이 제일 좋아하는 TV 프로그램은 스타 트렉 Star Trek이다. 템플은 자신을 스포크 Spock, 데이터 Data 캐릭터와 동일시하여 자신을 '순수한 논리적 존재'라고 묘사한다. 스타 트렉에서 벌칸 Vulcan과 안드로이드들이 인간 정서 때문에 곤란해 하는 것과 마찬가지로, 템플도 인간의 감정 때문에 자주 좌절한다.

러지 않을 겁니다. 자폐는 내 존재의 일부니까요."

나는 이렇게 세상을 뒤흔들 거야!

나는 자폐 어린이를 위해 '말(馬)과 함께 하는 여름 캠프'를 열겠다. 나는 그 캠프를 '캠프 호스 센스 Camp Horse Sense'라 부르겠다. 캠프에서 아이들은 말에 관해 좀 더 배우게 될 것이다. 즉 마구를 채우고 푸는 법, 속보 걷기와 구보로 달리기, 그리고 가능하면 도약하는 방법 등이다. 다른 사람들과 동물들을 친절하게 대하고, 사랑하고, 돌보는 법을 아이들에게 가르침으로 해서 나는 세상에 보답할 것이다. 아이들이 말처럼 커다란 동물들과 독립적으로 지낼 수 있음을 배우게 하는 것은 아이들이 자신을 표현하고 자유로움과 기쁨을 느낄 수 있도록 만들어 주는 훌륭한 방법일 것이다.

캐서린 사우스 Catherine South ● 13세

밤의 마녀 비행단

The Night Witches

1941~1945년 | 전투기 조종사들 | 러시아

마리나 Marina 는 비행기의 창을 통해 밖을 내다보았다. 아래쪽으로
어두운 숲이 빠른 속도로 다가오고 있었다. 그녀가 탄 비행기는 빠르
게 추락하는 중이었다. 주위로는 사나운 눈 폭풍이 휘몰아치고 있었
다. 비행기의 날개는 무거운 얼음의 무게에 눌린 채 점점 더 죽음 가
까이로 끌려 들어가고 있었다.

"비행기 무게를 줄여!"

비행 고도를 유지하기 위해 안간힘을 쓰면서 발렌티나 Valentina 가
소리쳤다. 마리나와 폴리나 Polina 는 바닥에 있는 해치를 열고 나사로
고정되어 있는 것이 아니면 무엇이든 밖으로 던졌다. 그러나 소용이
없었다. 비행기는 숲의 나무들을 향해 사정없이 돌진하고 있었다. 비

행기록을 깨기 위해 출발했을 때, 그녀들은 이처럼 목숨을 건 사투를 펼치게 될 줄은 상상도 못 했다.

갑자기, 비행기 안으로도 눈보라가 쳤다. 발렌티나와 폴리나가 돌아보자 마리나가 심각한 표정으로 열린 해치 위에 서 있는 것이 보였다. 마리나는 낙하산을 메고 있었다.

밤의 마녀들이 최초의 소련 여성 전사는 아니었다. 그녀들보다 언저 러시아 남부에서 온 전설적인 여성 전사들이 있었다!

"안 돼, 마리나! 이 광야에 뛰어내리면 다신 너를 찾을 수 없을 거야!"

둘은 소리쳤지만 이미 늦었다. 마리나는 차갑고 어두운 밤의 허공 속으로 몸을 던졌다.

기체의 무게가 가벼워지자, 발렌티나와 폴리나는 기체의 고도를 유지할 수 있게 되었고 마을 근처에서 착륙이 가능한 개활지를 찾아낼 수 있었다. 마리나의 엄청난 용기가 발렌티나와 폴리나의 생명을 구했다. 하지만 여러 날 동안의 수색에도 불구하고 마리나는 찾을 수 없었다. 사람들은 마리나가 홀로 숲속에서 죽었으리라고 짐작했다. 10일 후, 발렌티나와 폴리나, 그리고 모든 러시아 국민들이 희망을 놓아 버린 지도 한참이 지난 후에 한 사냥꾼이 마리나를 찾아 냈다. 마리나는 추위와 굶주림에 거의 죽어 가는 모습으로 황량한 숲 속에서 발견되었다.

이 비행 자매들은 모스크바로 귀환해 영웅으로 환영받았다. 수만 명의 팬들이 길거리로 나와, 6천 킬로미터의 러시아 횡단 비행을 완수하고 이제 여성 장거리 비행 세계기록 보유자가 된 그녀들에게 환호를 보냈다. 세 명의 조종사는 각각 소비에트연방 금성영웅훈장을 받았다. 소비에트 연방 역사상 여성에게 최초로 주어진 영예였다. 군중들이 가장 보고 싶어 했던 사람은, 임무의 성공을 위해 생명의 위험을 무릅썼던 용감한 기장 마리나 라스코바 Marina Raskova였다.

비행을 시작했을 때 마리나는 겨우 열아홉이었다. 그녀는 러시아 최초로 항법사 시험을 통과한 여성이기도 했다. 1938년의 영웅적인 비행을 통해 그녀는 어린 소녀들은 물론 공장 노동자와 주부들에 이르기까지 수천 명의 러시아 여성들에게 희망과 용기를 불어넣었다. 마리나는 러시아의 아멜리아 이어하트 Amelia Earhart였다. 정부는 지역 비행 클럽을 만들어 열일곱 살 전후의 소녀들을 무료로 훈련시켰다. 마리나는 러시아의 소녀들에게 그들 자신의 역량을 발견하고, 한계를 극복하는 방법에 대해 알려 주었다. 그 소녀들은 이후 벌어진 전쟁에서 조국을 구하는 임무를 다하게 된다.

1941년 아돌프 히틀러는 러시아 공군을 기습하는 바바로사 Barbarossa 작전으로 러시아를 충격에 빠뜨렸다. 독일 폭격기들이 소비에트연방의 비행기들을 계류시켜 놓은 채 무자비한 공습을 감행한 것이다. 소비에트연방의 공군력은 독일 공군의 공격에 의해 대부분 파괴되었고, 그 결과 독일은 공군력에서 우위를 점하게 되었다.

소련의 인민들은 로디나 Rodina(어머니 러시아란 뜻)에 가해진 적의 공격에 맞서 스스로를 지키려는 열의에 불타올랐다. 전국에서 지원자가 몰려들었고, 그 중에는 전선으로 배치되기를 희망하는 비행 경험이 풍부한 소녀도 수천 명이나 되었다. 처음에는 소녀 조종사들의 입대가 거부되었다. 입대를 지원한 소녀들에 대한 담당관의 반응은 이랬다.

"상황이 어렵긴 하지만, 너희 같은 어린 여자아이들에게 비행을 맡겨야 할 만큼 절망적이진 않다. 집으로 돌아가서 엄마 일이나 도와 드려라."

하지만 얼마 안 가서 러시아 당국의 태도가 바뀌었다. 독일 공군에 맞서 싸울 남자 조종사와 승무원의 숫자가 모자랐기 때문이다.

다시 한번 마리나 라스코바가 구원 투수로 나섰다. 소련 공군 소령으로 승진해 있던 마리나는 최고 사령관을 설득해 여성으로 구성된 전투부대를 모집하고 훈련시킬 수 있는 권한을 위임받았다. 마리나는 모스크바 라디오 방송을 통해 전선에서 남자들과 함께 전투에 참가할 여성 자원자가 필요하다고 호소했다. 반응은 폭발적이었다. 영웅 휘하에서 복무하기를 원치 않는 사람이 누가 있겠는가? 매일 엄청난 양의 지원서가 도착했고, 마리나는 열의에 찬 수천 명의 지원자를 개별 면접했다. 전투기 조종사, 항법사, 그리고 정비병과 행정 관리직 등, 최종적으로 일천 명이 넘는 후보자들이 선발되었다. 그리고 핵심 전투 인력으로 선발된 젊은 여성 대부분의 나이는 10대였다!

이 소녀들은 처음부터 남자 훈련병과는 다른 장애에 부딪혔다. 정부는 여성용 제복을 만드는 수고조차 하지 않았고, 남자들이 입는 군

복을 지급했다. 한 여성 전투기 조종사는 이렇게 회고했다.

"제복은 엄청나게 컸어요. 조끼는 무릎 아래까지 내려왔고, 바지를 치켜 올리면 거의 턱에 닿았죠. 외투는 바닥으로 흘러내려서 마치 바닥에 끌리는 신부 드레스의 뒷단 같았어요."

또 한 명의 조종사는 이렇게 말했다.

"독일군이 이 꼴을 보면 어떻게 생각할까 궁금했죠."

독일군과의 전투가 진행 중인 상황이어서 훈련은 속성으로 진행되었다. 다시 말해 최소한의 훈련만 실시되었다는 얘기다. 젊은 여자 훈련병들은 거의 3년이 소요되는 훈련을 단 석 달 만에 벼락치기로 끝내야 했다!

하지만 그녀들이 겪어야 했던 가장 큰 어려움은 무엇보다도 남자 동료들의 성차별이었다. 남자 조종사 대부분이 여성 조종사와 편대를 지어 비행하기를 거부했고, 여성 정비병이 수리해 놓은 비행기에는 탑승하려 하지 않았다. 여자들은 남자만큼 용감하거나 노련할 수 없으며, 여자들이 전쟁에서 할 역할은 없다는 것이 대부분 남자들의 생각이었다.

그렇지만 여성 전투기 조종사들은 남자 동료들의 이런 태도에 위축되지 않았다. 러시아는 남성뿐 아니라 여성 조종사들의 조국이기도 했고, 여성 조종사들은 자신들이 반격할 능력을 갖고 있음을 알고 있었기 때문이다. 여자 조종사들이 자신들의 존재 가치를 증명하는 데는 긴 시간이 필요치 않았다. 그녀들은 남자들과 똑같이 수많은 공중전을 치렀고, 교량과 탄약 저장소를 폭격했으며, 러시아 병사들의 안전한 전진로를 확보하고 군사시설을 방어했다.

특히 그녀들은 전진하는 독일군 병력을 야간에 폭격하는 일에 성공적인 전과를 올렸다. 전투에 지친 병사들에게 수면이 무엇보다 중요하다는 것을 생각하면, 밤의 마녀 비행단의 공습에 밤새 시달리는 일은 치명적 재앙이었다. 독일군 지휘관은 밤의 마녀 비행단의 습격을 이렇게 묘사했다.

"우리를 그토록 괴롭힌 소련의 비행사들이 실상은 여자들이었다는 사실을 우리는 꿈에도 몰랐다. 이 여자들은 겁을 몰랐다. 그녀들은 밤새 연이어 들이닥치고 또 들이닥쳤다. 우리는 전혀 잠을 잘 수 없었다."

하룻밤 내 열여덟 번 공습한 적도 있었다! 독일군은 그녀들의 공격에 진저리를 냈고, 밤의 마녀(독일어로 Nachthexen)라는 별명으로 부르기 시작했다.

야간 공습이 끔찍스러운 것은 조종사에게도 마찬가지였다. 조종사들은 정상적이라면 훈련용으로나 사용될 복엽기를 타고 비행했는데, 한없이 느린 속도에다 엔진 소리가 커서 아주 먼 거리에서부터 발각되는 기종이었다. 당연히 적들의 손쉬운 표적이 되었다. 한 여성 조종사는 특히나 끔찍스러웠던 임무에 대해 이렇게 말했다.

우리를 겨냥한 방공포가 사방에서 불을 뿜었고, 순간 나는 우리 비행기가 포탄에 맞았음을 느꼈다. 내 왼발이 허공에 대롱거렸다. 조종석의 바닥이 포격에 맞아 날아갔던 것이다. 내 왼쪽 다리와 왼발에서 뭔가 뜨거운 것이 흘러내렸다. 부상을 당했던 것이다. 서치라이트 때문에 앞이 보이지 않았다. 완전히 방향을 잃었다. 내 시야에선 하늘과 땅이 구분되지 않았다.

그 엉성한 비행기들은 캔버스 천으로 만들어졌고, 그 때문에 총알이나 포탄에 맞으면 쉽게 불이 붙었다. 이는 조종사에게 거의 죽음을 의미했다. 비행기엔 낙하산도 장착되지 않았기 때문이다! 가까스로 애를 써서 착륙시킨다 해도 적군 쪽에 착륙하면 끝장이었다.

밤의 마녀들은 자기네 기체의 열악함을 보완하기 위해 모험적인 전술을 고안했다. 용감한 조종사 한 명이 적 진영 위로 혼자 비행하며, 적의 조명과 기관총 사격을 자신에게 몰리도록 유인한다. 독일군이 혼자 움직이는 비행기에 대해 사격하고 있을 때, 두 대의 비행기가 엔진을 끈 채 활공하면서 폭탄을 투하한다. 무슨 일이 벌어지고 있는지 독일군이 알아차리기도 전에 세 대의 비행기는 모두 사라져 버리는 것이다. 속도가 월등히 빠른 독일군 비행기가 뒤쫓아 오기라도 하면, 그들이 도망칠 수 있는 유일한 방법은 적기의 허를 찌르는 것뿐이었다. 그녀들이 자주 써 먹었던 방법은 땅바닥에 근접한 초저공 비행을 통해 자신들의 비행기를 나무 아래 숨기는 것이었다. 사실 밤의 마녀들을 잡는 것은 아주 어려웠기 때문에, 독일 공군 지휘부에서는 밤의 마녀 비행단의 비행기를 한 대만 격추시키면 바로 철십자훈장(나치 독일의 최고 훈장)을 주겠다고 약속했다고 한다.

용감한 여성 조종사들은 최소한 남자들만큼의 작전을 수행했다. 전원 여성으로 구성된 한 개 비행단이 전쟁 중 수행한 공습 횟수는 2만 4천회에 달했다! 그들은 수천 개의 훈장과 포상을 받았다. 실제로 29명의 여성 조종사가 소련 최고 훈장인 소비에트연방 영웅 칭호를 받았는데, 그 중 23명이 밤의 마녀 비행단 소속이었다.

이 중에 독일군에게 악명이 높았던 대담무쌍한 여성 조종사가 있었으니, 바로 릴리야 리트비야크 Lilya Litvak다. 그녀가 열다섯 살에 지방 비행 클럽에 지원했던 이야기는 잘 알려져 있다. 비행 클럽에서는 다른 지원자들과 마찬가지로 열일곱 살이 되면 다시 지원하라고 말했다. 하지만 릴리야의 결심은 단호했고, 입수할 수 있는 비행술 관련 책을 이미 모두 읽은 상태였다. 릴리야는 계속해서 교관을 설득했고, 믿기 어려울 만큼 해박한 비행 지식을 교관에게 자랑했다. 결국 비행 클럽에서는 정해진 규칙보다 1년 빨리, 즉 릴리야의 나이 열여섯 살에 입학을 허가했다. 릴리야는 과연 타고난 비행사였다. 다른 학생들에 비해 엄청나게 빠른 속도로 비행을 익혔고, 이내 탁월한 실력을 인정받아 10대의 나이에 비행 클럽의 교관이 되었다.

마리나가 여성 조종사를 모집하는 라디오 연설을 했을 때, 릴리야는 전원 여성으로 구성된 비행부대에 최초로 자원한 사람들 중 한 명이었다. 그녀는 빠르게 승진해 남자 부대에 배속되었고 스탈린그라드 상공에서 위험하기 짝이 없는 전투에 참여했다. 릴리야는 매우 아름다운 용모를 가지고 있었지만, 자신의 미모로 인해 남성 동료들의 집중력이 흐트러지지 않도록 행동했다. 젊은 전투기 조종사 하나가 릴리야에게 사랑을 고백하자, 그녀는 이렇게 대답했다고 한다.

"자기야, 우선 전투를 제대로 하자, 응? 그러고 나면 우리 사랑에 관해 얘기할 수 있겠지. 안 그래?"

릴리야는 얼마 안 있어 비행단 남성 동료들의 존경을 받게 됐다. 1년 좀 안 되는 전투 기간 중 168회의 성공적인 임무 수행 비행을 했고, 놀랍게도 12대의 적기를 격추시켰다. 그녀는 영예로운 붉은 깃발 훈장을 받았고, 대위로 승진했다. 그녀는 자신의 비행기 조종석 아래 양쪽 동체에 커다란 흰 장미를 그려 넣었다. 그리고 자신이 격추한 적기 한 대 당 한 송이씩 총 12송이의 작은 장미를 그려 넣었다. 그때부터 그녀는 '스탈린그라드의 하얀 장미'라는 별명으로 불리게 되었다. 독일 전투기 조종사들은 하얀 장미가 오는 것을 보면 대개는 도망가기 바빴다고 한다. 소련군은 릴리야가 비행을 할 때, 독일군 조종사들이 서로 경계하는 무선 통신을 주고받는 것을 들을 수 있었다.

"조심해, 리트비야크다! Achtung, Litvak!"

한 번은 릴리야가 격추시킨 독일 전투기의 조종사가 낙하산으로 탈출해 러시아군에 사로잡혔다. 나치의 정예부대라고 자부하던 이 조종사는 심문 과정에서 자신을 격추시킨 조종사를 만나고 싶다고 했다. 릴리야가 걸어 들어오자 그는 화를 냈다. 러시아군이 자신을 놀리는 줄 알았던 것이다. 하지만 릴리야가 그들 사이의 공중전을 세세히 묘사하면서 어떻게 그를 격추시켰는지를 설명하자 그의 분노는 굴욕감으로 변했고, 나

동토의 전선에서 여성 조종사들이 머리를 감는 일은 거의 불가능했다. 하지만 릴리야는 기발하고 깜찍한 방법을 고안했다. 하루 일과 비행이 끝난 후, 그녀는 자기 비행기의 라디에이터를 열고 뜨거운 물을 양동이에 따라냈다. 활주로 위에서 릴리야는 비행 헬멧을 벗어던지고, 전선에서 찾아낼 수 있었던 유일한 뜨거운 물로 머리를 감았다고 한다.

중에는 릴리야를 똑바로 쳐다보지도 못했다.

"릴리야의 눈은 호랑이처럼 번쩍거렸다. 한껏 그 상황을 즐기는 듯 보였다."

함께 그 자리에 있었던 동료가 한 말이다.

1943년 8월, 적의 폭격기를 정찰하던 릴리야를 8대의 독일 전투기들이 에워쌌다. 그들은 하얀 장미를 알아보았고 절대로 그냥 보내지 않을 작정이었다. 8대의 적기와 용감히 싸웠지만, 결국 스탈린그라드의 하얀 장미는 불꽃을 뿜으며 떨어져 내렸다. 당시 릴리야의 나이 겨우 스물둘이었다.

강인했던 겉모습과는 달리 릴리야는 아름다움을 사랑했다. 그녀는 임무 출발 전에 야생화를 꺾어서, 행운의 표시로 자신의 귀 뒤에 꽂곤 했다. 격추되던 날에도 릴리야는 조종계기판에 꽃을 꽂아 놓았다고 한다.

마리나 라스코바 역시 전쟁이 끝나기 전에 사망했다. 1943년 앞이 보이지 않는 눈보라를 뚫고 2대의 비행기를 인도하던 중, 마리나는 방향을 잃었다. 비행고도가 너무 낮았던 것이다. 마리나는 볼가강의 가파른 강둑에 부딪혀 목숨을 잃었다. 여성 전투기 조종사들은 수많은 동료들이 전투에서 사망하는 것을 지켜봤지만, 그녀들의 영웅이었던 마리나를 잃는 일은 정말 감당하기 어려운 슬픔이었다. 한 조종사는 마리나의 죽음이 전해졌을 때 여성 조종사들의 반응을 이렇게 묘사하였다.

릴리야는 부모님이 비행을 승낙하지 않을 것을 알고 있었기에, 드라마 클럽에 다닌다고 거짓말을 하고 방과 후에 비행연습을 했다.

"일 분이나 이 분쯤 완전한 침묵이 흘렀다. 그 후 모두가 한꺼번에 울음을 터뜨린 것 같았다. 사방은 온통 비통한 흐느낌으로 가득찼다."

러시아의 위대한 여성 전쟁 영웅들 중 많은 수가 조국이 독일 침략자들을 격퇴하고 승리하는 것을 보지 못하고 죽었다. 하지만 그녀들의 용기와 희생은 아직까지도 추앙되고 있다. 전쟁이 끝난 후 릴리야의 비행기가 추락했던 곳 부근에 그녀를 전쟁 영웅으로 기리는 기념비가 세워졌다. 그리고 1990년 릴리야는 당시 서기장이던 미하일 고르바쵸프로부터 소비에트연방 영웅 칭호를 받음으로써 러시아 국민들에 의해 여전히 기억되고 있다. 마리나와 릴리야는 자신의 여성 동료들을 자랑스러워했다. 여성 전투 부대는 역사상 가장 혹독하고 위험한 공중 전투의 한 부분을 담당했다. 그녀들은 물러서기를 거부했고, 독일 침략군과 싸워 조국에 승리를 가져다 주는 일에 당당히 한몫을 했다.

나는 이렇게 세상을 뒤흔들 거야!

나는 비행기 곡예란 새로운 장르를 만들 것이다. 위험을 무릅쓴 회전과 묘기로 어떤 조종사보다 더 멋진 곡예비행을 선보일 작정이다. 나는 또한 새 비행기를 시험 비행하는 첫 번째 조종사가 되고 싶다. 비행이야말로 세상에서 가장 멋진 일이고, 그것이 바로 내가 세상을 뒤흔들 수 있는 방법이다.

레이 델라한티 Leigh Delahanty ● 12세

월마 루돌프

Wilma Rudolph

1940~1994년 │ 운동선수 │ 미국

나는 달릴 때 느껴지는 자유로운 느낌, 상쾌한 공기,
경쟁해야 할 사람은 오직 나뿐이라는 그 느낌을 사랑했다.

윌마 루돌프 Wilma Rudolph

아홉 살 윌마는 교회 건물 안으로 쏟아져 들어가는 사람들 사이에
서 잠시 망설였다. 윌마가 알고 있는 클락스빌 Clarksville 주민 대부분
이 거기에 있을 것이다. 모든 사람들이 좌석에 앉은 다음, 윌마는 몇
년 동안 차고 다니던 다리 보조기를 풀었다. 보조기를 한쪽으로 치워
놓은 후, 윌마는 깊은 숨을 들이쉬더니 천천히 교회 문을 향해 걸음을
옮겼다. 네 살 때 이후 늘 보조기를 하고 있던 윌마가 한 발짝 한 발짝
용감하게 통로를 걸어 들어가자 사람들 사이에서 술렁거림이 일었다.
윌마는 자신의 자리까지 걸어가 앉았다. 꼬마 숙녀의 얼굴엔 자랑스
러움이 가득했다. 윌마는 정말로 교회 건물의 한쪽 끝에서 다른 쪽 끝
까지 걸었던 것이다. 이후 윌마의 삶은 수많은 승리로 채워졌지만, 보

94

조기를 풀고 처음 걸었던 그날은 그 중에서도 가장 큰 승리의 날이었다. 하지만 그 경이로운 장면을 지켜본 사람들 중 그 누구도 이 소녀가 세계에서 가장 빠른 여성이 될 거라고는 상상할 수 없었다!

월마 루돌프는 1940년 6월 23일 미국 테네시 주의 세인트베들레헴 St. Bethlehem에서 태어났다. 월마는 에드 루돌프와 블란체 루돌프 부부 Ed and Blanche Rudolph 사이에서 태어난 22명의 자녀 중 20번째 아이였다. 월마는 아주 어린 시절부터 홍역, 볼거리, 수두, 폐렴, 성홍열과 싸워야 했다. 네 살 때 걸린 소아마비로 왼쪽 다리의 근육을 마음대로 쓸 수 없게 되었다.

그녀는 자신의 소아마비 진단에 대해 이렇게 말했다.
"의사들은 내게 다시는 걸을 수 없을 거라고 했지만, 엄마는 내가 다시 걸을 수 있다고 말씀하셨어요. 그래서 저는 엄마의 말을 믿기로 했죠."

의사들은 월마에게 다시는 걸을 수 없다고 했다. 하지만 월마와 가족들은 의사들의 말을 믿지 않았다. 이후 10년 동안 그들은 의사들의 말이 틀렸다는 것을 증명하기위해 고군분투했다. 월마의 언니 오빠들은 매일 교대로 월마의 다리를 마사지하고 운동시켜 주었다. 일주일에 두 번, 월마와 어머니는 버스를 타고 병원으로 가서 근육을 강화하는 물리치료를 받았다. 그 당시 미국 남부는 인종 분리 정책이 지배하고 있어서, 아프리카계 미국인이 치료받을 수 있는 가장 가까운 병원은 50마일(약 80킬로미터) 떨어진 내슈빌 Nashville에 있었다. 월마와 어머니는 인종 분리정책에 따라 병원에 오가는 길 내내 버스의 맨 뒷자리에 타고 있어야만 했다.

헌신적인 가족의 도움 덕분에 월마는 느리지만 용감하게 앞으로 나아갈 수 있었다. 여섯 살이 됐을 때는 특별한 보조기를 하고 걸을 수 있을 정도로 윌마의 근육은 강인해졌다. 윌마는 언니, 오빠들과 함께 학교에 다닐 수 있었다. 다른 아이들처럼 운동 경기에 참여할 수는 없었지만, 그런 만큼 윌마는 더욱 더 강해지겠다는 결심을 하게 되었다.

열 살이 되자 보조기의 도움 없이 짧은 거리를 걸을 수 있게 되었다. 다시 2년이 지나자, 윌마는 기쁜 마음으로 보조기를 내슈빌의 병원으로 우송했다. 다른 아이가 쓸 수 있게 하기 위해서였다. 그 무렵 윌마는 농구를 시작했다! 7학년 때는 학교 농구팀의 주전이 되었고, 그 다음 몇 해 동안 스타 플레이어로 활약했다. 고등학교 2학년 때는 25 경기에 출전해 803 득점이란 경이로운 기록을 달성했다! 이는 테네시 주 여자 농구 역사에 없던 신기록이었다.

윌마의 경이로운 재능에 관심을 보인 사람은 테네시 주립대학 여자 육상팀 감독 에드 템플 Ed Temple이었다. 윌마의 스피드와 투지에 깊은 인상을 받은 템플은 그녀를 테네시 주 여름 육상 프로그램에 참가하도록 초청했다. 이 프로그램을 통해 윌마는 육상 경기를 접하게 되었다. 윌마는 연습하고 또 연습했다. 마침내 윌마는 미국 올림픽 육상팀 선수로 선발될 만큼 기량이 향상되었다! 1956년 호주 멜버른 올림픽에 참가한 윌마는 그 때까지 테네시 주의 클락스빌을 벗어난 적이 없었던 시골 소녀였다. 윌마는 흥분에 떨었다! 겨우 열여섯 살, 팀에서 가장 어린 막내였던 윌마는 400미터 계주에서 동메달을 땄다.

4년 후 1960년 로마 올림픽에서 그녀는 여자 육상의 새로운 역사를 썼다. 100미터 달리기, 200미터 달리기, 그리고 400미터 계주에서 멋진 승리를 거둔 윌마는 단일 올림픽에서 3개의 금메달을 딴 최초의 미국 여자 육상 선수가 되었다. 그녀는 공식적으로 세계에서 가장 빠른 여자가 되었다.

윌마는 믿기 어려울 만큼의 실력으로 유명한 상을 수도 없이 받았다. 통신사 연합에 의해 올해의 여자 선수에 선정됐고, 유럽의 스포츠 기자 클럽에 의해 올해의 스포츠맨으로 지명되기도 했다. 1962년 은퇴할 때까지, 그녀는 가장 뛰어난 아마추어 선수에게 주어지는 제임스 E. 설리번 James E. Sullivan 상을 받았고, 세계 최고의 여성 운동선수에게 주어지는 베이브 디드릭슨 제어라이어스 상도 수상했다.

1963년 윌마는 기초교육학 전공으로 테네시 주립대학을 졸업했다. 그후 그녀는 교사이자, 육상 코치, 아동 스포츠 프로그램의 책임자가 되었다. 그녀는 1967년 도심 지역 어린이와 10대들에게 운동을 가르치는 선수들의 단체인 오퍼레이션 챔프 Operation Champ에 가입하기도 했다. 1970년대 말 윌마무한회사 Wilma Unlimited란 자신의 이름을 딴 회사를 설립해서 사람들에게 희망과 용기를 주는 일을 하고 있다. 자신의 이야기를 바탕으로, 어린이들에게 어떤 장애에 부딪히더라도 자신의 꿈을 포기하지 말라고 격려했다. 윌마는 열정을 다해 젊은 운동선수들을 격려했으며 1981년에는 윌마 루돌프재단을 설립하여 젊은이들에게 스포츠를 가르쳤다.

전기 작가 톰 바이라크리 Tom Biracree는 이렇게 썼다.

올림픽에서 놀라운 성적을 거둔 후 고향에 돌아온 윌마는 주민들의 열렬한 환영을 받았다. 시 당국은 그녀를 환영하는 퍼레이드를 벌였는데, 그 행사는 클락스빌 역사상 최초로 흑인과 백인이 한 자리에 모인 행사였다!

월마 루돌프는 소아마비를 이겨내고 가난으로부터 몸을 일으켜 '세계에서 가장 빠른 여성'이 되었다. 그녀는 자신의 눈부신 업적을 통해 남성 중심의 스포츠 세계에서 여성으로서 존경을 획득했다. 하지만 루돌프는 특별한 업적만큼이나 자신의 꿈을 소중히 여기는 사람이다. 그녀는 기자들에게 이렇게 말했다.

"나는 단지 확고한 신념을 갖고 열심히 노력한 여자로 기억되고 싶을 뿐입니다."

1994년 월마 루돌프는 뇌종양으로 세상을 떠났다. 천재적 재능을 가진 운동선수이자 투지 넘치는 여성으로서 월마는 많은 사람들에게 희망과 용기를 주었다. 월마의 생애는 불가능해 보이는 꿈을 갖고 있는 사람들에게 영감과 힘을 준다. 월마의 승리는 투지와 꿈이 있다면 가장 절망적인 장애조차 극복할 수 있음을 증명하고 있다.

지금 세상을 흔들고 있는 소녀!

제시카 왓슨 Jessica Watson

열여섯 살인 제시카 왓슨은 지난 4년간 혼자 힘으로 논스톱 세계일주를 하기 위해 준비했다. 2009년 11월 제시카는 자신의 요트를 몰고 시드니 항구를 출발했다. 그녀의 생애에서 가장 도전적인 과제를 시작한 것이다. 그 후 7개월 동안 제시카는 맹렬한 폭풍우와 처참한 외로움을 견뎌 내고 이듬해 5월 시드니로 금의환향했다. 제시카의 세계일주는 많은 사람들로 하여금 요트를 시작하게 만들었다. 2011년 제시카는 올해의 젊은 호주인 상을 수상했다.

안네 프랑크

Anne Frank

1929~1945년 | 작가 | 독일, 네덜란드

그녀는 침묵을 강요당한 수백만 명의 목소리를 대변했다.
그녀의 목소리는 살인자들의 외침보다 오래 살아남았고,
시대의 목소리 위로 날아올랐다.

에른스트 슈나벨 Ernst Schnabel 전기 작가

안네는 희미한 불빛 아래서 뭔가를 쓰고 있었다. 안네의 가족은 나치를 피해 2년 넘게 숨어 지내는 중이었다. 그들이 기거하는 곳은 철물점 위층에 있는 다락방이었다. 낮 동안 그들은 방안에서 꼼짝도 하지 않고, 죽은 듯이 지냈다. 꼭 해야 할 말은 아주 작은 소리로 속삭여야 했다. 조금이라도 소리를 냈다가는 아래층에서 일하는 노동자들에게 들킬 수 있었기 때문이다. 하지만 안네는 가족과 친구가 옆에 있어 다행이라고 느꼈다. 많은 유대인들이 그런 행운조차 누리지 못했던 것이다.

안네는 자신의 다락방 은신처를 가능한 멋진 곳으로 꾸미려고 노력했다. 그녀는 우편엽서와 영화배우의 사진들로 벽을 장식했다. 안네

가 이렇게 작은 공간에서 벗어나 바깥세상과 만나는 것은 밤에 작은 소리로 켜 놓은 라디오를 들을 때였다. 그리고 또 하나 작은 다락방에서 벗어나는 길이 있었는데, 바로 일기였다. 안네는 일기장에 자신의 생각, 느낌, 경험, 꿈들을 적었고 홀로코스트를 겪은 유대인 소녀로서 삶에 대한 소중한 기록을 남겼다.

우리가 흔히 안네라고 알고 있는 아넬리스 마리 프랑크 Annelies Marie Frank는 1929년 6월 12일, 독일의 프랑크푸르트에서 태어났다. 안네가 세 살이었을 때, 나치는 그녀의 조국 독일을 장악했다. 나치는 인종차별 정책에 따라 유대인을 무자비하게 탄압하기 시작했고, 결국 지구상에서 유대인을 모조리 없애 버리겠다는 목표를 세우게 되었다. 1934년 초 안네의 가족은 나치의 박해를 피하기 위해 네덜란드의 암스테르담으로 이주했다.

안네의 아버지 오토 Otto는 새로운 사업을 시작했고, 몇 년 동안은 잘 지낼 수 있었다. 하지만 1940년 독일인들이 암스테르담을 지배하게 되자, 안네 가족의 삶은 급격히 변했다. 1942년 나치는 안네의 언니에게 호출 명령을 내렸고, 이는 그녀가 강제수용소로 끌려갈 수도 있다는 의미였다. 일단 수용소로 보내지면 다시 소식을 들을 수 없었다. 안네의 가족은 아버지 오토 씨가 사업을 할 때 썼던 창고의 위층 다락방으로 몸을 숨기기로 결정했다. 다른 한 가족과 친구 한 명과 함께였다. 위험천만한 선택이긴 했지만, 가족이 함께 살 수 있는 유일한 방법이었다. 당시 안네의 나이 열세 살이었다.

그로부터 2년 동안, 은신처에 숨어 든 사람들은 그곳을 떠날 엄두를 내지 못했다. 그들은 생명의 위험을 무릅쓴 네덜란드인 친구들 덕분에 식량과 생필품을 공급받을 수 있었다. 안네는 열세 번째 생일날 빨간색과 흰색의 체크무늬 일기장을 선물 받았고, 그 일기장은 안네가 은신처로 들어갈 때 가지고 갈 수 있었던 몇 안 되는 물건이었다. 1942년 9월 28일 안네는 이렇게 썼다.

"지금까지 너는 내게 정말 큰 위로가 되고 있어. 이제는 네게 편지를 쓰는 시간이 너무너무 기다려져. 아, 너를 이곳으로 가져온 것이 정말 다행이야!"

1944년 8월, 안네가 열다섯 번째 생일을 맞은 지 얼마 되지 않아, 한 정보원이 안네 가족의 은신처를 독일 경찰에 알렸다. 독일 경찰은 안네 가족의 은신처를 급습했고, 그곳에 숨어 있던 사람들 모두가 체포되어 강제수용소로 보내졌다. 창고 위 다락방에 숨어 있던 여덟 사람 중, 안네의 아버지만이 끔찍스런 고통을 겪고 살아남았다. 안네는 자신의 열여섯 살 생일을 얼마 남겨 두고 베르겐-벨젠 Bergen-Belsen 강제수용소에서 티푸스에 걸려 목숨을 잃었다.

전쟁이 끝나고 안네의 아버지가 암스테르담으로 돌아왔을 때, 용감

안네의 가족이 은신처로 피신할 때, 그들은 여러 벌의 옷을 껴입어야 했다. 유대인은 옷가방을 든 채 도시의 거리를 걸을 수 없었기 때문이다. 그것은 숨이 막혀 죽을 것 같은 끔찍한 고통이었다고 안네는 회고했다.

안네는 작가가 되기를 꿈꾸며 짧은 이야기, 우화, 수필 등을 썼다. 안네의 일기는 30여 개 이상의 언어로 번역됐고, 풀리처상을 받은 희곡으로 만들어지기도 했다. 1955년 '안네 프랑크의 일기'라는 제목의 브로드웨이 연극으로 공연됐으며, 1997년에 재공연되기도 했다. 1997년의 연극은 세상을 뒤흔든 또 한 명의 소녀, 나탈리 포트만 Natalie Portman 이 주연을 맡았다.

한 네덜란드인 친구들이 안네의 일기장을 아버지에게 건네주었다. 나치의 습격에 은신처는 엉망으로 부서졌지만, 그 친구들은 가까스로 안네의 기억이 담긴 일기장을 보존할 수 있었다. 1947년 아버지는 딸의 일기를 출간했다.

오늘날 안네의 일기는 끔찍한 비극에 맞닥뜨린 평범한 소녀의 목소리로 살아남아 있다. 그녀의 글은 최악의 상황에서도 용기와 희망을 잃지 않을 수 있는 우리들의 능력에 대한 증거다. 1944년 5월 3일 안네는 이렇게 썼다.

나는 다른 여자아이들과는 다른 삶을 살아야겠다고 결심했다. 여기서 내가 경험하고 있는 것은 흥미로운 삶의 시작으로는 괜찮은 편이다. 그리고 그것이 내가 최고로 위험한 순간들의 우스꽝스런 측면을 웃어넘겨야 하는 유일한 이유다.

나치는 이 보기 드문 소녀의 투지를 꺾지 못했다. 안네는 일기의 마지막 부분 중 하루를 이렇게 시작하고 있다.

"나는 여전히 사람들을 믿는다. 온갖 비참한 일에도 불구하고 사람들의 마음은 정말로 선하다고."

나는 이렇게 세상을 뒤흔들 거야!

내 꿈은 작가가 되는 것이다. 나는 내 눈을 통해 사람들이 세상을 보게 하고 싶다. 10대 여자 아이의 눈으로 본 세상을 보여 주고 싶다는 말이다. 나는 최근 10대들의 유행이나 짝사랑 같은 소재로 글을 쓸 생각이 전혀 없으며, 그런 것에 빠져들지도 않을 것이다. 나는 사람들의 삶을 바꿀 수 있는 글을 쓸 것이다.

로라 다이브글리아 Laura DiVeglia ● 13세

에바 '에비타' 페론

Eva 'Evita' Perón

1919~1952년 | 배우이자 정치인 | 아르헨티나

세계는 지금 여성의 부족으로 고통 받고 있다고 말하고 싶다. 모든 일,
절대적으로 세계의 모든 일이 남성의 관점에서 이뤄지고 있다.

에비타 페론, 아르헨티나의 여성 투표권 획득 축하 연설에서

에바와 그녀의 형제자매들이 줄지어 관 옆을 지나갔다. 에바는 무
덤을 파고 있는 사람들이 자신의 뒤통수에 쏘아 보내는 증오에 찬 눈
길을 느꼈다. 그녀는 슬픔과 수치심으로 인해 돌아가신 아버지의 모
습을 제대로 볼 수 없었다. 에바의 어머니는 아버지의 첩이었고, 에바
와 그녀의 형제들은 아버지의 두 번째 가족이었다. 두 번째 가족을 이
루는 것은 돈 많은 아르헨티나 남자들 사이에 흔한 일이었지만, 상류
계급 사람들은 두 번째 가족을 경멸했다. 아버지가 돌아가신 후, 에바
의 가족은 살고 있던 작은 시골 마을에서 쫓겨났다.

에바의 어머니가 아버지의 장례식에 참석했다는 것은 암묵적인 규
칙을 깨는 일이었다. 돌아가신 아버지의 지인들은 이 가난하고, 죄 많

은 하층 계급의 인간들이 자기들과 함께 장례
식에 참석하자 기겁을 했다. 남루한 옷차림의
에바는 그들에게서 경멸의 눈빛을 느낄 수 있
었다. 일곱 살 소녀 에바의 마음속에서 분노와
수치심이 끓어올랐다. 그녀는 언젠가 그들로
부터 존경을 받고 말겠다고 스스로에게 다짐
했다. 그러기 위해서는 부와 권력이 필요했다.

남편이 죽은 후, 에바의 어머니는 그의 경제적 지원 없이 어떻게 가
족을 돌볼까 근심했다. 아르헨티나의 모든 땅과 사업체는 몇 안 되는
부자 가문의 소유였고, 그런 부자들은 가난한 사람들을 도와 줄 생각
이 없었다. 에바의 가족은 후닌Junín의 작은 마을로 이사해, 이탈리아
레스토랑의 위층에 있는 좁아터진 아파트로 들어갔다. 에바의 어머니
가 가족의 생계를 위해 하숙을 쳤다는 말도 있고, 몸을 팔았다는 설도
있다. 에바의 언니들은 일을 하며 학교에 다녔지만, 에바는 가족의 생
계에 무관심했다. 에바는 배우를 꿈꿨다. 시골 출신의 가난한 소녀에
게 배우가 된다는 것은 불가능한 꿈이었지만 에바는 보통내기 여자애
가 아니었다.

1934년 열다섯 살의 에바는 배우가 되기 위해 부에노스아이레스로
떠났다. 시골을 떠나 도시로 가는 사람은 에바만이 아니었다. 1930년
대 부에노스아이레스에는 시골에서 일을 찾을 수 없었던 사람들이 떼
를 지어 밀려들었다. 일자리를 얻기 위한 경쟁은 치열했고, 많은 사람
들이 굶주렸다. 5년이란 긴 시간 동안 에바는 무대와 라디오 쇼 등에

서 소소한 역을 하며 근근이 생계를 이어갔다. 스무 살 무렵, 에바는 라디오 드라마 시리즈의 큰 배역을 맡으면서 처음으로 큰 행운을 잡았다.

그 후 몇 년 동안 에바는 스타로 피어났다. 그녀는 꽤 많은 돈을 벌었고, 좀 더 우아한 옷을 입을 수 있게 됐다. 스타를 꿈꾸는 신인 여배우답게 갈색 머리도 금발로 염색했다. 그녀는 또한 정치적으로 처신하는 법도 알게 되었다. 군부가 쿠데타로 아르헨티나의 정권을 잡았을 때, 에바는 재빨리 새로운 정부의 몇몇 요인들과 친구가 되었다.

1944년 이재민 구호를 위한 모금행사에서 에바는 일생 동안 그녀와 열정을 공유하게 될 한 남자를 만났다. 후안 도밍고 페론 Juan Domingo Perón 대령은 한 무리의 아름다운 여자들과 함께 행사장에 도착했지만, 그날 밤 행사가 끝날 무렵 그의 눈길은 오직 에바에게만 머물러 있었다. 페론은 마흔여덟 살의 잘 생긴 홀아비였고, 정치 무대에서 자신의 이름을 막 알리기 시작한 상태였다. 특히 그는 하층 계급 노동자들이 더 높은 임금과 혜택을 받을 수 있도록 하는 데 큰 역할을 했다. 후안은 스물다섯 살 에바의 아름다움에 마음을 뺏겼을 뿐만 아니라 에바의 지성과 포부에도 끌렸다. 그러나 무엇보다 중요한 것은 후안과 에바가 비슷한 배경을 가졌다는 점이었다. 두 사람 모두 부유한 남자와 최하층 계급의 여자 사이, 즉 금지된 관계에서 태어난 아이였다. 두 사람 다 편견에 저항하여 싸우는 일이 어떤 느낌인지 알고 있었고, 성공하기 위해 열심히 일했다는 공통점을 갖고 있었다. 후안과 에바는 서로를 존경하게 되었다.

두 사람이 만난 지 한 달이 지난 후, 후안은 새 정부의 부통령으로 승진했고 에바는 라디오 쇼에 나가 후안과 후안이 가진 생각들을 세상에 알리기 시작했다. 이 쇼들은 엄청난 인기를 얻었고 페론 가문의 명성을 만드는 데 일조했다. 에바는 배우 연맹의 회장이 되었고, 후안의 정치적 결정들을 좀 더 적극적으로 지지하고 지원할 수 있었다. 에바가 스물여섯 살이 됐을 때, 한 때 시골 출신의 가난한 하층계급에 속했던 소녀는 이미 백만장자가 되어 있었다.

후안과 에바의 인기가 치솟고 정치적 영향력이 커지자, 정부는 그들의 존재를 위협으로 느꼈다. 후안은 체포되었고 에바는 라디오 쇼를 그만두어야 했다. 하지만 후안의 체포를 계기로 아르헨티나 노동자 계층에서 두 사람의 인기는 더 높아졌다. 노동자들은 연일 후안의 석방을 요구하며 파업하고 시위를 벌였다. 노동자들의 파업과 시위로 정국은 답보 상태를 면치 못했다. 결국 후안은 석방되었고, 하층 계급 사람들은 그들이 정부, 땅, 일자리 등 모든 것을 통제하는 부자들에 대항해 싸운 첫 전투에서 승리했다고 생각했다. 페론 가문은 그들의 유일한 희망인 듯했다. 하층 계급 사람들은 에바를 에비타란 애칭으로 부르기 시작했다.

에비타가 퍼스트레이디가 됐을 때, 아르헨티나의 부유한 여자들은 하층 계급 출신이란 이유로 에비타를 무시했다. 에비타는 부잣집 마님들이 좋아하는 자선단체를 폐쇄하고 그 단체와 아주 똑같은 자신의 자선단체를 시작함으로써 그녀들에게 복수했다. 부유한 여자들이 항의하자 에비타는 그녀들을 며칠씩 감옥에 가둬 버렸다!

후안이 석방된 직후, 후안과 에비타는 비밀리에 결혼식을 치르고 부부가 되었다. 후안은 대통령 선거 출마를 선언했고, 에비타는 라디오 방송으로 돌아가 후안을 지원했다. 대부분의 정치가들이 땅을 소유한 돈 많은 유권자들에게 의지했던 반면, 페론은 가난한 노동자 계급의 유권자와 노동조합에 집중해서 그들을 자신들의 지지 세력으로 만들었다. 후안과 에비타는 자신들의 미천한 출신 배경을 이용해 가난한 사람들을 대변하는 상징이 되었다. 가난한 사람들은 아르헨티나 역사상 처음으로 자신들의 신분에 긍지를 갖게 되었다.

"마치 나는 가난한 사람들 모두의 어머니인 것 같았다."

후일 에바가 한 말이다.

1946년 후안은 큰 표 차로 대통령에 당선되었다. 스물일곱의 에비타는 마침내 늘 꿈꿔 왔던 권력을 손에 쥐었다. 가정에서도 여성이 아무런 힘을 갖지 못하던 시절, 에비타는 정부 내에서 자기 목소리를 내면서 모든 틀을 부수기 시작했다. 에비타는 부유한 사람들과 가난한 사람들 사이의 격차를 줄이기로 결심했다. 그녀는 노동부에 자기 사무실을 설치하고 노동조합 소속 노동자들에게 더 많은 임금과 혜택을 허용하도록 기업들에게 압력을 가했다. 그녀는 사회 원조 재단 Social Aid Foundation을 이끌고, 한 해에 5,000만 달러 내지 1억 달러의 기금을 모아서 병원, 학교, 가난한 사람을 위한 집을 짓기도 했다.

하지만 에비타의 가장 위대한 공헌은 여성 평등을 위한 투쟁이었다. 당시 아르헨티나의 여성들에게는 투표권이 없었다. 에비타는 집회를 결성했고 정기적으로 라디오에 출연해서 여성에게 평등한 사회적 지위를 허용하라고 의회와 아르헨티나 국민들에게 열정적으로 촉구했다. 그녀의 연설은 많은 공감을 얻었고, 1947년 아르헨티나 여성들은 투표권을 갖게 되었다.

에비타는 여기서 멈추지 않고 여성들에게 법적인 권리와 평등한 급여를 보장하라는 캠페인을 벌였다. 당시에 여자들은 같은 일을 하더라도 남자들이 받는 급여의 절반 정도를 받았다. 에비타는 여성 페론당 Peronista Women's Party을 공동 창립하고 운영했다. 1949년 섬유 공장에서 일하는 여성들은 동등한 급여를 받게 되었고, 모든 직종에서 남자들이 받는 급여의 80퍼센트까지 임금을 올리는 법안이 통과되었다. 결혼과 자녀 양육에 있어 여성들에게 법적 평등을 보장하는 법안도 통과되었다. 에바는 전업주부에게 가사 노동에 대한 임금을 지급하라고 요구하기까지 했다!

1950년 에바가 부통령에 출마하겠다고 발표하자, 온 나라가 충격에 빠졌다. 후안과 에바가 많은 성공을 거둔 것은 사실이지만, 그것으로는 부족했다. 후안 정권의 반대파들은 부패와 탐욕을 이유로 비난과 반대를 멈추지 않았다. 두 사람의 인기가 추락하기 시작했다. 대중의 반대가 극심해서 에바는 부통령 후보를 사퇴할 수밖에 없었다. 그녀의 남편 후안은 끝까지 남아 선거를 치렀다.

에비타의 삶에 관해 더 알고 싶다면, 마돈나와 안토니오 반데라스 주연의 영화 '에비타'를 보기 바란다.

나 자신을 위해서는 아무것도 바라지 않는다. 나의 영광은 국민들의 지지이며, 앞으로도 늘 그럴 것이다. 내 목숨이 길가에 조각조각 흩어진다 해도 여러분이 그 조각을 내 이름으로 모아서 승리의 깃발처럼 들고 가리라는 것을 나는 알고 있다. - 에비타 페론 평생 아침 여덟시에 일어나 한밤중까지 일했던 습관이 에바의 건강을 좀먹기 시작했다. 유권자들이 투표소에 가기 직전, 에비타는 암 판정을 받았다. 선거는 즉각 감정적인 색깔을 띠기 시작했다. 글을 읽을 줄 아는 여성들의 90% 이상이 처음으로 투표에 참여했고, 후안 페론은 압도적인 승리를 거뒀다.

에비타의 업적을 가렸던 오점들이 말끔하게 씻겼고, 수천 명의 사람들이 그녀의 회복을 기원하는 철야기도에 들어갔다. 에비타는 국가의 영적 지도자이자 에비타 카피타나 Evita Capitana(에비타 대장)로 선포되었다. 그녀의 자서전은 출간하자마자 베스트셀러가 되었고, 학교의 필독 도서가 되었다. 국민들의 사랑을 되찾은 에비타는 1952년 7월 26일 세상을 떠났다.

서른세 살의 생애 동안 에비타는 아르헨티나의 가난한 사람들과 노동자 계층, 그리고 전 세계 여성들에게 용기와 희망을 불어넣었다. 에비타는 가난하고 교육받지 못한 시골 출신의 사생아 소녀로부터, 세상에서 가장 부유하고 강력하고 혁명적인 여인으로 우뚝 섰다. 그녀는 가장 불행한 여인도 훌륭하고 높은 지위까지 올라갈 수 있다는 희망을 주었다. 에비타는 자기 목소리를 낼 수 없었던 사람들의 권리를 위해 투쟁했고, 그들의 목소리를 듣도록 정부를 압박했다. 그 결과, 그 사람들의 희망과 꿈의 상징이 되었다. 갖가지 억압에 대항해 투쟁하고 있는 전 세계의 사람들에게, 에비타는 영원한 전설이 되었다.

나는 이렇게 세상을 뒤흔들 거야!

나는 가난한 사람들을 돕고 환경 보호를 지원함으로써 세상을 흔들어 보겠다. 나는 어른이 되면 수의사가 되어 상처 입은 동물들을 돌볼 것이다. 나는 한 사람에 불과하지만, 백만 명도 한 명에서 시작한다는 사실을 믿는다.

레슬리 브리세노 Leslie Briceno ● 15세

인디라 간디

Indira Gandhi

1917~1984년 │ 총리 │ 인도

나는 인도인이면서 어떻게 긍지를 갖지 않을 수 있는지 이해할 수 없다.
우리 인도가 물려받은 풍요로운 문화유산과 무한한 다양성,
어떤 재난이나 부담에도 한결같이 확고한 믿음을 지니고,
가난과 역경에 처해서도 자발성을 잃지 않고 명랑함을 유지하는 국민정신의
위대함을 생각하면 어떻게 자랑스럽지 않을 수 있겠는가 말이다.

인디라 간디 Indira Gandhi

열두 살 인디라 간디는 교과서를 손에 든 채, 차 뒷좌석에 앉아 초조해 하고 있었다. 그녀는 지금 막 인도 국민회의당 National Congress Party의 최고 지도자들이 영국에 대항한 반란의 다음 단계를 계획하는 비밀 회동의 자리에 참석했다가 나온 참이었다. 당시 인도는 영국의 식민지였고, 인도 국민들은 나라의 독립을 위해 투쟁하고 있었다.

인디라가 탄 차는 높은 철문 앞에 도착했고, 경찰이 운전기사에게 정지하라고 지시했다. 인디라의 심장이 빠르게 뛰었다. 경관이 차를 조사하면 인디라는 체포될 것이고 많은 반란

인디라가 기억하는 가장 어린 시절의 기억은, 가족들이 옷가지와 다른 가재도구들을 태우는 장면이었다. 유럽산 제품에 대한 비폭력적 거부 운동에 따른 것이다. 어린 인디라는 자신이 갖고 놀던 유럽산 인형을 불길 속에 던져 넣었다.

지도자들과 함께 감옥에 갇히게 될 터였다. 용감한 소녀 인디라는 두려움을 감추고 빨리 보내 달라고 경관에게 요구했다. 학교에 지각했고 이렇게 지체할 시간이 없다고 재촉한 것이다. 결국 경찰관들은 그녀를 믿고 보내 주었다. 그들은 그녀가 탄 차의 트렁크에 숨겨진 것이 온통 독립운동에 관련된 서류일 거라고는 꿈에도 생각하지 못했을 것이다!

차가 문을 통과하자 인디라는 뒤편 차창을 통해 자신이 나온 쪽을 바라보았다. 경찰이 이미 그곳을 포위하고 있었다. 그 안에서 지도자들이 인디라의 차가 빠져 나가는 것을 초조하게 지켜보고 있었다. 자신들의 본부가 습격 당할 것을 두려워한 지도자들은 가장 중요한 문건들을 어린 소녀의 차 트렁크에 실어 놓았다. 영국 측 손에 들어가면 치명적일 수 있는 문건들이 인디라 덕분에 안전하게 보존되었다. 이 용기 있고 대담한 행동은 나라에 대한 봉사로 일관된 인디라 생애의 시작에 불과했다. 열두 살 소녀는 그 후 인도 민주주의 사상 첫 번째 여성 지도자이자 세계에서 가장 강력하고 영향력 있는 정치가 중 한 명이 되었다.

인디라 프리야다르시니 네루 Indira Priyadarshini Nehru는 1917년 11월 19일, 인도의 알라하바드 Allahabad에서 태어났다. 그녀의 조국은 160년 넘게 영국의 지배를 받고 있었다. 영국 침략자들은 모든 것을 통제했고, 인도 시민들은 자기 나라에 대해 아무런 힘도 행사할 수 없었다. 인도의 독립을 지지하는 말을 입 밖에 내는 사람은 누구를 막론하고 투옥되었다. 인도 독립투쟁의 지도자인 자와할랄 네루와 카말라 네루 Jawaharlal and Kamala Nehru 부부의 외동딸인 인디라는 어린 시절 많은 시간을 부모와 떨어져 지냈다. 그녀의 부모는 자주 투옥되었던 것이다. 하지만 부모의 활동은 인디라에게 용기와 힘을 불어넣었다. 어릴 적부터 인디라는 열정적으로 인도를 사랑했고, 혁명을 주도하는 국민회의당을 돕기 위해 할 수 있는 일은 무엇이든 가리지 않았다.

인디라가 열두 살일 때, 그녀는 1,000명이 넘는 인도 아이들을 모아 '몽키 브리게이드 Monkey Brigade'란 이름의 조직을 만드는 일에 참여했다. 몽키 브리게이드는 편지를 부치고, 연설문을 쓰고, 음식을 조리하는 등 일상의 일에서 국민회의당을 지원했다. 인디라와 청소년 조직의 더 중요한 임무는 영국 경찰을 몰래 염탐하는 것이었다. 아이들은 노는 척 하면서 경찰의 대화를 엿들었고, 임박한 체포 계획 같은 것을 귀담아 들었다가 국민회의당에 보고하곤 했다. 몽키 브리게이드의 사전 경고로 활동가들은 도피할 시간을 벌 수 있었다. 영국 경찰은 이 천진해 보이는 아이들이 스파이일 거라고는 의심조차 하지 못했다!

1937년 인디라는 영국의 옥스퍼드대학에 입학했다. 영국에서 공부하는 동안 인디라는 어릴 적 친구인 페로즈 간디Feroze Gandhi와 약혼했고, 두 사람은 1942년 인도로 귀국한 뒤 결혼했다.

인도로 돌아와 보니 인디라가 사랑하는 조국은 총체적 저항으로 인해 끔찍하기 짝이 없는 혈투의 한가운데 놓여 있었다. 그녀는 즉각 당

인디라가 영국에서 공부하는 동안, 영국은 제2차 세계대전에 휘말려 있었다. 인디라는 영국의 전쟁 노력을 지원하기 위해 앰뷸런스를 운전했다. 하지만 그녀가 인도에 돌아오는 시점에 맞춰 영국은 그녀의 아버지를 다시 투옥했다.

내의 자기 역할로 복귀했고, 얼마 지나지 않아 영국 당국은 인디라의 저항 활동을 알게 되었다. 인디라는 8개월 간 투옥됐다! 그렇지만 인디라는 희망을 버리지 않았다. 그녀와 다른 독립 운동가들이 위대한 전진을 하고 있었기 때문이다. 1947년 영국은 전투를 포기했다. 거의 200년 가까운 식민 지배 끝에, 마침내 인도는 독립했다!

영국과의 전쟁이 끝난 후 인도 국민회의당 내에서 가장 인기 있는 지도자였던 인디라의 아버지가 초대 총리가 되었다. 인디라의 어머니는 이미 세상을 떠났기에, 인디라는 아버지의 퍼스트레이디이자 조언자, 타국에 대한 외교 사절 등의 역할을 수행했다. 인디라는 여전히 여러 정치 기구에서 활동하고 있었고, 1959년에는 국민의회당 의장으로 선출됐다. 그 자리는 그녀의 아버지와 할아버지가 맡았던 자리이기도 했다. 그녀는 인도 정치인 중 두 번째로 높은 서열에 오른 것이다.

인디라가 숭배한 영웅은 역시나 침략자로부터 조국의 독립을 지키기 위해 싸운 잔다르크였다.

1964년 인디라의 아버지가 사망하자, 랄 샤스트리 Lal Shastri가 총리가 됐고, 랄은 인디라를 정보방송부 장관에 임명했다. 글을 읽을 줄 아는 국민이 소수인 인도에서 라디오와 텔레비전은, 인도의 전 민중에게 뉴스와 정보를 전달하는 엄청난 힘을 갖고 있었다. 인디라는 라디오와 텔레비전 프로그램을 두 배로 늘리고 저렴한 가격의 라디오를 생산하는 등 언론 환경을 획기적으로 개선했다. 그녀는 또한 연설하고 싶은 사람 누구에게나 공중파를 개방했다. 정부에 비판적인 사람들도 자유롭게 자기 생각을 방송에 나와 말할 수 있었다. 인도는 진정한 민주주의 국가가 되어 가고 있었다.

2년 후 샤스트리가 사망하자 인디라는 인도의 총리로 선출됐다. 그녀는 민주주의 국가를 통치한 최초의 여성이었다. 그녀가 통치해야 할 나라는 인구가 엄청나게 많고 다양한 철학과 사상과 종교를 갖고 있는 나라였다! 신생 독립국 인도는 국민의 자유를 위협하는 온갖 문제와 위협에 시달리고 있었다. 인디라가 총리로서의 책무를 제대로 수행할 수 있으리라고 생각한 사람은 많지 않았다. 국민회의당의 일부 멤버는 인디라를 자기들 맘대로 조종할 수 있을 거라고 생각하기까지 했다. 하지만 인디라는 강력하고 노련한 지도자임을 스스로 증명했다.

임기 동안, 인디라는 인도의 국제적 영향력을 강화했고 미국과 소련이 인도에 대해 통제력을 행사하는 것을 차단했다. 인디라는 인도를 이끌고 파키스탄과의 전쟁에서 승리했고, 인도 최초의 인공위성을 쏘아 올리기도 했다. 한편 '가리비 하타오 Garibi Hatao(가난 추방) 운동'을 시작하여 인구 증가를 억제하고 가난한 민중들의 삶의 질을 향상시켰다. 1971년 인디라는 반대 세력이 증가하는 와중에도 총리로 재선됐다.

총리로서의 두 번째 임기 동안 인디라의 정책에 대한 비판이 점차 고조되었다. 인디라는 자발적 불임 수술 정책을 시행하여, 더 이상 자녀를 원하지 않는 사람들이 임신하지 않을 수 있게 했다. 인구를 억제하고 가난이 대물림되지 않게 만들기 위함이었다. 하지만 인디라의 정적들은 불임 시술이 강제로 집행됐다고 주장했다. 1975년 인디라에 대한 저항이 심각한 국면에 이르자, 인디라는 비상사태를 선포했다. 그녀는 정적들을 투옥했고 언론을 검열했다. 짧은 기간 동안이지만 비민주적 조치가 행해진 것이다. 결국 인디라는 선거에 패배했고 총리직에서 물러났다. 그러나 그녀는 다음 2년 동안 지지세를 회복하여 1979년 압도적인 표차로 총리에 재선됐다.

인디라는 사랑하는 조국을 발전시키기 위한 노력을 계속했지만, 여전히 강한 반대에 부딪혔다. 1984년 그녀는 시크교 분리주의자들이 점거한 사원에 대해 공격을 명령했다. '푸른별 작전'이라 명명된 이 급습은 논란거리가 됐다. 몇 달 후, 인디라는 자신의 경호원인 두 명의 시크교도에 의해 암살당했다. 400여 명의 시크교도를 살해한 푸른별 작전에 대한 시크교도의 보복이 분명했다.

인디라의 의지는 그녀가 암살당한 후 세상에 밝혀졌다. 인디라는 이렇게 말했다.

> 만약 내가 일부 겁쟁이들의 음모에 의해 폭력적인 죽음을 당한다 해도, 폭력성은 암살자의 생각과 행동에 깃들어 있을 뿐, 죽어 가는 나와는 아무 상관이 없을 것이다. 왜냐하면 그 어떤 증오도 내 국민, 내 나라에 대한 나의 사랑을 뒤덮을 정도로 어두울 수는 없기 때문이다.

정치 지도자로서의 그녀의 삶은 논쟁거리로 가득하지만, 인디라는 조국이 식민 지배로부터 벗어나고 민주주의의 뿌리를 내리도록 평생

애썼다. 그녀가 통치한 시기는 인도 역사상 해결해야 할 문제도 많고 골칫거리도 많은 시기였다. 통치 시기 내내, 그녀의 나라 사랑과 국민 사랑은 의심의 여지가 없었고 인도의 복지를 향상시키겠다는 의지는 확고했다. 강력하고 확신에 찬 여인, 인디라는 세계에서 가장 크고, 가장 가난하며, 가장 다양한 민주주의를 가진 나라 인도를 발전시키 겠다는 포부를 가졌던 강력한 지도자였다.

지금 세상을 흔들고 있는 소녀!

네아 굽타 Neha Gupta

네아 굽타는 아홉 살 때, 비영리 조직 '임파워 오펀스 Empower Orphans'를 설 립했다. 임파워 오펀스의 목표는 부모가 없거나, 버려지거나, 혜택 받지 못하는 아이들에게 생계를 꾸리는 데 필요한 기초 교육과 기술 등을 익힐 수 있는 수단 을 제공함으로써 지속 가능한 자급자족 상태를 만드는 것이다. 임파워 오펀스는 25만 달러 이상의 기금을 현금으로 모았고, 1만 5천 명이 넘는 아이들의 생활을 긍정적으로 변화시켰다. 그는 복합 도서관, 컴퓨터실, 재봉 센터, 과학 실험실 등 을 열었다. 네아는 필라델피아 세븐티식서스(*미국의 프로농구팀 – 옮긴이)의 '홈타 운 히어로 Philadelphia 76ers Hometown Hero', '어린이들의 위대한 친구상 Great Friends to Kids Award', '콜스의 장학금 Kohl's Care Scholarship', '유 명한 어린이 세계상 World of Children Award' 등 많은 상과 영예를 얻었다.

베이브 디드릭슨
제어라이어스

Babe Didrikson Zaharias

1911~1956년 | 운동선수 | 미국

여러분은 이제까지 스포츠 세계에서 볼 수 없었던
근육의 조화, 정신과 신체의 완벽한 일치라는 점에서
흠잡을 것 하나 없는 가장 온전한 사례를 보고 있다.

그랜트랜드 라이스 Grantland Rice 스포츠기자

오늘은 베이브가 세미프로 농구팀인 골든 사이클론즈 Golden Cyclones 소속으로 뛰는 첫 날이다. 미국 챔피언인 선 오일 Sun Oil 팀과 붙게 된 골든 사이클론즈팀 선수들은 잔뜩 긴장한 눈치였다. 하지만 베이브는 전혀 불안해하지 않았다. 그녀는 달리고 패스하고 슛을 쐈다. 또 달리고 패스하고 슛하고, 다시 달리고 패스하고 슛하고……. 결국 골든 사이클론즈가 승리했고, 베이브는 상대인 선 오일팀 전체가 넣은 골보다 더 많은 골을 혼자서 기록했다. 모두가 그녀의 초인적 운동 능력에 경탄했지만, 베이브가 역사상 가장 위대한 운동선수가 되리라고는 예상하지 못했다. 베이브는 거의 모든 스포츠에서 발군의 실력을 발휘했다. 골프, 육상, 농구, 양궁, 스키트 사격, 수영, 다이빙,

승마, 당구 등은 일부일 뿐이다. 베이브의 일생은 모든 여성 운동선수에게 힘과 용기를 주는 사례 그 자체였다.

밀드레드 엘라 디드릭슨 Mildred Ella Didrikson 은 1911년 6월 26일, 테사스 주의 포트 아서 Port Arthur에서 태어났다. 밀드레드의 집은 매우 가난했고 그녀를 포함한 일곱 명의 남매는 가족의 생계를 도와야 했다. 그는 돈을 벌기 위해 무화과를 따고 감자 포대를 꿰맸다. 밀드레드는 스포츠에서 즐거움을 찾았고, 최고로 위대한 운동선수가 되겠다고 일찌감치 마음을 정했다.

어린 시절 밀드레드는 동네 야구 경기에서 홈런을 펑펑 날려 대는 힘 좋은 타자였다. 아이들은 당시에 유명했던 강타자 베이브 루스의 이름을 따서, 밀드레드를 '베이브'라는 별명으로 불렀다. 밀드레드는 체육관의 철봉과 역도 장비로 체력을 단련하면서 이웃의 아이들과 야구나 농구 경기를 하며 자랐다.

고등학생이 되자 베이브는 소녀들이 할 수 있는 모든 운동을 섭렵하기 시작했다. 베이브는 농구팀에서 각광을 받았고 이내 스타가 되었다. 여자 실업농구팀의 감독이었던 멜빈 매컴 Melvin McCombs이 그녀를 눈여겨보았다. 멜빈은 베이브를 자기 팀인 골든 사이클론즈에 스카우트했고, 베이브는 팀을 국내 챔피언으로 이끌었다. 1930년 베이브는 전미 여자농구 올스타 팀의 포워드로 선정됐다.

그 후 베이브는 육상경기에 도전해 보기로 결심했다. 1932년 그녀는 미국 아마추어 육상연맹이 주최한 여자부 선수권 대회에 출전해서 8개 경기 종목 중 5개에서 우승했다. 다른 한 종목에선 동률 1위, 또 한 종목에선 2위를 차지했다. 베이브 혼자서 팀이 우승할 수 있는 점수를 다 따 냈다.

국내 선수권 대회에서 빼어난 활약을 보인 베이브는 1932년에 개최된 로스앤젤레스 올림픽에 출전하게 되었다. 경기 전 베이브가 기자에게 한 말은 "눈에 보이는 모든 선수를 이길 작정"이라는 것이었다. 그리고 정말로 베이브는 승리했다. 투창 경기에서 세계 신기록을 수립하며 금메달을 땄고, 허들에서 금메달 하나를 더 추가했고, 높이뛰기에선 은메달을 땄다!

올림픽에 참가하느라 로스앤젤레스에 머무는 동안 베이브는 골프에 입문했다. 처음 해보는 운동이었지만 그녀의 타고난 능력은 정말 대단했다. 몇 년 후 베이브는 골프 분야에서 성공을 이루겠다고 결심했다. 그녀는 열심히 훈련에 몰두했다. 어떤 때는 하루 열여섯 시간을 훈련하기도 했다. 그런 노력으로 1935년 텍사스 여자 골퍼 초청 토너먼트에서 우승할 수 있었다. 베이브는 다음과 같이 회고했다.

주말이면 나는 하루 열두 시간에서 열여섯 시간씩 골프 연습을 했다. 나는 여러 종류의 샷을 연습하고, 연습하고, 또 연습했다. 손에 물집이 잡히고 피가 날 때까지 공을 치고 또 쳤다. 그렇게 연습에 몰입하다가 더 이상 연습을 할 수 없을 정도로 어두워지면 집으로 돌아와 저녁을 먹었다. 그리고는 골프 규정집을 손에 들고 잠자리에 들었다.

1938년 베이브는 골프 토너먼트에 출전한 레슬링 선수 조지 제어라이어스 George Zaharias를 만났고, 둘은 만난 지 1년도 안 되어 결혼했다(정확히는 11개월 만이다). 베이브는 골프 선수 생활을 계속했고, 17개 토너먼트에서 내리 우승했다! 베이브는 영국 여자 골프 선수권 대회에서 우승한 최초의 미국인이었다. 하지만 그게 끝이 아니었다. 1949년 베이브는 미국 여자 프로골프협회 Ladies Professional Golf Association를 공동 설립했다. 이 기구는 여자 프로골프 토너먼트를 후원했고, 그 결과 점점 더 많은 여성이 스포츠에 관심을 갖게 되었다. 오늘날 LPGA 토너먼트는 여자 프로골퍼에게 수백만 달러의 상금을 주고 있다.

베이브는 LPGA 설립에 대해 자신의 자서전에서 이렇게 밝히고 있다.

열 살도 되기 전에 나는 내 자신이 무엇이 되고 싶은지를 정확히 알고 있었다. 내 목표는 역사상 가장 위대한 운동선수가 되는 것이었다. 나는 스포츠에 빠져드는 강한 충동과 스포츠를 잘할 수 있는 능력을 타고난 것 같다. 이제 나보다 더 승리를 갈망하는 사람은 없다. 승리하기 위해서 나는 지쳐 나가떨어질 때까지 자신을 몰아붙인다. 하지만 나는 한 번도 경기를 대충하거나 치사한 방법을 쓴 적이 없다. 내게 훌륭한 스포츠맨십이라는 것은 승리하는 것만큼이나 중요하다. 여러분은 정정당당하게 경기해야만 한다. 스포츠맨십에 어긋나는 방법을 써서 승리한다면, 내 사전에서 그것은 진정한 승리가 아니다.

1953년 베이브는 암으로 진단받았다. 그녀는 평소와 같이 투지를 불태우며 암에 맞섰다. 수술을 받은 후 베이브는 몸을 회복했고, 1954년 열린 미국 여자 골프 오픈 토너먼트에서 기적처럼 우승했다. 베이브는 챔피언답게 두 해

올림픽이 끝나 텍사스로 돌아온 베이브는 그녀를 기리기 위해 개최된 카 퍼레이드에서, 소방서장의 차를 타고 고향 마을의 거리를 돌았다고 한다.

를 더 버텼지만 1956년 암이 재발했고, 결국 세계에서 가장 위대한 여자 운동선수는 마흔다섯의 나이로 세상을 떠났다.

베이브는 일생에 걸쳐 유명한 상과 영예를 획득했다. 그녀는 통신사 연합이 선정하는 올해의 여자 운동선수에 여섯 번이나 이름을 올렸다! 또한 1950년 반세기를 대표하는 여자 운동선수에 뽑혔고, 1951년에는 세계 골프 명예의 전당에 들어갔다. 스포츠 사가들은 미국 스포츠 역사상 가장 뛰어나고 영향력 있는 스포츠 스타로, 베이브 루스에 이어 그녀를 두 번째 인물로 꼽는다. 베이브 디드릭슨이 남긴 유산은 오늘날의 여자 스포츠 선수에게 이어지고 있다. 베이브의 재능과 투지는 스포츠 세계에서 여성들이 성공할 수 있는 길을 활짝 열어 주었다.

나는 이렇게 세상을 뒤흔들 거야!

나는 올림픽 종목인 승마를 스케이팅이나 체조처럼 인기 있도록 만들어 세상을 흔들어 보겠다. 승마 스포츠는 사람들의 관심을 끌지 못하고 있다. 나는 승마가 사람들의 관심을 불러일으킬 수 있도록, 승마의 세계에 대해 널리 알릴 것이다.

브라이아나 요크 Brianna York ● 13세

재키 미첼
Jackie Mitchell

1914~1987년 | 야구선수 | 미국

재키는 스파이크화를 신은 발로 투수 마운드를 긁어 땅을 다지며 타자를 힐끗 쳐다보았다. 홈 플레이트 옆에는 베이브 루스 Babe Ruth 가 모자챙을 만지며 재키 쪽으로 눈길을 주고 있었다.

재키는 생각했다.

'과연 내가 할 수 있을까? 내가 홈런왕을 스트라이크 아웃으로 잡을 수 있을까? 홈런의 제왕 Sultan of Swat이라 불리는 메이저리그 제일의 홈런 타자를 내가 아웃시킬 수 있을까?'

관중석에선 웃음소리가 터져나왔다. 그들은 최고의 야구 영웅과 무명의 열일곱 살 소녀 루키의 대결이 약간은 우스꽝스럽다고 느끼는 것 같았다. 약간의 야유가 있었지만 재키는 당황하거나 겁먹지 않았다. 그녀는 손가락으로 공을 문지르며 그 동안 해 왔던 훈련을 생각했다. 재키는 자신이 기억할 수 있는 가장 어린 시절부터 야구를 했다. 그녀는 자신의 왼팔로 스트라이크 아웃시킨 모든 사람들을 떠올렸다. 물론 그 희생자들은 대부분 남자였다.

베이브 루스는 능글맞은 웃음을 입가에 흘리고 있었다. 그는 마치 이렇게 말하고 있는 듯 했다.

"덤벼라 꼬맹이 여자애야, 네가 뭘 할 수 있는지 보자."

그녀는 몸을 뒤로 젖혀 와인드업했다. 베이브는 공을 노리고 방망이를 휘둘렀지만, 공은 홈 플레이트 바로 앞에서 가라앉았다. 싱커였다.

"스트--라이크 원!"

베이브는 헛치고 말았다. 그의 눈이 놀라움으로 휘둥그레졌다. 보고도 못 미더워하는 관중들의 술렁거림이 시작됐다. '스트라이크라고? 여자애가 던진 공이 스트라이크가 됐다고?' 베이브는 방망이를 더 힘주어 잡았다. 입가에 떠올랐던 웃음은 어느새 사라졌.

재키가 다음에 던진 공 두 개는 볼이었다. 볼이 두 개째 들어가자, 관중들은 다시 웃기 시작했다. 첫 번째 스트라이크는 그냥 어쩌다 들어간 것이라고 생각하는 눈치들이었다. 베이브도 관중들을 따라 웃음을 떠뜨렸다. 재키는 네 번째 공으로 다시 싱커를 던졌다. 베이브는 다시 헛 스윙을 했

이 굉장한 경기가 있기 전에 베이브 루스는 기자들에게 이렇게 말했다. "여자들을 야구선수로 받아들이면 무슨 일이 생길지 모르겠어. 여자들이 제대로 된 경기를 할 리가 없지. 왜냐고? 여자들은 너무 약하지 않은가 말이다. 여자들더러 매일 야구를 하라는 것은 그녀들을 죽이는 일이 될 거야."

131

다.

"스트라이크 투!"

약이 오른 베이브가 재키를 노려보았다. 재키는 베이브가 다음 공도 싱커가 들어올 거라고 생각한다는 것을 알았다. 이번에 그녀는 싱커 대신 홈 플레이트에 살짝 걸치는 직구를 던졌다. 베이브는 타격을 하지 않고 공을 흘려 보냈다. 볼이 들어올 거라고 확신했던 것이다.

"스트라이크 쓰리!"

관중석에선 난리가 났다. 4,000여 명의 관중이 손뼉을 치고 함성을 지르며 재키를 연호했다.

"재키! 재키! 재키!"

그녀가 해냈다! 무명의 소녀가 슈퍼스타를 삼진으로 잡은 것이다. 베이브는 홈플레이트를 발로 걷어차고 주심에게 뭐라고 불만을 말하더니, 방망이를 집어던지고 더그아웃으로 쿵쿵거리며 들어갔다. 재키는 미소 지으며 이 역사적인 순간을 만끽했다.

당시 언론은 재키가 사상최초로 마이너리그에서 뛰게 된 여성이라고 보도했지만, 그건 정확한 얘기가 아니다. 1898년 리지 알링턴 Lizzie Arlington이 펜실베이니아 주 리딩 Reading에 있는 마이너리그 팀에서 한경기를 뛴 기록이 있다.

번 베아트리스 '재키' 미첼 Virne Beatrice 'Jackie' Mitchell은 약자가 될 운명을 타고났는지도 모른다. 1914년 그녀는 3.5파운드(*약 1.6킬로그램 – 옮긴이)의 몸무게로 태어났다. 하지만 몸집이나 여자라는 성별이 재키를 가로막지는 못했다. 재키가 걸음마를 시작할 때부터, 아버지는 그녀를 데리고 야구장에 갔고 야구를 가르치기 시작했다. 아장거리며 걸을 때부터 재키는 야구를 잘했다. 잘해도 너무 잘했다.

미첼의 이웃에 대지 밴스 Dazzy Vance라는 마이너리그 소속 야구선수(그는 나중에 브루클린 다저스의 투수로 활약했고, 명예의 전당에 들어갔다)가 살았다. 대지는 어린 재키에게 관심을 갖게 되었다. 그녀의 열정과 재능을 알아 본 것이다. 재키가 다섯 살이 됐을 무렵, 대지는 홈 플레이트 바로 앞에서 뚝 떨어지는 커브볼의 일종인 드롭을 그녀에게 가르쳐 주었다. 대지가 애용하는 구질이기도 했던 드롭은 타자가 맞히기도 까다로웠지만, 던지기도 쉽지 않았다. 하지만 재키는 빠르게 드롭을 익혔다. 일곱 살의 재키는 고향 멤피스 Memphis에서 동네 야구의 스타가 되어 있었다.

재키가 성장하던 시기를 전후한 20~30년 동안은 여자들도 야구선수가 될 수 있었다. 하지만 여자 선수들은 남자들과 한 팀에서 경기하지 않았다. 전원 여성으로 구성된 블루머 걸스 Bloomer Girls는 지방 야구팀, 세미프로 팀, 마이너리그의 남성 야구팀과 경기를 벌이며 미국 전역을 돌았다. 이 여성 야구단은 남자 팀을 상대로 꽤 훌륭한 경기를 했고, 가끔은 승리하기도 했다. 하지만 여자 선수는 마이너리그 혹은 메이저리그의 어느 야구팀에도 발붙이지 못했다. 재키는 이런 상황을 바꿔 보고 싶었다.

재키는 열여섯 살 때 테네시 주 채터누가에 있는 여자 야구팀에서 선수로 뛰었고, 한 해 후에는 메이저리그에서 투수로 활약하던 키드 엘버펠드 Kid Elberfeld가 운영하는 최고의 야구

양키스와의 그 유명한 경기 이후, 재키는 엄청난 양의 팬레터를 받았다. 그 우편물 중에는 단지 '베이브 루스를 삼진으로 잡은 소녀에게'라고만 주소가 적혀 있는 것들도 있었다.

133

캠프에 초대받았다. 재키는 그 캠프에 참가한 선수들 가운데 유일한 여자였다. 대지와 마찬가지로 키드도 재키의 잠재력을 알아 보았고 재키의 훈련을 도와 주었다. 재키가 꽤 던진다는 소문은 금세 퍼져 나갔다. 전직 프로 야구 투수였던 조 엥겔 Joe Engel이 이 경탄할 만한 소녀의 소문을 듣고 그녀를 스카우트하러 왔다. 조는 자신 소유의 마이너리그 소속 구단인 채터누가 루카웃츠Chattanooga Lookouts와 계약을 하자고 했다. 재키가 계약서에 서명한 순간, 그녀는 미국 야구 역사상 마이너리그 야구팀에 입단한 두 번째 여성이 되었다.

계약서에 서명하고 며칠이 지났을 때, 재키의 새 소속팀인 채터누가 루카웃츠는 메이저리그 소속 뉴욕 양키스팀과 시범 경기를 갖게 되었다. 시범 경기는 메이저리그 선수들이 정규 시즌에 들어가기 전에 체력과 경기 감각을 유지하기 위해, 또 작은 도시에 사는 사람들에게 스타 선수들의 모습을 보여 주기 위해 흔히 쓰는 방식이었다. 루카웃츠 팀에게 많은 것을 기대하는 사람은 아무도 없었다.

재키는 자기 팀 선발 투수가 2루타와 안타를 연속해서 맞고, 양키스에게 1-0으로 리드 당하는 상황을 더그아웃에서 지켜보고 있었다. 세 번째 타자는 베이브 루스였다. 1920년대와 30년대 이론의 여지가 없는 슈퍼스타인 베이브 루스는 타격과 홈런 최고 기록 보유자였다.

감독이 재키를 마운드로 손짓했다. 재키가 투구할 차례가 온 것이었다. 재키가 다섯 개의 투구로 타격의 제왕 베이브 루스를 스트라이크 아웃시키자 모든 사람이 깜짝 놀랐다. 일부 팬들은 홍보용 이벤트일 거라고 생각했다. 만약 그렇다면 베이브 루스는 엄청난 배우임이

틀림없었다. 주심에게 욕설을 퍼붓고 신경질을 부리며 타석을 떠나는 완벽한 연기를 했으니까.

　다음 타순은 철마 Iron Horse 란 애칭을 갖고 있던 루 게릭 Lou Gehrig 이었다. 그는 베이브 루스 다음의 타격 기록을 갖고 있는 강타자였다. 재키가 한 번 더 일을 낼 수 있을까? 아니면 베이브를 아웃시킨 건 어쩌다 한 번 일어난 요행이었을까? 관중들은 모두 숨을 죽였다. 재키는 세 개의 공을 던졌고, 루 게릭도 세 번 스윙했다. 그러나 루는 세 번 모두 공을 맞히지 못했다. 재키가 또 한 번 일을 낸 것이다. 메이저리그의 최강 타자 두 명을 연속 삼진으로 잡았던 것이다. 4,000여 팬들은 자리에서 일어났고, 재키에게 기립박수를 보냈다. 박수와 환호는 몇 분 동안이나 계속됐다.

루카웃츠 팀을 나온 후, 재키는 하우스 오브 데이빗 House of David 팀 소속으로 순회경기를 했다. 그 팀은 장발에 긴 수염으로 유명했는데, 재키는 때로 가짜 수염을 붙이고 경기에나서기도 했다.

　팬들은 이렇게 엄청난 데뷔전을 치른 재키가 오랫동안 선수 생활을 할 거라고 기대했다. 양키스를 상대로 한 경기는 전 세계의 관심을 끌었다. 수십 개의 신문과 잡지에 그녀의 사진이 실렸고, 그녀가 스트라이크를 잡는 뉴스 영상은 미국 전역의 극장에서 상영됐다.

그 영광스런 기록을 세운 지 수십 년 후, 마침내 재키의 이름과 사진, 기록이 들어간 야구카드가 탄생했다!

　그런데 얼마 안 있어, 미국 프로야구 커미셔너는 재키가 루카웃츠 팀과 맺은 계약을 무효화시켰다. 커미셔너는 여성이 하기엔 야구 경기가 '너무 격렬하기 때문'에 여성과는 적합하지 않다고 선언했다. 말은 그렇게 했지만, 또 다른 소녀가 메이저리그의 남자 스타를 당혹스럽게 하는 일이 없기를 바라서 그랬는지도 모를 일이다.

무효화된 계약에도 불구하고 재키는 마이너리그에서 몇 년 더 뛰었다. 규모가 작고 잘 알려지지 않은 팀들에서 선수 생활을 하며 자신의 이름으로 신문의 헤드라인을 장식하는 일과는 무관하게 살았다. 재키는 최고 중의 최고 타자를 상대했던 일을 그리워하며, 월드시리즈에서 공을 던져 보겠다는 꿈은 평생 이뤄지지 않을 것이라는 사실을 깨달았다. 재키는 1937년 스물세 살의 나이로 은퇴했다. 메이저리그 야구 사무국은 1952년부터 공식적으로 여성이 선수로 뛰는 것을 금지했고, 2012년 현재까지 메이저리그에서 뛰는 여자 야구선수는 없다.

역사적인 경기를 보여준 지 50년이 지난 1982년에 재키는 채터누가 루카웃츠의 개막 경기 시구자로 초청됐다. 그리고 5년 후, 그녀는 세상을 떠났다. 프로야구에 성차별이 없었다면 재키는 어떤 기록을 남겼을까? 월드시리즈에 참가할 수 있었을까? 그녀의 이름이 베이브 루스만큼 유명해졌을까? 결코 알 수 없는 일이다. 하지만 우리는 안다. 재키의 이야기가 이후 세대의 여성 선수들에게 힘과 용기를 불어넣어 주었다는 것을. 오늘날 리틀 리그에는 소년들을 상대로 야구 경기를 하고 있는 소녀들이 있고, 그녀들 모두는 '베이브 루스를 삼진으로 아웃시킨 소녀'를 꿈꾸고 있다.

나는 이렇게 세상을 뒤흔들 거야!

소녀 스포츠에 관한 박물관을 열어 세상을 흔들어 보겠다. 대다수의 사람들은 소녀가 스포츠를 할 수 있다는 생각조차 못 한다. 하지만 소녀들도 원하는 것은 무엇이든 할 수가 있다. 그 박물관은 소녀들에게 자신이 무엇을 하든 세상을 흔들 수 있다는 희망과 용기를 줄 것이다.

사만다 다니엘스 Samantha Daniels ● 13세

메리 리키

Mary Leakey

1913~1996년 | 고고학자이자 인류학자 | 영국, 아프리카

메리는 땅바닥에 무릎을 꿇고, 아까부터 눈길을 끌던 지점을 꼼꼼하게 훑어보았다. 그 순간, 뭔가가 그녀의 주의를 끌었다. 보통 사람들에겐 그저 흙덩어리로 보였을 테지만, 메리의 노련한 눈을 속일 수는 없었다. 그것은 인류 역사의 한 조각이 분명했다. 메리가 조심스럽게 흙을 털어 내자 이빨 두 개와 둥그런 턱 부분의 화석이 드러났다. 결국 메리는 400 조각이 넘는 고대의 두개골 조각을 발굴했다. 조각들을 맞추고 분석한 결과, 그 두개골은 175만 년 전에 살았던 인류 이전의 조상에 속하는 것으로 판명됐다. 메리의 발견을 통해 그전까지 대부분의 과학자들이 믿었던 시기보다 훨씬 이전에 인간과 유사한 생명체가 존재했다는 사실이 증명되었다. 이 혁명적인 발견은 메리가 고고학 연구에 기여한 많은 사례 중 한 가지에 불과하다.

메리 니콜 Mary Nicol 은 1913년 2월 6일, 잉글랜드 런던에서 태어났다. 그녀의 아버지는 고고학에 조예가 깊은 풍경화가였다. 그는 딸이 아직 어린 소녀였을 때부터 고고학에 대한 관심과 열정을 나누었다. 아버지는 어린 메리를 데리고 프랑스, 이탈리아, 스위스 등을 탐사했다. 메리는 프랑스에 있는 석기시대 동굴 벽화를 탐사하던 고고학자들과 함께 일하면서 발굴과 관련된 기술을 배웠다.

메리는 학교에 다니지 않았지만, 아버지로부터 글을 읽고 그림 그리는 법을 배울 수 있었다. 그러나 메리가 열세 살일 때 아버지가 돌아가셨다. 어머니는 메리를 수녀원 부속학교에 보내려 계획했지만, 메리는 전통적인 학교 환경에서 공부하는 것에 익숙하지 않았다. 메리가 연이어 학교에서 퇴학 당하자, 엄마는 두 손을 들었다.

그러는 동안, 메리는 박물관과 대학의 강의를 들으며 자신만의 방식으로 공부를 계속했다. 메리가 열일곱 살이 됐을 때, 그녀는 잉글랜드 남부의 고고학 발굴 현장에서 고고학자 도로시 리델 Dorothy Liddell 의 지도를 받으며 조수로 일하게 됐다. 메리는 도로시를 통해 여자도 고고학에서 성공할 수 있음을 알게 되었다. 그 전까지 고고학은 철저히 남성이 지배하는 분야였다. 도로시를 보고 용기를 얻은 메리는 현장서 발견된 유물을 스케치해서 그림 작품으로 만들어 냈다.

하루는 고고학자 거투르드 케이튼-톰슨

메리가 좋아한 일 중 하나는 세렝게티 Serengeti 평원을 이동하는 야생동물을 관찰하는 것이었다. 메리는 세렝게티 지역에서 작업이 끝난 후에도 단지 동물의 이동을 지켜보기 위해 매년 한 번씩은 세렝게티 평원으로 돌아왔다.

Gertrude Caton-Thompson이 어린 소녀였던 메리가 그린 그림을 보게 되었다. 메리의 그림에 깊은 인상을 받은 그녀는 이집트에서 발견된 고대의 유물 몇 점을 그려 달라고 부탁했다. 거트루드는 아프리카에서 작업하고 있는 고고학자 루이스 리키 Louis Leakey에게도 메리를 소개했다. 루이스는 자신의 작업 내용을 책으로 쓰고 있었고, 메리에게 책에 들어갈 삽화를 부탁했다. 메리는 아프리카로 가서 루이스와 합류했고, 삽화를 그리는 일을 하며 발굴 작업도 도왔다. 고고학에 대한 열정이라는 공통점을 가진 두 사람은 곧 사랑에 빠졌고, 1936년 결혼했다.

결혼 후 몇 년 동안 메리와 루이스는 아프리카에서 발굴 작업을 계속했다. 메리는 화장(火葬) 장소, 고대의 도구, 옹기 등을 발견했다. 그리고 1948년 그녀 생애 최초로 인류의 화석을 발견했다. 1800만 년 전에 살았던 것으로 추정되는 인류 이전 조상 pre-human ancestor의 두개골이 그것이었다.

> 메리는 발견한 화석들을 인류 진화의 시간표에 맞춰 이론으로 꿰맞추는 것을 좋아하지 않았다. 그녀는 '땅을 파서 가능한 많은 물건들을 끄집어 내는 것'이 내가 하는 일이라고 말했다.[20]

1959년엔 그녀의 이력 중 가장 위대하다고 일컬어지는 발견, 즉 175만 년 된 인류 조상의 두개골을 발굴했다. 메리의 발견 이전까지 과학자들은 인간과 유사한 생명체가 존재하기 시작한 것은 기껏해야 수십만 년 전이라고 믿고 있었다. 메리는 그들이 모두 틀렸음을 증명했다!

그 후 얼마 되지 않아 메리는 무려 370만 년 전에 생성된 것으로 추정되는 인류의 발자국을 발견했다. 이는 과학자들이 생각했던 것보다 훨씬 이른 시기부터 인류가 직립 보행을 했다는 사실을 알려 주는 것이었다. 메리의 고고학적 탐사를 통해 인류 역사에 관한 이론이 완전히 수정되었다.

메리는 1996년 죽을 때까지 아프리카에서 살았다. 그녀의 앞선 발걸음이 고고학자, 과학자, 모험가를 꿈꾸는 미래의 소녀들에게 문을 열어 주었다. 메리가 남긴 말은 지금도 소녀들에게 용기를 주고 있다.

"그것들이 내 흥미를 끌었고 내가 하고 싶어 했기 때문에, 나는 그 일을 계속할 수 있었다. 나는 어쩌다 여자로 태어났지만, 여자란 사실이 일을 하는 데 장애가 됐다거나 큰 차이를 가져왔다고는 생각하지 않는다."

지금 세상을 흔들고 있는 소녀!

레필뭬 쯔마네 Refilwe Tsumane

젊은 역사학자이자 정치 운동가인 레필뭬 쯔마네는 사회가 '이름 없는 영웅들'을 인정해 주는 것이 중요하다고 믿었다. 그녀는 2008년 실시된 앨버트 러틀리 '젊은 역사학자 구두 역사 경쟁 Albert Luthuli Young Historians Oral History Competition'에서 남아프리카공화국의 무덤 발굴가로 인정받아 상을 받은 사람들 중 하나다. 그녀는 2009년의 J8 청년 정상회담에 남아프리카공화국 대표로 참석했고, 세계적 문제들에 대해 온 세계로부터 들어온 제안을 G8 세계 지도자들에 전달하는 청년 대사로 활약했다.

마더 테레사

Mother Teresa

1910~1997년 | 선교사 | 마케도니아, 인도

가난한 사람들에게 필요한 건 동정이나 연민이 아니다.
그들에겐 도움이 필요하다. 우리가 가난한 이들에게 주는 것보다
그들이 우리에게 주는 것이 훨씬 많다.

마더 테레사 Mother Teresa

아그네스 Agnes는 십자가 앞에 무릎을 꿇었다. 텅 빈 교회에는 그녀
뿐이었다. 예수님 상을 올려다 보며 아그네스는 평화를 느꼈다. 그녀
는 예수님이 어떤 식으로 가난한 사람들에게 봉사했는지, 창녀와 불
구자 등 사랑할 수 없는 사람(the unlovables)이라 여겨지던 사람들을
사랑하는 데 생명을 바쳤는지를 자주 생각하곤 했다. 예수님은 그 분
이 하신 일과 평등과 용서의 말씀 때문에 죽임을 당하셨다. 그녀는 예
수님 앞에 무릎을 꿇고, 평생 꺾이지 않을 강한 확신을 느꼈다. 그녀
역시 가난한 이들을 돕고, 사랑할 수 없는 사람들을 사랑할 것이다.
불행한 사람들을 돕겠다는 이 어린 소녀의 소망은 결국 빈곤에 대항
하는 전 지구적 운동으로 피어나게 된다.

아그네스 곤자 보야지우 Agnes Gonxha Bojaxhiu
는, 1910년 8월 26일 마케도니아의 스코프예
Skopje에서 태어났다. 그녀는 알바니아계 부모
의 세 자녀 중 막내였다. 아그네스의 아버지는
아그네스가 아주 어릴 때 세상을 떠났고, 어머니는 가족을 부양하기
위해 옷 만드는 일을 했다. 고된 일상 속에서도 아그네스의 어머니는
봉사활동을 했다. 딸을 데리고 늙고 병들고 가난한 사람을 방문해서
도움을 준 것이다. 조용하고 사려 깊은 아이였던 아그네스는 곤궁한
사람들을 돕는 것이 기뻤다. 신앙심이 깊었던 그녀는 시시때때로 성
당에 기도하러 갔다.

열두 살이 되었을 때, 아그네스는 일생의 소명을 받았다. 로레토
Loreto 수녀회에 들어가 수녀로서의 첫 공식 서원을 하고 테레사 자
매 Sister Teresa(선교의 수호성인)란 이름을 받았다. 그녀는 그 후 캘커타
Calcutta의 성모학교에 교사로 파견되었다. 성모학교는 수녀원 부속학
교로 수녀들이 운영했다. 테레사 자매의 인도주의자로서의 활동은 그
렇게 시작되었다.

테레사 자매는 성모학교에서 20년간 일했고, 마침내 교장이 되었
다. 하지만 그녀는 수녀원 담 너머에 사는 사람들의 끔찍한 생활에 점
점 더 마음이 혼란스러워졌다. 캘커타의 거리는 집 없는 아이들, 거
지, 나병 환자들로 넘쳐났고, 그들 대부분은 병들고 굶주렸다. 이들
역시 예수님이 사랑하셨던 사람들이었다.

1946년 9월 10일, 테레사 자매는 다르질링으로 가는 열차에 타고 있었다. 그녀의 말에 따르면 또 한 번 신의 부름을 받은 것이다. 이 '소명 속의 소명'은 그녀에게 수녀원과 학교를 떠나, 가난한 사람들 속에 살면서 그들을 도우라고 했다. 복종할 수밖에 없었다. 그녀는 수도원을 떠나 캘커타의 거리로 나갔다.

테레사 자매는 특히 아이들을 사랑했기에 곧바로 빈민가의 청소년을 돕는 일에 집중했다. 그녀는 그들을 위한 비공식 학교를 시작했다. 기본 언어와 수학 외에 아이들에게 질병 예방을 위해 몸을 청결하게 유지하는 법을 가르쳤다.

1950년 테레사 자매는 가난한 사람들을 돕는 일에 앞장설 수녀 단체를 만들었다. 그 단체는 '사랑의 선교 수녀회 Missionaries of Charity'라 불렸다. 단체의 수장이 되자 테레사 자매는 마더 테레사 Mother Teresa 로 불리게 되었다. 일은 고되었고 날은 길었다. 하지만 전 세계로부터 젊은 수녀들이 새로운 단체에 합류하기 위해 몰려들었다. 사랑의 선교회 소속 수녀들은 새벽 4시 30분에 일어나 예배에 참석하고 아침 식사를 했다. 그 다음 그들은 도시 빈민가로 나가 점심 식사 때까지 일했다. 점심 식사 후 기도를 올린 다음 잠시 쉬고 다시 일을 시작해서 어두워질 때까지 계속했다.

사랑의 선교회는 성장을 계속했다. 주로 마더 테레사의 지도력과 열의 덕분이었다. 1952년 마더 테레사는 죽어가는 이들을 위한 집 '니

르말 흐리다이 Nirmal Hriday(순결한 마음이란 뜻)'를 열었다. 중병에 걸린 환자들이 이 거처로 보내져 당당하고 평화롭게 죽음을 맞을 수 있었다. 그 후 마더 테레사는 그녀의 첫 번째 고

마더 테레사의 일생 동안 사랑의 선교회는 5개 대륙 95개 국가에 구호시설을 열었다.

아원을 설립했고, 나병 환자를 비롯해 심각한 장애를 가진 사람들을 위한 병원을 열었다. 몇 년의 세월이 흐르자 마더 테레사의 활동은 전 세계로 퍼져갔다.

이 같은 헌신으로 인해 그녀에게 많은 상과 영예가 주어졌다. 마더 테레사는 그런 상과 영예를 자신에게 주어지는 것이라고 생각하지 않았고, 전 세계의 불우한 사람들과 가난에 시달리는 사람을 대표하여 받는 것이라 여겼다. 마더 테레사는 노벨 평화상, 교황 요한 23세 평화상, 종교 진보를 위한 대영제국 템플턴상, 평화와 국제 이해를 위한 필리핀의 라몬 막사이사이상, 인도의 보석상 Jewel of India Award 등이 있다.

생애 마지막 시기에 마더 테레사의 폐, 신장, 심장이 문제를 일으켰지만 그녀는 선교 일을 계속했다. 1997년 그녀가 87세의 나이로 세상을 떠난 후에도 사랑의 선교회는 여전히 인도주의란 비전을 위해 일하고 있다. 마더 테레사는 지구상 어느 곳에서나 빈부와 노소를 막론하고 많은 사람들로부터 사랑과 존경을 받고 있다. 전 세계 수백만의 사람들이 어린이를 돕는 일에 특별한 애정을 가지고 있던 선지자이자, 어린이였던 시절부터 자선 활동을 했던 이 겸손한 여인의 죽음을 애도했다.

나는 이렇게 세상을 뒤흔들 거야!

나는 사람들을 돕고 서로 다른 문화를 화합하게 만들어 세상을 뒤흔들 계획이다. 나는 해외에서 10년을 살았다. 그래서 온 세상에 여러 종류의 사람들이 살고 있고, 도움이 필요한 사람도 많다는 걸 알게 되었다. 우리는 서로 다른 점이 많지만, 결국 우리 모두는 평등하다는 사실도 깨달았다. 사람들이 이것을 이해하면, 서로 힘을 모아 평화를 이룰 수 있을 것이다. 그리고 우리는 이제까지와는 완전히 다른 세상에 살 수 있게 될 거다.

몰리 마스트로릴리 Molly Mastrorilli ● 13세

프리다 칼로

Frida Kahlo

1907~1954년 | 화가 | 멕시코

프리다는 적십자병원 침대에 누워 있었다. 온몸의 통증으로 그녀는 너무도 고통스러웠다. 척추가 세 군데나 부러졌고, 갈비뼈 두 곳, 골반 세 곳도 부러졌다. 오른쪽 다리는 무려 열한 곳이 골절됐고, 오른발은 으스러진 상태였다. 어쨌거나 열여덟 소녀 프리다가 살아있는 건 기적이었다. 버스와 전차가 충돌하는 대형 사고를 겪은 프리다가 살아날 거라고 예상한 의사는 아무도 없었다. 프리다는 살아났지만, 밤낮으로 견딜 수 없는 통증에 시달리게 되었다. 성한 데 없이 부서진 몸을 병원에서 치료하는 동안, 프리다는 하루에도 수십 번씩 이러다 미쳐 버리는 게 아닐까 생각할 정도로 극심한 고통에 시달렸다. 잠은 거의 잘 수 없었고, 깨어 있는 동안에는 시시각각 통증이 달려들었다!

그렇게 몇 달이 지나고, 지칠 대로 지쳐 자포자기 상태에 이른 프리다는 간호사에게 부탁해 그림 용구를 침상으로 가져다 달라고 했다. 프리다가 캔버스에 그림을 그리기 시작하자, 그녀는 더 이상 자신의 처참한 몸에 집중하지 않을 수 있었다. 그림 그리기는 그녀 몸과 마음의 고통을 쏟아 내는 출구가 되었다. 10대의 나이에, 프리다는 평생 계속할 일을 찾아냈고, 그 일을 통해 전 세계적인 명성과 존경을 얻게 되었다.

프리다 칼로는 1907년 7월 6일 멕시코시티 인근에서 태어났다. 그녀는 독일계 유대인인 사진사 아버지, 원주민과 스페인인의 혼혈인 어머니 사이에서 태어난 다섯 자녀 중 한 명이었다. 그녀는 열다섯 살 때 멕시코 최고 명문인 국립대학교 예비반에 입학했다. 2,000명의 학생 중 여학생은 단 35명뿐이었다. 프리다는 총명하고 아름다운 소녀였다. 그녀는 문학과 예술을 공부했고 나중에 의사가 될 꿈을 꾸었다.

그러나 열여덟 살 때의 사고로 인해 프리다의 삶은 영원히 바뀌었다. 하룻밤 사이에 프리다는 젊고, 건강하고, 걱정 없는 소녀로부터 일생 동안 신체적 장애와 통증에 맞서 처절하게 몸부림쳐야 하는 비련의 주인공이 되었던 것이다. 다행히도 프리다는 자신의 강렬한 감정을 쏟아 낼 수 있는 출구인 '그림'이라는 일을 찾아냈다.

정규 미술 교육을 받지 못했지만, 프리다의 작품은 놀라울 정도로 원숙했다. 프리다의 그림 대부분이 자화상이었는데, 그녀의 그림은

프리다는 주위 세상에 대해 끝없는 호기심을 갖고 있었다. 그녀의 책가방엔 온갖 잡다한 것들이 다 들어 있었다. 예를 들면 자신이 그린 그림들, 나비들, 마른 꽃들, 아버지 서재에서 가져온 그림책들이 함께 뒤섞여 있었다.

자신의 개인적 경험과 복잡한 느낌을 표현하고 있다. 1929년 프리다는 디에고 리베라 Diego Rivera와 결혼했다. 디에고는 당시 멕시코에서 가장 유명한 화가였다. 프리다는 사고를 당하기 몇 해 전, 자신이 다니던 학교의 벽화를 그리던 디에고를 처음 만났다. 두 사람의 관계는 정열적이었지만 그만큼 험악하기도 했다. 그녀의 그림은 디에고에 대한 애증과 아이를 갖지 못하는 아픔을 표현하고 있다(그녀는 사고 후유증으로 인해 아이를 가질 수 없었다). 프리다의 독특한 화풍은 초현실주의와 멕시코 대중예술이 결합한 형태에서 비롯되었다. 그녀는 밝은 컬러와 강렬하고 상징적인 이미지를 사용해 자신의 영혼을 세상에 표출했다.

1940년대 들어 프리다는 외국에서도 자신의 작품을 전시할 수 있었다. 그녀의 원색적이고 과감한 스타일은 아주 낯선 것이었고, 그림을 보는 사람 대부분을 충격에 빠뜨렸다. 그럼에도 불구하고 프리다의 작품은 평론가들로부터 엄청난 찬사를 받았다. 그녀는 1953년 멕시코에서 첫 개인전을 열었다. 대단한 성공이었다. 첫 작품 전시회가 열리는 날, 그녀는 몸이 심하게 아팠지만 침대에 실린 상태로 개막식 참석을 강행했다.

몇 달이 지나자 프리다의 건강은 더욱 악화됐고, 한쪽 다리를 잘라낼 수밖에 없는 지경에 이르렀다. 하지만 프리다는 상황을 최선으로 이용하는 방법을 찾아냈다. 그녀는 방황하거나 자신의 장애를 숨기려 하지 않았다. 의족을 하고 그 위에 방울 달린 벨벳 구두를 신었다.

1945년 프리다의 사망 후, 그녀의 고향집은 프리다 칼로 박물관으

로 개축되었다. 이 박물관은 프리다의 작품뿐
만 아니라 그녀가 수집한 방대한 양의 멕시코
민속 예술 작품들도 전시하고 있다. 1985년
멕시코 정부는 프리다의 작품들을 국가 기념
물로 지정했다. 평생 아름다움과 강렬한 생명

력을 작품으로 표현한 그녀는 멕시코 역사상 가장 위대한 예술가의
반열에 들게 됐다.

시인이자 예술 비평가인 앙드레 브르통 André Breton은 그녀의 작품
이 갖는 아름다움이 종종 그 작품의 엄청난 파워를 가리고 있음을 다
음과 같은 말로 요약했다.

"프리다 칼로의 예술은 폭탄에 두른 리본이다."

그녀의 남편 디에고 리베라도 이런 말을 남겼다.

"프리다는 내면에서 느껴지는 생물학적 진실을 말하기 위해 가슴을
찢어 열고 심장을 드러내는, 예술 역사상 드문 사례다."

나는 이렇게 세상을 뒤흔들 거야!

나는 위대하고 유명한 화가가 되어 세상을 뒤흔들 작정이다. 나는 병원, 학교, 요양원 등의
벽에 그림을 그려 사람들에게 용기와 희망을 주고 싶다. 내 그림들로 인해 사람들은 위로
받고, 배우고, 치유되고, 이완될 수 있을 것이다. 세상이 나의 예술과 함께 미소 짓는 날이
반드시 올 것이다.

알타 브로카 미슐로빈 Alta Brocha Mishvlovin ● 14세

여왕 살로테
투포우 3세

Queen Salote Tupou III

1900~1965년 | 여왕 | 통가

지혜와 능력 외에도 그녀에겐 국민들 모두에 대한 강렬한 사랑이 있었다.
그녀의 사랑은 국민들로부터 진심 어린 화답을 받았다.
그녀가 세상을 떠난 지 오래지만, 통가 국민들은 여전히 그녀를
'우리 사랑하는 여왕님'이라고 부른다.

닥터 우드 DR. A. H. Wood

여왕 엘리자베스 2세의 대관식, 전 세계 왕족들이 영국으로 모였지만 여왕 살로테 투포우 3세는 그들과는 놀랄 만큼 다른 모습이었다. 이 강인하고 정열적인 지도자는 유럽식 복장 위에 통가 전통의 타오발라 ta'ovala(예식용으로 허리에 두르는 돗자리 같은 것)를 두르고 있었다. 대관식이 열리던 날 런던엔 비가 쏟아졌지만 살로테 여왕은 마차 덮개를 연 채 행진했다. 그녀는 거리에 줄지어 선 많은 군중에게 손을 흔들었고, 사람들은 열광적인 환호로 답했다.

마차가 목적지에 도착했을 때 살로테 여왕은 비에 흠뻑 젖은 상태였다. 깜짝 놀란 다른 나라 왕족들이 왜 마차 덮개를 닫지 않았냐고 묻자,

살로테 여왕의 키는 무려 180cm 가 넘었다!

여왕은 미소 지으며 말했다. 영국 국민들이 쏟아지는 빗속에서 대관식 행렬을 지켜보고 있으니 자신도 비를 맞는 것이 공평한 일이며, 또한 더 높은 지위의 통치자(이 경우엔 영국 여왕이 될 것이다)가 있을 때는 자신을 가려서는 안 된다는 것이 통가의 오랜 전통이라고. 국민에 대한 사랑과 전통을 보전하려는 의지야말로 살로테 여왕의 통치에 있어 가장 두드러진 특징이었다.

살로테 마필레오 필로레뷔 Sālote Mafile'o Pilolevu는 1900년 3월 13일, 태평양 서남쪽의 섬나라 통가를 다스리던 가문에서 태어났다. 아홉 살 때 뉴질랜드로 유학을 떠났고, 열일곱 살에 통가로 돌아와 결혼했다.

이듬해 아버지가 세상을 떠나자, 살로테는 열여덟의 나이로 통가의 여왕이 되었다. 그녀는 1918년 10월 11일 살로테 투포우 3세로 공식 즉위했다. 즉위식에서 살로테는 조상들로부터 전해 내려온 타오발라를 둘렀다. 600년이나 된 타오발라는 고대 신들의 상징이었다.

그 시절 통가는 영국의 보호령 아래 있었다. 즉 독립 왕국이긴 했지만 군사적으로 영국의 보호를 받으며 영국의 영향력 아래 있었던 것이다. 그런데 살로테 여왕이 통치하는 기간 중에 통가에 대한 영국의 지배력이 소멸되었다. 하지만 통가와 영국의 유대관계는 여전히 유지되었고, 살로테 여왕은 영국 정부로부터 서훈을 받기도 했다. 이에 대한 답례로 통가는 제2차 세계대전 중 영국에 군대를 파견했다.

살로테 여왕은 통가를 발전시키기 위해 전력을 다했기 때문에 국민들로부터 큰 사랑을 받았다. 여왕은 농업 개발을 촉진했고, 보건 체계를 개선했으며, 통가 국민 모두를 위한 더 나은 교육 환경과 생활 조건을 만들기 위해 부심했다. 그녀는 특히 여성의 복지 향상에 특별한 관심을 기울였다. 소녀들을 위한 교육 여건을 개선했고 '범태평양 및 동남아시아 여성협회 Pan-Pacific and South-East Asia Women's Association' 활동에도 적극적으로 참여했다.

살로테 여왕은 자국의 오랜 전통을 사랑해서 통가 문화가 보존되도록 노력했다. 1954년 여왕은 '통가 전통위원회 Tonga Traditions Committee'를 만들어 전통 공예품 생산을 권장했다.

살로테 여왕은 언제나 국민들 곁에 있었다. 그녀는 왕국을 개방했고, 궁핍한 국민들에게 선물을 보냈다. 그녀는 시와 노래를 통해 통가의 문화를 예찬했으며 통가의 역사, 전통, 자연과 통가인의 일상생활을 주제로 시를 썼다. 그녀는 자신이 쓴 시에 곡을 붙여 노래도 만들었다.

여왕의 친구였던 닥터 우드는 이렇게 기록하고 있다.

3킬로미터를 늘어 선 1만 명의 아이들에게 왕궁 입장이 허락되었다. 왕궁의 뜰에서 아이들은 베란다에 앉아 있는 여왕을 향해 손을 흔들었다.

여왕은 건강이 좋지 않음에도 불구하고, 아이들의 인사를 받으며 기쁜 표정을 숨기지 않았다. 이것이 통가 국민들이 볼 수 있었던 여왕의 마지막 모습이었다.

1965년 12월 16일 이른 아침, 모든 국민이 사랑한 여왕 살로테가 세상을 떠났다. 통가 역사상 가장 긴 47년간 왕국을 다스린 살로테 여왕은 지혜롭고, 우아하며, 사려 깊은 여왕으로 영원히 기억될 것이다.

지금 세상을 흔들고 있는 소녀!

호시클레이아 다 시우바 Rosicléia da Silva

브라질의 아마존 지역에서 성장한 호시클레이아 다 시우바는 삼림 파괴가 환경에 입히는 피해를 직접 눈으로 지켜보았다. 호시클레이아가 초등학생이었을 적에 그녀는 지역, 국가, 전 지구적 차원에서 환경을 보호하기 위한 프로그램인 '21세기 행동강령 Agenda 21'의 출범을 도왔다. 그 후 호시클레이아는 2015년까지 환경의 지속가능성을 확보하기 위한 노력인 '밀레니엄 개발목표 7 Millennium Developmental Goal(MDG) 7'에도 관여하고 있다. 호시클레이아는 '8개국 청소년정상회담 J8 Summit'에 브라질 대표로 참가했고, 유니세프 라디오 채널에서 특집으로 다뤄지기도 했다. 이 모든 일이 그녀가 10대일 때 이뤄 낸 일이다!

골다 메이어
Golda Meir

1898~1978년 | 총리 | 이스라엘

내 죽기 전에 한 가지 꼭 보고 싶은 일이 있다면, 그건 우리 국민이
더 이상 연민의 말을 할 필요가 없게 되는 것이다.

골다 메이어 Golda Meir

"내 딸이 길거리에서 상자에 올라가 구경거리가 되는 것은 절대 안
돼, 그건 수치스런 일이야!"

골다의 아버지는 화가 머리끝까지 나서 시뻘개진 얼굴로 소리쳤다.
열일곱 살 골다는 유대교 회당 앞에서 연설하기로 약속되어 있었다.
골다는 자신의 지난 번 연설을 듣고, 이웃의 유대인들이 멀리 팔레스
타인에 있는 동지들을 돕게 되었다고 아버지를 설득했다. 하지만 화
가 난 아버지는 그녀의 말을 들으려 하지 않고 고래고래 소리를 질렀
다.

"네가 다시 거길 가면, 네 머리채를 잡아 끌고 집으로 데려올 거다!"

골다는 어쨌든 연설 장소로 갔지만, 연설하기 위해 상자 위에 올라

갈 때 몸이 떨리는 것은 어쩔 수 없었다.

골다는 팔레스타인에 거주하는 용감한 남녀 유대인들을 주제로 열정적인 연설을 했다. 그들은 전 세계의 유대인들을 위한 나라, 박해로부터 안전한 나라를 세우기 위해 안간힘을 쓰고 있었다. 고맙게도 골다의 아버지는 보이지

> 골다는 아침에 가게를 봐야 했기 때문에, 학교에 지각하는 일이 잦았다. 이런 사실을 알게된 한 경찰관이 골다의 어머니에게 무단결석에 대해 자세히 일러 줬지만, 골다의 어머니는 영어를 잘 알아듣지 못했다. 골다는 계속 지각했다.

않았고, 긍지와 결의로 눈을 반짝이고 있는 청중들의 모습만 보였다. 골다의 연설이 끝나자, 모인 사람들은 손뼉을 치며 오랫동안 환호했고, 더 많은 사람들이 대의명분에 공감하여 도움을 자청했다. 골다는 아버지가 연설 장소에 아예 오지 않은 것인지 궁금했다. 아버지의 벌을 각오하고 집으로 돌아간 그녀를 어머니가 문간에서 맞아 주셨다.

"아버지는 지금 주무신다. 하지만 네 연설을 들으셨어. 많이 놀랐는지 내게 '그 아이는 그런 것을 어디서 알게 됐는지 모르겠소.'라고 하시더라."

골다의 아버지는 골다의 연설에 너무 감동한 나머지 그녀를 협박했던 일을 까맣게 잊어 버리고 말았다. 골다는 이제까지 자신이 한 연설 중 그날 연설이 가장 훌륭했다고 생각했다.

골다 마보비치 Golda Mabovitch는 1898년 러시아의 키에프에서 태어나, 그곳에서 5년을 살았다. 어린 나이에 골다는 유럽에 사는 유대인들의 고통을 경험했다. 분노한 러시아인 폭도들은 이웃에 살던 유대인들의 집과 상점을 부수기 일쑤였고, 때로는 유대인들을 구타하고 살해하기까지 했다. 러시아 경찰은 유대인들에게 전혀 도움이 되지

않았다. 유대인 사회가 그런 만행에 항의하는 뜻으로 하루 단식을 했을 때, 골다 역시 가족들의 만류를 뿌리치고 굶기를 고집했다.

오래지 않아 골다의 아버지는 러시아에서 유대인으로 살아가는 일이 너무 위험해지고 있다는 사실을 깨달았다. 골다의 아버지는 가족과 함께 미국으로 이주하기로 결정했다. 길고도 위험한 여행 끝에 여덟 살 골다와 그녀의 가족은 미국에 도착했고, 위스콘신 주의 밀워키 Milwaukee에 정착했다. 처음에 골다는 수돗물, 전등, 전차, 수세식 화장실 등 호화롭기만 한 미국의 문물에 주눅이 들었지만, 이내 러시아 출신 유대인 공동체에 적응할 수 있었다. 골다의 어머니는 가족이 사는 아파트 아래층에 잡화점을 열었고, 골다는 아침에 어머니가 시장에서 물건을 조달해 오는 동안 가게 문을 열었다.

골다는 공부를 좋아했고 성적도 뛰어났다. 열일곱 살에 골다는 대중 연설과 모금을 시작했고, 이때의 활약으로 후일 유명인이 될 수 있었다. 그녀는 대부분의 친구들이 교과서 살 돈이 없다는 것을 알게 되자 소녀들을 모아 모금 조직을 만들었다. 소녀들은 자신들의 조직을 '미국청년자매협회 American Young Sisters Society'라 이름붙이고, 젊은이들이 혹할 댄스파티를 계획했다. 소녀들은 음식을 제공하고 시를 읽었으며, 골다가 연설했다. 그 행사는 꽤나 성공적이어서 가난한 집 아이들 모두에게 교과서를 사 줄 수 있었다.

골다의 10대 시절, 고등학교에 진학하는 사람은 거의 없었다. 특히 대부분의 여자아이는 돈을 벌기 위해 취직하거나 결혼하는 실정이었다. 골다가 고등학교에 진학한 다음 대학까지 갈 작정이라고 결심을 밝히자, 골다의 부모는 골다의 나이 2배인 남자와 그녀를 결혼시키려는 비밀 협상을 시작했다! 사실을 알게 된 골다는 언니와 함께 집을 나왔고 콜로라도 주의 덴버 Denver로 갔다.

골다는 덴버에서 고등학교를 다니며 그때 세력을 얻고 있던 시오니스트 Zionist운동에도 참여했다. 시오니스트들은 유대 민족이 아득한 옛날 자신들의 고향이었던 땅에 새로운 나라를 세워야 한다고 믿고 있었다. 수천 년 전 유대 종교는 중동지방(그곳을 유대인들은 시온이라 불렀다)의 사막 한 가운데서 형성되었고, 로마인들이 점령하기 전까지 유대인들은 그곳에서 평화롭게 살았다. 유대인들을 쫓아낸 로마는 그곳의 지명을 팔레스타인으로 개명했다. 유대인은 전 세계로 흩어져야 했다. 대부분의 나라가 그들을 환영하지 않았기 때문에, 모든 유대인들은 고향으로 다시 돌아갈 날만 손꼽아 기다렸다. 골다는 그 사막 땅을 되찾아 유대인의 나라를 만들기 위해 노력하는 선구자들의 얘기를 전해 듣고 감동했다. 그 선구자들의 노력을 지원하기 위해 골다는 덴버의 거리에서 모금 운동을 시작했다. 유대인 선구자들이 터키인과 아랍인 토지 소유주들로부터 팔레스타인을 사 들일 돈을 모으기 위한 것이었다.

몇 년 후 골다는 집으로 돌아왔고, 사범대학에 입학했다. 그리고 더

골다의 나이 71세때, 그녀는 자신이 다녔던 밀워키의 초등학교를 다시 방문했다. 그때는 이미 학생 대부분이 유대인이 아니라 아프리카계 미국인 학생들이었다. 학생들은 이스라엘 국가인 '하티크바Hatikvah(* '희망'이란 뜻이며, 유대인들이 이스라엘건국 이전부터 부르던 노래라고 한다 - 옮긴이)' 를 부르며 옛 선배를 환영했고, 종이로 만든 흰 장미꽃을 선물했다. 골다는 그 종이 장미를 가지고 이스라엘로 돌아갔다.

히틀러가 유럽에 군림하는 동안, 성공한 유대인 의사, 교사, 변호사, 사업가들이 팔레스타인으로 도망쳐 농부와 노동자로 새 삶을 시작해야 했다.

열렬히 시오니스트 운동에 참여했다. 시오니스트 노동당 당원들은 골다의 열정에 감동해, 열일곱 살의 어린 골다를 당원으로 받아들였다. 1917년 열아홉 살이 된 골다는 일생 꿈꾸어 왔던 유대인의 나라 건설을 돕기 위해 자신이 직접 팔레스타인으로 갈 때가 됐다고 생각했다. 팔레스타인으로 떠나기 전에 골다는 모리스 메이어슨 Morris Meyerson과 결혼했다. 모리스는 골다가 다시 덴버로 돌아갔을 때 사랑하게 된 남자였다. 두 사람은 1921년 함께 팔레스타인으로 떠났다.

골다와 모리스는 키부츠 kibbutz(공통의 목표를 향해 함께 일하며 살아가는 공동체)에서 생활했다. 그곳에서는 함께 농사를 짓고, 함께 공동주택을 건설하고, 돈과 의복은 물론 자녀들까지 모든 것을 공유했다! 팔레스타인 전역에 걸쳐 조직된 키부츠는 사막을 생산적인 농장으로 바꾸기 위해 일했다. 그렇게 만들어진 농장은 유대인들이 의지해서 살아갈 터전이 될 것이었다. 골다는 천성적으로 일을 좋아했고, 개량하고 혁신하는 일에 능했다. 그녀는 이내 자신이 속한 키부츠의 의사결정자이자, 팔레스타인에 유대인이 정착하게 될 미래를 계획하는 사람으로 선출됐다. 골다는 더 이상 기쁠 수가 없었다.

골다는 아들과 딸을 낳았다. 골다와 모리스 부부는 잠시 키부츠 활동에서 물러나 4년간 자녀교육에 집중했다. 골다는 아이들을 사랑했지만 자신이 하던 일이 그리웠다. 그녀는 유대인을 위한 나라를 건설하는 일로 돌아가기로 결심했다. 골다는 열정적이고 에너지가 넘치는 사람이었다. 그녀는 곧 태동하는 나라의 리더가 되었다.

골다가 정치에 입문한 1930년대, 유럽에 사는 유대인들의 삶은 급
속히 황폐해져 갔다. 유럽 전역에 걸쳐 유대인
은 이전보다 심하게 박해받고 있었고, 독일에
선 히틀러와 나치 일당이 유대인들을 공격하기
시작했다. 7만 명의 난민이 팔레스타인으로 도
망쳐 왔다. 그들에게 팔레스타인은 유일하게 안전한 피난처였다. 하
지만 팔레스타인 지역에 사는 아랍인들은 유대인의 이주가 증가하자
강하게 반발했다. 그들은 유대인 정착촌을 공격했고, 영국 정부(그 지
역에 대한 식민지배권을 갖고 있었다)에게 난민을 입국시키는 일을 중지하
라고 요청했다. 1939년 히틀러가 유럽의 유대인들을 악명 높은 집단
수용소에 강제로 수용하던 때, 영국은 유대인의 팔레스타인 이주에
제동을 걸었고 유대인의 아랍 땅 구매를 금했다. 시오니스트들은 격
분했다. 그들이 팔레스타인을 확보할 수 없게 되면 유럽에 있는 가족
과 친구들이 죽게 되리라는 것을 잘 알고 있었기 때문이다. 그들은 무
력 투쟁 외에 다른 길이 없다고 생각했다.

골다는 하가나 Haganah, 즉 유대인의 비밀 지
하 무장 조직에 들어갔다. 하가나는 유대인 난
민들을 가능한 많이 팔레스타인으로 밀항시키
기 시작했다. 비밀리에 건조된 배들이 유럽계
유대인들을 구출하기 위해 파견됐다. 배들은
영국의 봉쇄 선단에 들키지 않게 몰래 들어와

1945년부터 1950년까지 50만 명
의 유대인 난민이 팔레스타인으로
밀려들어왔다!

골다는 적대국과의 평화를 추구했
기 때문에 생명의 위협을 받았다.
그녀는 아랍 여인으로 변장하고
적대국의 영토 안을 여행하며 이
웃 아랍 국가의 지도자들을 만나
곤 했다. 그녀의 이런 용감한 시도
가 성공을 거두지는 못했다.

야 했고, 난민들은 어두운 밤에 배에서 내려야 했다. 또한 육지에서는 하가나의 조직원이 어둠을 틈타 사전에 조립된 집을 새로운 마을 부지에 운반했다. 그렇게 해서 해가 뜨면 어느새 구출된 이주민들이 바글거리는 마을이 하나 생겨나 있곤 했다! 골다가 유럽계 유대인 구출에 온 신경을 쓰게 되자, 결혼 생활에 문제가 생겼다. 1941년 골다는 남편과 헤어졌다.

1946년 2차 세계대전이 끝나자, 영국은 유대인들의 건국을 허용하기로 결정했다. 하지만 골다와 그의 동지들은 영국이 철수하고 나면 자신들을 둘러싸고 있는 아랍 국가들이 공격해 올 것이란 사실을 알고 있었다. 골다는 미국으로 가서 장래 건국될 나라를 방어할 무기를 갖추기 위한 돈을 모금했다. 시카고에서 행한 모금 연설에서, 골다는 유대인 청중들에게 이렇게 말했다.

"우리가 싸울지 말지는 여러분이 결정할 수 있는 일이 아닙니다. 우리는 싸울 것입니다. 우리가 사느냐 죽느냐, 여러분이 결정해야 할 사안은 그것뿐입니다."

골다의 연설은 아주 효과적이었다. 그녀는 5천만 달러의 무장 비용을 손에 쥐고 고향으로 돌아갔다. 골다의 동료들은 그녀가 모금한 엄청난 액수에 놀랐고, 뻔히 보이는 파멸의 위기로부터 동족을 구한 그녀를 신뢰하게 되었다.

1948년 유엔의 표결에 따라 이스라엘이라는 새로운 유대인의 나라가 탄생했다. 이스라엘을 이끌어갈 지도자가 선출됐고, 지도자들은 새로운 나라의 목표를 요약한 독립선언에 서명했다. 골다는 독립선언서에 서명하면서 울음을 터뜨렸다. 누군가가 이유를 묻자 그녀는 이렇게 대답했다.

"당연히 이 자리에 있어야 하지만 함께 이 자리에 설 수 없게 된 사람들 생각에 가슴이 찢어집니다."

숨 돌릴 틈도 없이 유대인과 아랍인 사이의 전쟁이 시작됐다. 골다가 조달한 자금 덕분에 이스라엘은 모든 공격으로부터 나라를 지켜낼 수 있었다. 국민들의 자긍심이 하늘을 찌를 듯 높아졌고, 골다는 자신의 성을 메이어슨 Meyerson에서 히브리어 메이어Meir로 바꾸고 새 정부의 일원으로 일하기 시작했다. 처음에

모스크바에서 골다는 5만 명이 넘는 러시아계 유대인의 환영을 받았다. 그 사람들은 골다를 보기 위해, 그리고 이스라엘의 건국을 축하하기 위해 모인 것이었다. 그들은 강압적인 러시아 정부에 저항하는 중이었고, 골다는 그들의 용기에 깊은 감동을 받았다.

는 러시아 주재 이스라엘 대사, 그 다음엔 노동부 장관이 되었다. 골다가 외무부 장관이 됐을 때, 이스라엘은 시나이 반도와 가자 지구 점령으로 이집트의 위협에 대응했다. 골다는 유엔에서 자신들의 점령 행위를 이렇게 대변했다.

"우리가 원하는 것은 평화뿐이다. 하지만 언제든 깨질 수 있는 냉담한 전쟁 준비 상태를 평화와 동일시할 수는 없다."

1967년 이스라엘을 둘러싸고 있는 나라들이 다시 '유대인들을 바다로 밀어내자'는 계획으로 뭉치자 유대인들은 기습공격을 단행했고, 완벽한 승리를 거뒀다.

40년간 유대인을 위한 나라를 세우겠다는 고된 사명에 몸을 바친 그녀는 은퇴를 생각했다. 하지만 이스라엘은 그녀를 놓아 줄 준비가

되어 있지 않았다. 1969년 이스라엘 수상이 사망하자, 골다는 수상 취임 요청을 받았다. 71세의 골다는 드디어 유대인의 나라를 이끄는 지도자가 되었다. 10대 때부터 꿈꾼 일이 이루어졌다. 수상으로 재직한 5년 동안, 골다는 나라를 건설하고 그 나라를 적대국과 테러리스트들로부터 지키는 일에 최선을 다했다. 수상직에서 물러난 후에도 그녀는 평화를 위한 활동을 계속했다. 1977년에는 이집트의 대통령 안와르 사다트 Anwar Sadat와 회동하기도 했다.

1978년 골다는 15년 동안이나 숨겨 왔던 암으로 세상을 등졌다. 이스라엘 국민들에게 골다는 건국의 상징이며, 이스라엘 역사상 가장 힘들었던 격동의 시대에 나라를 이끌었던 인물로 기억될 것이다. 가난한 친구를 위해 모금하던 어린 소녀에서 이스라엘의 수상이 된 그녀의 생애를 생각하면 저절로 경외감이 느껴진다.

나는 이렇게 세상을 뒤흔들 거야!

테러리스트들이 폭력을 중지하고 이성을 되찾게 만들겠다. 테러리스트들이 자신들의 투쟁이 불합리하다는 것을 알게 되면 자신들의 무기를 모두 파괴할 것이다. 그들이 증오와 폭력을 멈추게 되면 리비아, 이라크, 아프가니스탄 같은 중동 국가 전부에 사랑과 평화가 넘치게 될 것이다.

사라 비글리 Sarah Bigley ● 14세

마리안 앤더슨

Marian Anderson

1897~1993년 | 가수 | 미국

발성 코치인 주세페 보게티 Giuseppe Boghetti는 작업실로 들어오는 10대 소녀에게 눈길도 주지 않았다. 그는 눈살을 찌푸린 채 오선지에 음표를 휘갈기듯 그려 넣는 작업을 멈추지 않고 말했다.

"알지? 너희 교장 선생 얼굴을 봐서 너를 만나 준다는 거."

그의 목소리엔 짜증이 가득했다.

소녀는 자신이 떨고 있음을 느꼈다. 과연 이 남자 앞에서 제대로 노래를 부를 수 있을까? 주세페는 나라에서 가장 인정받고 있는 발성 코치였다. 그런 그가 이름도 모르는 소녀의 노래를 들을 이유는 없던 것이다.

"난 학생을 더 받을 생각이 없어. 학생은 이미 너무 많다고."

그의 말에 소녀의 가슴이 한 번 더 철렁했다. 하지만 주세페는 손을 흔들어 노래를 시작하라는 신호를 보내고 있었다.

마음을 가라앉히기 위해서 소녀는 눈을 감고 자신이 어디에 있는지, 누구 앞에서 노래를 부르는지 잊어 버리려고 노력했다. 소녀는 자신이 제일 좋아하는 흑인 영가 '깊은 강 Deep River'을 노래하기 시작했다. 그녀의 풍성하고 힘 있는 목소리가 방 전체에 울려 퍼졌다.

소녀 시절에 마리안의 어머니는, 멀리 떨어진 발코니에만 자리를 차지할 수 있는 흑인들을 상상하연서 노래하라고 했다. 마리안은 늘 맨 뒷자리에서도 그녀의 목소리가 들리는지를 확인하곤 했다.

"깊은 강, 내 집은 요단강 저편에~"

소녀는 노래를 끝내고 눈을 떴다. 방은 조용했다. 주세페는 눈을 감은 채, 마치 얼어붙은 듯한 모습이었다.

'오, 안 돼! 보게티 선생님은 이 노래를 싫어하는 거야!' 극도로 당황한 상태에서 소녀는 그렇게 생각했다.

마치 영겁인 듯한 시간이 흐른 뒤 퉁명스러운 선생은 눈을 떴고 오랫동안 소녀를 쏘아보더니 입을 열었다.

"당장 너를 지도할 시간을 잡아야겠구나."

마리안은 행복한 비명이 터져나오려는 입을 손으로 틀어막아야 했다.

"나와 함께할 시간은 2년이면 충분할 거야. 그 다음에 너는 어디든 갈 수 있을 것이고, 누구 앞에서도 당당하게 노래할 수 있을 거야."

소녀는 미칠 듯 기뻤지만, 이제 다른 걱정거리가 생겼다. 그녀가 다니는 교회에서 그녀의 음악 레슨을 지원하기 위해 모은 돈은 충분하지 않을 것이다. 보게티 선생의 레슨료가 절대로 쌀 리 없었다. 하지만 조심스러운 소녀의 질문에 보게티 선생은 레슨료를 받지 않겠다고 했다. 소녀를 무료로 가르쳐 주겠다는 말이었다. 소녀는 자신에게 닥친 행운이 믿기지 않았다!

행운을 잡은 소녀, 마리안은 1897년 미국의 펜실베이니아 주 필라델피아에서 태어났다. 아버지가 얼음과 석탄을 배달하며 열심히 일해서 돈을 꽤 벌었기 때문에 소녀의 어머니는 집에서 아이들을 돌볼 수 있었다. 마리안은 사랑이 넘치는 행복한 가정에서 성장했다. 그녀는 아주 어렸을 적부터 음악을 좋아했지만, 부모님은 악기를 사 주거나 레슨을 받게 할 만큼 여유가 있지는 않았다. 마리안은 세 살 때 노래하기 시작했고, 자신만의 음악을 만들었다.

여섯 살이 된 마리안은 이미 교회 성가대의 스타였다. 마리안의 목소리는 깊고 풍부했다. 그녀는 뮤지션들이 말하는 콘트랄토 contralto 였다. 즉 여성 목소리 중 가장 낮은 음역을 가졌지만, 더 높은 음도 낮은 음만큼이나 잘 부를 수 있었다. 사실 교회의 성가대가 노래 연습을 할 때, 마리안은 높고 낮은 모든 파트를 독습하곤 했다. 그렇게 함으로써 성가대원 중 누군가가 결석할 경우 마리안은 결석자가 부를 부분을 메울 수 있었다.

마리안이 막 열두 살이 됐을 때, 아버지가 사고로 돌아가셨고, 집안 형편은 훨씬 어려워졌다. 어머니는 가족을 부양하기 위해 청소 일에 나섰다. 불평 같은 것은 한 적이 없는 어머니였지만, 어쨌든 자녀들을 먹이고 입히기 위해 쉬지 않고 일해야만 했다. 마리안에겐 도움이 절실했다. 그녀는 가수가 되겠다는 꿈을 갖고 있었지만, 좀 더 실용적인 일을 하기 위해 타이핑을 배웠다. 고등학교 졸업 후엔 비서 일을 해서 가족의 생계를 도울 작정이었다.

하지만 그녀의 목소리는 그대로 썩히기엔 너무나 아름다웠다. 마리안은 고등학교에 다니는 내내 교회 모임, 파티, 동호회 같은 행사에서 노래를 불렀고, 한 번 노래할 때마다 5달러씩의 수고료를 받았다. 마리안에겐 꽤 큰돈이었다. 마리안은 비서가 되는 것은 자신의 운명이 아닐지도 모른다는 생각을 하게 됐다. 하지만 그녀가 직업 가수로 성공하기 위해서는 전문적인 훈련을 받아야 했다.

마리안은 지역에 있는 음악학교에 지원하기로 했지만, 음악학교 측은 냉혹하게 그녀의 입학을 거부했다.

그녀가 유색 인종이라는 것이 입학 거부의 이유였다. 마리안은 완전히 절망했다. 인종차별이란 것이 있는 줄은 알고 있었지만, 백인과 흑인이 서로를 이웃으로 존중하는 동네에서 자랐던 그녀에게 이 사건은 개인적으로 경험한 첫 번째 인종차별이었고, 끔찍한 경험이었다. 입학을 거부당한 순간 마리안은 노래하겠다는 꿈을 포기할 수밖에 없다고 생각했다. 마리안은 어머니에게 이렇게 말했다.

"여자들 말투로 하자면 내 영혼이 물어뜯긴 것 같아요."

어머니는 절망한 그녀를 위로해 주었다.

"애야, 믿음을 가져라. 네가 원하는 것을 배울 수 있는 다른 길이 있을 거야."

그런데 정말 다른 길이 있었다. 마리안이 다니던 교회에서 그녀가 처한 곤경을 알게 된 신도들이 마리안의 개인 교습을 돕기 위해 돈을 모았다. 그렇게 해서 마리안은 주세페 보게티에게 오디션을 보게 된 것이다. 그녀가 고등학교를 졸업하던 해엔 펜실베이니아 곳곳을 누비며 교회, 대학, 소극장에서 노래하기 시작했다. 그녀의 출연료는 100달러까지 올라갔다! 이때가 마리안의 일생 중 가장 행복했던 때였다. 이때 마리안은 어머니에게 이렇게 말했다.

"이제는 제가 엄마를 돌봐 드릴 수 있어요. 이제 더는 남의 집 빨래 일을 안 하셔도 돼요."

1925년 마리안은 또 한 번의 행운을 거머쥐었다. 300명이 경쟁하는 노래 컨테스트가 열렸고, 1위 입상자에겐 뉴욕필하모니 오케스트라와 협연할 수 있는 부상이 걸려 있었다. 이 대회에 참가한 마리안은

많은 사람들을 놀라게 했다. 본인조차 놀랐다. 마리안은 대회에서 우승했고, 뉴욕 필하모니 오케스트라와의 협연은 성공리에 치러졌다. 이제 그녀의 노래 인생이 활짝 피어날 것이며, 미국 최고의 콘서트홀로부터 공연 초청이 쏟아져 들어올 것은 의심의 여지가 없었다.

하지만 그건 마리안의 착각이었다. 남북전쟁을 통해 노예가 해방된 지 거의 60년이나 지난 시점이었지만, 미국에는 여전히 인종 간 장벽이 존재했고 인종차별주의자들이 들끓었다. 민스트럴 쇼(*흑인으

로 분장한 백인 연예인이 노래와 춤을 선보이는 쇼. 19세기 중반부터 20세기 초까지 미국에서 유행했다 – 옮긴이)에 나오는 순종적인 흑인의 이름을 딴 짐 크로우법 Jim Crow laws(*일상생활에서 흑인과 백인을 분리, 차별하는 수백 가지 법을 총칭한다 – 옮긴이)은 버스나 열차에서 흑인과 백인이 같은 자리에 앉는 것을 금지하고 있었다. 흑인과 백인은 같은 식당에서 밥을 먹을 수 없으며, 같은 무대에서 공연할 수도 없었다. '백인 외 출입 금지 Whites Only'라는 표지가 미국 전역을 덮고 있었다. 마리안은 흑인이라는 이유로 미국 최고의 콘서트홀로부터 초청받지 못했다. 혹 그런 콘서트홀에서 노래할 수 있는 기회를 잡더라도, 백인 입장객 대부분은 흑인 여자의 재능에 대해서 믿지 않았다.

미국에서의 공연이 제자리걸음을 하게 되자, 마리안은 유럽이 유일한 대안이라고 생각했다. 1930년 이후 5년 동안 마리안은 유럽을 돌며 공연했다. 미국에선 여전히 무명이었지만, 유럽에서 마리안은 위대한 가수로 받아들여졌고 스웨덴, 노르웨이, 덴마크, 영국에서는 왕과 여왕 앞에서 노래하기도 했다. 미국 밖에서 마리안은 아주 행복했다. 성공을 거뒀기 때문이 아니라, 인종차별의 억압에서 벗어날 수 있었기 때문이었다. 아무 좌석에나 앉을 수 있었고, 어떤 호텔에나 묵어도 됐으며, 모든 식당을 이용할 수 있었다. 무엇보다 어느 곳이든 원하는 곳에서 공연할 수 있었고, 공연을 통해 가수로서 생계를 유지할 수 있었다. 마리안은 미국도 자유롭게 공연하고 자신의 재능을 펼치며 살 수 있는 곳으로 만들겠다는 꿈을 꾸었다. 그러던 어느 날 마리안이 파리의 한 콘서트홀에서 공연하고 있을 때, 객석에 솔 휴록 Sol

Hurok(*우크라이나 출생의 공연 기획자. 미국의 공연 예술을 부흥시켰다는 평을 듣는다 - 옮긴이)이 앉아 있었다. 그는 세계적인 스타들의 매니저였다(이 책의 뒤에서 소개되는 안나 파블로바를 데뷔시킨 사람이기도 했다). 솔은 마리안에게 함께 미국으로 귀환할 것을 제안했다. 또 하나의 꿈이 이뤄지는 순간이었다. 그런데 공연 사업에 종사하는 친구들은 솔을 만류하며, 미국이 아직 그녀를 받아들이지 못할 것이라고 말했다.

"자네는 절대로 마리안의 길을 열어 줄 수 없어. 적어도 앞으로 5년 동안은 이런 상황은 바뀌지 않을 거네."

하지만 1935년 마리안은 솔의 도움에 힘입어 미국으로 금의환향했다. 뉴욕의 유명 콘서트홀인 타운홀 Town Hall에서의 공연이 엄청난 성공을 거둔 것이다. 청중들은 마리안에게 기립 박수를 보냈고, 평론가들의 격찬이 이어졌다.

"마리안 앤더슨은 이 시대의 위대한 가수가 되어 고향 땅으로 돌아왔다."

그랬다. 그녀는 고향에 돌아와 있었다.

1939년 유럽 거의 모든 나라의 수도에서 공연을 마친 후, 마리안은 미국의 수도인 워싱턴 시에서의 공연을 계획했다. 마리안 측이 접촉한 극장은 백악관 뒤에 있는 컨스티튜션홀 Constitution Hall이었는데, 이 홀의 주인은 '미국혁명의 딸들 Daughters of the American Revolution(DAR)'이란 단체였다. DAR은 미국의 자유를 위해 영국에 대항해 싸웠던 가문의 여인들이 결성한 협회였다. 역설적이게도 자유를 위해 투쟁했던 남자들의 후손인 이들 여인들은 마리안이 자기들 홀의 무대에서 노래하는 것을 거부했다. '백인 예술가만 공연할 수 있다'는 것이었다. 당시의 미국 대통령 부인이었고, DAR 회원이기도 했던 엘리너 루즈벨트 여사는 이 이야기를 전해 듣고는 항의의 표시로 협회에 탈퇴 서한을 보내기도 했다. 이 사건은 20세기의 위대한 인권 논쟁에 불을 붙였다.

많은 논쟁을 뒤로 하고, 조용한 혁명이 일어났다. 마리안은 컨스티튜션홀 대신 링컨기념관 앞에서 무료 공연을 하기로 결정했다. 노예를 해방시킨 인물의 조각상 발치에서 벌이는 공연은 상징적인 의미를 갖고 있었다. 믿기 어렵게도 공연에는 7만 5천 명의 팬이 운집했다 (또한 수백만 명이 라디오로 공연 실황을 들었다). 마리안은 열광하는 지지자들의 모습에 너무 놀라서, 공연이 끝난 후 자신이 무대에서 무엇을 했는지 하나도 기억하지 못했다. 하지만 관중들에게는 결코 잊지 못할 공연이었다.

마리안은 '아메리카'란 곡으로 공연을 시작했고, 당시의 한 참석자는 흑인과 백인 청중들이 함께 마리안의 노래를 따라 불렀다고 회상했다.

오르페우스 피셔 Orpheus Fisher는 마리안이 고등학교를 졸업하자 청혼했다. 마리안은 그의 청혼을 거절했는데, 결혼을 하게 되면 자신의 음악 인생에 장애가 될 것이라 생각했기 때문이었다. 그 후 20년 마리안이 꿈을 이루기 위해 열심히 노력하는 동안, 피셔는 마리안을 기다렸다. 마침내 마리안은 청혼을 받아들였고, 두 사람은 1943년에 결혼했다. 성공한 건축 설계사였던 피셔는 코네티컷 주에 100에이커의 땅을 사들여 '마리아나의 농장'이라 이름붙이고, 그곳에 마리안을 위한 노래연습실을 직접 설계해 지어 주었다. 피셔는 1985년 마리안보다 먼저 세상을 떠났다. 두 사람 슬하에 자녀는 없었다.

"나의 조국, 자유의 달콤한 땅이여, 나는 너를 노래하노라(My country, 'tis of thee, Sweet land of liberty, Of thee I sing)."

그는 나중에 이렇게 말했다.

"마리안은 가사 중의 '자유 liberty'에 큰 강세를 주었다. DAR이 그녀의 공연을 거부한 것은 그 자유를 파괴한 것이다. 내 눈에 눈물이 고였다. 그때 모인 모든 이들의 눈에서 눈물이 흘렀을 것이다."

'자유가 넘치게 하자(let freedom ring)'는 마지막 구절로 마리안이 노래를 마쳤을 때는 전 미국이 귀 기울여 듣고 있었다. 한 기자는 마리안의 용기에 박수를 보내며 아래와 같이 말했다.

"그 콘서트는 미국의 뿌리 깊은 인종차별주의를 강타했다."

세월이 흐른 후 같은 장소에서 마틴 루터 킹 목사가 "내겐 꿈이 있습니다(I Have a Dream)"로 시작하는 유명한 연설을 하게 된다. 마리안 앤더슨은 그보다 한참 전에 평등에 대한 꿈으로 미국인들의 양심을 아프게 찔렀던 것이다.

마리안은 그 후 일생 동안 피부색의 장벽을 깨는 일을 계속했다. 대통령 취임식 때 백악관에서 공연했고, 러시아, 이스라엘, 일본에서도 노래했다. 그리고 제2차 세계대전 중에는 마침내 컨스티튜션홀에서도 공연했다. 1955년 마리안은 또 하나의 목표를 달성했다. 세계적으로 유명한 뉴욕 메트로폴리탄 오페라에 출연한 최초의 흑인이 되었던 것이다. 그 공연에서 청중들은 다시 한번 미국을 변화시키기 위한 마리안의 노력을 지지해 주었다. 청중들은 마리안이 노래를 시작하기도 전에 그녀에게 기립박수를 보냈다.

어린 시절 가졌던 모든 꿈이 이루어진 후에도 마리안은 노래를 계속했다. 1957년 미 국무부는 마리안을 미국을 대표하는 친선대사 자격으로 아시아 12개 나라에 파견했다.(*이때 우리나라도 방문해 워커힐과 용산 미군기지 등에서 공연했다고 한다 – 옮긴이) 1년 후 미국 정부는 마리안의 직위를 공식화했고, 유엔 주재 미국 대표단으로 지명했다. 마리안은 나이 일흔이 가까워질 때까지 노래를 계속했고 1964년과 1965년에 걸쳐 미국 전역을 순회하는 고별 공연을 가졌다. 마리안은 셀 수 없이 많은 상을 받았다. 그 중에는 최고의 업적을 성취한 흑인에게 수여되는 스핀간 메달 Spingarn Medal (1939년 수상), 평화 시에 대통령이 시민에게 수여할 수 있는 최고의 훈장인 자유의 메달 Presidential Medal of Freedom (1963년 수상) 등이 포함되어 있다.

맑은 목소리와 어마어마하게 넓은 음역 때문에 마리안을 세계 최고의 콘트랄토로 믿고 있는 사람들이 많다. 하지만 마리안이 세상에 미친 영향은 목소리에 한정되지 않는다. 마리안의 부고를 알린 신문 기사는 마리안에 대한 기억을 이렇게 요약하고 있다.

"그녀는 침착하게 품위를 유지하면서, 예술성을 짓누르는 인종차별과 문화적 장벽을 변화시켰다."

마리안은 흑인이 무슨 일을 할 수 있는지를 미국인들에게 보여 주었다. 그녀의 성공은 모든 흑인 뮤지션들에게 문을 열어 주었다. 스티비 원더, 다이애나 로스, 마이클 잭슨, 그리고 머라이어 캐리까지 말이다. 그리고 음악은 미국 흑인들이 재능을 인정받고 위대한 업적을 성취할 수 있는 첫 번째 분야가 되었다. 미국인이면 누구나 자신의 꿈을 추구할 권리가 있음을 보여준 마리안의 용기와 끈기가 로자 파크스 Rosa Parks 와 마틴 루터 킹 주니어 같은 인권 운동가가 걸어갈 길을

닦아 주었다. 또한 20세기 중반, 인종에 대한 사람들의 의식을 크게
바꾸는 밑바탕이 되었다.

지금 세상을 흔들고 있는 소녀!

채리스 펨핀코 Charice Pempengco

채리스가 네 살이었을 때, 그녀의 엄마는 딸이 힘 있는 목소리를 갖고 있다는 것
을 알아차리게 되었다. 약간의 발성 교습과 노래 연습을 한 후, 채리스는 필리핀
의 '리틀 빅 스타 Little Big Star'와 한국의 스타킹 Star King과 같은 장기 자랑
프로에 출연했다. 한 팬이 그녀의 동영상을 유튜브에 올리자 즉시 전 세계에서
팔로잉이 폭발했다. 어린 필리핀 소녀는 이제 6개의 앨범을 갖고 있으며 오프라
쇼에 출연하기도 했다.

(*채리스는 1992년생. 스타킹에는 2007년 출연했고(제 232회), 2010년 데뷔앨범 'Charice'
로 빌보드 8위를 차지, 아시아 출신 가수로서는 최초로 10위 안에 드는 기록을 세웠다고 한
다 – 옮긴이)

이렌느 졸리오 퀴리

Irène Joliot-Curie

1897~1956년 | 화학자 | 프랑스

일단 시작된 연구는 예상 못한 방식으로 전개되고,
그런 의외의 진전이 새로운 길을 열어 미래의 작업이 생겨난다.
우리의 모험정신은 그렇게 해서 충족된다.

이렌느 졸리오 퀴리 Irène Joliot-Curie

이렌느는 군의관들, 의료 장비, 그리고 부상병들에 둘러싸여 있었다. 사방에서 피 냄새가 진동했고, 이렌느는 고통 속에 죽어가는 사람들의 비명 너머로 격렬하게 진행되는 전장의 소리를 들을 수 있었다. 하지만 열여덟 살의 이렌느 퀴리는 신경을 거스르는 끔찍한 소리와 냄새에 이미 익숙해져 있었고, 새로운 기계를 설치하는 일에 온 정신을 집중하고 있었다. 야전병원의 프랑스인 의사와 간호사들은 이렌느가 만지고 있는 기계 장치가 도대체 무엇인지 꽤나 궁금한 듯했다.

설치가 끝나자 이렌느는 환자들 중 자원자를 구했다. 의사들과 간호사들은 기계의 화면

> 이렌느는 운동 신경이 아주 좋았고 스포츠 활동을 즐겼다. 그녀가 좋아한 스포츠는 사이클, 스키, 수영, 등산이었고 일생 동안 이 네 가지 활동을 거르지 않고 계속했다.

182

에 마법처럼 자원자의 다리 뼈가 나타나자 놀라 숨을 멈췄다. 그들은 지금 사람 몸의 내부를 완벽하게 보고 있었다. 피부와 혈액, 근육을 뚫고 곧바로 뼈를 볼 수 있었고, 뼈의 어느 곳이 부러졌는지도 정확히 알 수 있었다. 이렌느가 보여준 것은 그녀와 그녀 어머니가 작업해 온 방사선 기술이었다. 바로 획기적인 X선 기계였던 것이다!

이렌느 퀴리는 1897년 9월 12일 파리에서, 노벨상을 받은 과학자 부부 피에르 퀴리와 마리 퀴리의 딸로 태어났다. 그녀의 부모는 하루 중 대부분의 시간을 연구에 썼기 때문에, 이렌느와 여동생은 주로 할아버지가 돌봤다. 특히 1906년 아버지 피에르 퀴리가 사망한 후엔 거의 할아버지가 자매를 맡아 키우다시피 하게 되었다. 이렌느는 생각이 깊은 소녀였고 자연과 시, 독서를 좋아했지만, 그녀가 무엇보다 좋아한 것은 과학이었다. 당시엔 소녀들 대부분이 수학과 과학 공부를 따라가지 못하고 포기하는 형편이었지만, 어머니 마리 퀴리는 딸들이 수학과 과학 과목을 제대로 공부할 수 있도록 강력한 지원을 아끼지 않았다.

마리 퀴리는 당시 프랑스의 학교 대부분이 너무 편협한 교육 서비스를 제공하고 있다고 생각했다. 그래서 딸 자매와 다른 여덟 명의 대학교수 자녀를 모아서 협력 수업을 시작했다. 교수들 자신이 강사가 되어 예술, 문학, 과학, 수학, 영어, 독일어 등을 가르친 것이다. 하지만 그 협력 수업은 오래 가지 못했다. 이렌느는 그 후 2년 동안 사립 여학교를 다녔다. 그녀는 나중에 명문 소르본느 대학에 입학했고, 1925년 알파 입자에 대한 연구로 박사 학위를 받았다.

이렌느는 평생 동안 어머니로부터 자극을 받았고, 어머니를 본받아 스스로를 다잡았다. 어머니 마리 퀴리는 프랑스에서 최초로 박사학위를 받은 여성이었고, 소르본느 대학에서 가르친 최초의 여성이었다. 그리고 무엇보다 여성으로서는 최초로 노벨상을 받은 사람이었다(마리 퀴리는 노벨상을 두 번 수상했다. 첫 번째는 물리학상, 두 번째는 화학상이었다). 이렌느는 어머니로부터 많은 것을 배웠고, 때로는 모녀가 공동작업을 하기도 했다.

제1차 세계대전이 일어나자, 이렌느와 마리 모녀는 전선으로 보낼 X선 장비를 조립했다. 이렌느는 프랑스군이 있는 전선으로 가서 그 장비를 설치했고, 사람들에게 사용방법을 가르쳐 주었다. 이렌느는 의사와 간호사들에게 X선 촬영법과 촬영된 영상에서 골절 위치와 파편 조각의 위치를 알아내는 시범을 보였다. 그녀는 외과의사들이 처치가 필요한 상처에 접근할 수 있도록 최선의 각도를 찾는 방법까지 알려 주었다.

전쟁이 끝난 후, 이렌느는 파리 대학의 라듐연구소에서 어머니 마리 퀴리의 조수 역할을 계속했다. 그 연구소에서 이렌느는 미래의 배우자 겸 연구의 동반자가 될 남자 프레데릭 졸리오 Frédéric Joliot를 만나게 된다. 두 사람은 1926년에 결혼했고 둘 사이에 두 명의 자녀를 두었다. 엘렌 Helene과 피에르 Pierre였다.

결혼 후, 이렌느와 프레데릭은 자신들의 성(姓)을 졸리오 퀴리Joliot-Curies로 바꾸기로 했다. 두 사람은 함께 획기적인 실험을 시작했고, 부부 공동으로 수백 편의 논문을 썼다. 1934년에 이렌느와 프레데릭은 두 가지 금속, 폴로늄과 알루미늄을 실험하기 시작했고, 두 사람이 수행한 연구는 혁명적인 발견으로 이어졌다. 인공 방사능을 만들어 낸 것이다! 이 발견으로 이렌느와 그녀의 어머니 마리는 모녀가 노벨상을 수상한 유일한 사례가 됐다.

슬프게도 마리 퀴리는 딸의 성공을 함께 기뻐할 수 없었다. 당시에는 방사능 화학물질에 노출되는 일이 얼마나 치명적인지 전혀 알려져 있지 않았다. 연구 중에 집중적으로 방사능 물질에 노출됐던 마리 퀴리는 이렌느가 노벨상을 받기 1년 전, 백혈병에 걸려 세상을 떠났다.

어머니의 사망 후, 이렌느는 자신의 연구를 계속했고, 남편인 프레데릭은 콜레주 드 프랑스(*College de France, 강의료도 입학 자격도 없는 프랑스의 국립 고등교육기관으로 1503년 설립됐다. 프랑스 학문의 정점이라 일컬어진다 – 옮긴이)의 과학자로 일을 시작했다. 이렌느는 여성 인권의 강력한 지원자가 됐고, 프랑스 여성 연맹 국가 위원회의 National Committee of the Union of French Women 위원이 되었다. 1936년 그녀는 과학 연구 담당 국무차관으로 지명됨으로써, 프랑스 최초의 여성 각료 중 한 명이 되었다. 또한 이렌느는 세계 평화 평의회 World Peace Council의 멤버이자 프랑스 최고 훈장인 레지옹 도뇌르의 심사 담당관이기도 했다.

이렌느는 끝끝내 헌신적인 연구자의 자세를 잃지 않았고, 1938년에는 또 하나의 획기적인 실험을 수행했다. 이렌느는 실험에서 나온 결론이 자신의 생각과는 달랐다는 이유로 자신의

이렌느와 프레더릭은 슬하에 남매를 뒀다. 딸 엘렌은 물리학자가 됐고, 아들 피에르는 생물학자가 되었다.

185

실험을 쓸모없는 것으로 치부했지만, 나중에 그녀의 실험을 되풀이한 과학자들은 그녀가 핵분열을 발견했음을 알게 되었다. 그녀의 연구는 핵물리학자들에 의해 분석되었고, 핵물리학의 핵심적 기초를 마련했다.

이렌느는 1956년 세상을 떠날 때까지, 평생을 실험실에서 연구에 몰두했다. 그녀의 어머니처럼, 이렌느 역시 연구활동 때문에 얻게 된 백혈병으로 사망했다. 프랑스 정부는 당대의 가장 의미 있는 과학적 발견을 이뤄낸 이 위대한 과학자를 기리기 위해 그녀의 장례식을 국민장으로 치렀다.

나는 이렇게 세상을 뒤흔들 거야!

완벽한 암 치료 방법을 발견하는 것은 내가 계획한 여러 가지 세상을 흔들 방법 중 한 가지다. 오늘날 암은 수수께끼지만, 나는 그 수수께끼를 풀고야 말겠다.

마리아 에이온 Maria Ayón ● 13세

베시 스미스

Bessie Smith

1894~1937년 | 가수 | 미국

베시는 늘 나를 전율하게 만들었다. 그녀가 부르는
블루스에는 그녀만의 표현방식이 있다. 분명 그녀의 목소리에는
다른 가수와 다른 뭔가가 있다. 그녀는 영혼 안에 음악을 품고 있었고
그녀가 하는 일 모두를 느끼고 있었다.

루이 암스트롱, 재즈 트럼펫 연주자

베시는 목이 아파 왔다. 그녀는 시장 바깥쪽에서 하루 종일 노래를 부르고 있는 중이었다. 많은 사람들이 교회 갈 때 입는 최고의 옷으로 차려입은 아홉 살 난 소녀의 달콤한 목소리를 듣기 위해 발을 멈췄다. 그녀의 위는 저녁밥을 달라고 꼬르륵 소리를 내고 있었고, 집으로 돌아가고 싶어 미칠 지경이었지만 모자에 담겨 있는 동전은 충분하지 않았다. 돌봐 줄 부모 없이 형제자매들은 베시에게 의지하고 있었다. 베시가 듣는 사람을 소름 돋게 만드는 노래를 다시 시작하자 사람들이 모여들었다. 그녀는 자신이 실제 무대에서 노래를 부르게 될 거라고 꿈도 꾸지 않았다. 하지만 이 허약한 어린 소녀는 얼마 안 있어 블루스의 여왕으로 알려지게 될 운명이었다.

엘리자베스 스미스는 1895년 4월 15일 테네시 주 채터누가 Chattanooga에서 태어났다. 그녀는 인구 3만 명 정도가 북적거리는 마을에서 살았다. 채터누가 인구의 40% 정도가 아프리카계 미국인(흑인)이었고, 그들 대부분은 형편이 어려워 하루하루 간신히 끼니를 잇는 실정이었다. 인종차별의 시대, 아프리카계 미국인이 살아남기 위해서는 힘겨운 노동은 필수였다. 베시가 어렸을 때 부모님이 모두 돌아가셨기 때문에, 베시와 형제들은 할 수 있는 일은 뭐라도 해서 돈을 벌어야 했다. 어린 시절 내내 베시는 푼돈을 벌기 위해 거리에서 노래를 불렀다.

아프리카계 미국인인 베시는 순회 공연 중 자주 인종차별에 직면해야 했다. 그녀는 결코 겁을 먹거나 위축되지 않았고 그런 편견을 거부했다. 하루는 KKK단(*Ku Klux Klan, 극렬 인종차별주의자 백인들이 결성한 단체, 흑인이나 반대 세력에 대해서 폭력, 살인도 마다하지 않는다.-옮긴이)으로부터 협박을 당하게 되었다. 하지만 베시는 이렇게 소리쳐 그들을 도망치게 만들었다.
"그 횃불 쪼가리를 집어 들고 꺼지는 게 좋을걸!"

베시는 아홉 살 때 동네 극장에서 데뷔했다. 그 데뷔 공연으로 베시는 8달러를 벌었다. 1912년 베시의 큰오빠는 순회 쇼단에서 일하고 있었다. 쇼단이 차타누가에 들어왔을 때, 그는 무대 감독을 설득해 노래에 재능이 있던 여동생 베시의 오디션을 보게 했다. 쇼단은 베시를 댄서로 고용했다. 그 쇼단에는 이미 거트루드 '마' 레이니 Gertrude 'Ma' Rainey라는 걸출한 가수가 있었기 때문이다. 마 레이니는 베시의 목소리에 감동했고, 나중에 베시를 래빗 풋 민스트렐 Rabbit Foot Minstrels에 스카웃했다. 래빗 풋 민스트렐은 아프리카계 미국인들로 구성된 유명한 공연단이었다.

베시의 음악은 이내 인기를 모았고, 베시는 자신의 공연을 할 수 있게 되었다. 베시는 미국 남부 지역을 순회하며 극장, 클럽, 회의장 등에서 공연했다. 1921년 베시는 미국 북부 지역의 도시로 활동 무대를 넓혔다. 베시의 꾸밈없고 힘이 넘치는 목소리는 많은 군중을 불러 모았고, 베시는 점점 더 유명해졌다.

1923년 베시는 첫 음반을 냈다. '다운 하티드 블루스 Down Hearted Blues(*낙담의 블루스란 뜻 – 옮긴이)'란 제목의 이 음반은 그 해 연말까지 75만 장이 팔렸다. 베시는 평생 150장 이상의 음반을 냈고 1,000만 장 이상을 팔았다. 이 기록은 정말 엄청난 것이다! 베시가 노래하던 시절 대부분의 사람들은 레코드플레이어조차 갖고 있지 않았기 때문이다. 베시는 당대의 천재적 뮤지션들과도 공연했는데, 그들 중엔 트럼펫 연주자 루이 암스트롱, 피아니스트 플레처 헨더슨 Fletcher Henderson, 트롬본 연주자 찰리 그린 Charlie Green 등이 있었다.

1937년 베시는 자동차 사고의 후유증으로 사망했다. 겨우 마흔세 살의 짧은 삶이었지만, 베시는 진정 충만하고 후회 없는 삶을 살았다. 이 독보적인 가수는 삶의 밑바닥부터 꼭대기까지를 직접 경험했고, 그 경험은 그녀가 부른 노래의 주제가 되었다. 베시는 가난과 편견을 이겨내고 승리했다. 그녀는 거리의 불쌍한 가수로 시작해서 블루스의 여왕이 되었다. 오늘날 베시가 남긴 블루스 곡들은 여전히 시대를 통틀어 최고의 작품으로 여겨지고 있다.

나는 이렇게 세상을 뒤흔들 거야!

내 꿈은 가수가 되는 것이다. 왜냐하면 노래할 때 나는 다른 세상에 있는 것처럼 느껴지기 때문이다. 나는 멘토 두 사람의 발자취를 따를 것이다. 멘토 중 한 사람은 아빠이고, 다른 한 사람은 위대한 켈리 클락슨 Kelly Clarkson(*2002년 아메리칸 아이돌 시즌 1 우승자 – 옮긴이)이다!

켈시 미들턴 Kelsey Middleton ● 10세

코코 샤넬

Coco Chanel

1883~1971년 | 패션 디자이너 | 프랑스

코코는 유럽에서
가장 탁월한 감각을 가진 여자다.
파블로 피카소, 화가

가브리엘은 계단을 아주 조심스럽게 내려왔다. 주름 장식이 많은 보랏빛 벨벳 드레스는 길고 무거웠기 때문에 발을 헛디딜까 두려웠다. 그녀는 졸업식 행사까지 기다릴 수 없었다. 친구들이 그 드레스를 보고 어떤 표정을 지을지 궁금해 안달이 날 지경이었다. 친구들은 가브리엘이 입고 있는 호화로운 드레스에 놀랄 것이고, 그것을 가브리엘이 직접 디자인해서 만든 것이란 생각은 꿈에도 못할 것이다. 하지만 그녀가 친구들보다 먼저 만난 것은 그녀의 숙모였다.

"이런! 얘야, 너 어디 아프니? 입고 있는 꼴하고는. 정말 끔찍하구나! 보라색은 정말 네게 안 어울려. 게다가 너는 주름과 깃털에 묻혀서 잘 보이지도 않는구나."

코코란 이름은 그녀가 카바레에서 부르던 노래 'Qui qu'a vu Coco' 에서 따온 것이다. 'Qui qu'a vu Coco?'는 '누구 코코 본 사람 있어요?'라는 뜻으로 잃어버린 강아지 코코를 찾는 내용이다.

가브리엘은 울음을 터뜨렸고, 편치 않은 높은 구두를 신은 상태에서 할 수 있는 가장 빠른 속도로 집밖으로 뛰어나갔다. 가브리엘은 잔인한 숙모를 증오했지만, 마음속으로는 숙모가 옳다는 걸 알고 있었다. 가브리엘에게는 당시 유행하던 사치스러운 드레스가 어울리지도 않았고, 그런 드레스가 편하지도 않았다. 가브리엘은 심플하고 편안한 옷이 좋았다. 이 끔찍한 드레스를 입고 무슨 일을 할 수 있을까? 이런 옷을 입고는 하룻밤도 버티지 못할 것이다.

가브리엘은 후에 코코 샤넬이란 이름으로 유명해져서, 그녀의 심플한 스타일을 절제된 부(富)와 우아함의 상징으로 만들었다. 그녀는 늘 선망해 마지않던 상류 세계의 일원이 되었고, 부유하고 유명한 사람들의 패션에 엄청난 영향력을 행사했다.

코코 샤넬은 자신의 어린 시절 이야기를 하지 않았다. 그녀의 상류 사회 친구들과 고객들 중, 패션의 여왕인 그녀가 프랑스의 오베르뉴 지방에서 시골 소녀로 자랐다는 사실을 아는 이는 거의 없었다. 집은 가난했고, 어머니는 가브리엘이 어릴 때 결핵으로 세상을 떠났다. 떠돌이 행상이던 아버지는 열두 살의 가브리엘과 두 명의 여동생을 고아원에 버렸고, 다시는 나타나지 않았다.

가브리엘의 세계는 산산이 부서졌지만, 자존심 강했던 그녀는 그런 기색을 내보이지 않았다. 고아원의 수녀가 보기에 가브리엘은 지적이고, 열심히 공부하는 아이였다. 10대 소녀로서 가브리엘은 수녀가 되거나 학업을 계속하는 두 가지 길 중 하나를 선택해야 했다. 그녀는 학업을 선택했다. 하지만 그것은 쉽지 않은 길이었다. 수녀원 부속 기숙학교에서 부유한 집 출신 학생들은 가브리엘과 같은 구호 대상과 거리를 두고 따로 놀았다. 가브리엘은 차별에 굴욕감을 느꼈고, 재봉사로 일해서 자신과 여동생들에게 필요한 돈을 직접 벌기로 결심했다.

코코는 일에 관해서라면 남을 질투하는 일이 없었다. 그런데 무도회에서 처음 인사를 나눈 한 디자이너가 심하게 잘난 척을 하자, 코코는 그 디자이너에게 춤을 추자고 청했다. 그녀를 무도회장의 촛대 가까이로 이끌어 입고 있던 괴상망측한 드레스에 불이 붙게 만든 것이다!

가브리엘은 학교 근처 숙모의 집에서 밤낮으로 일하면서 졸업식 때 입을 드레스를 만들었다. 당시의 패션 경향과 자신이 읽은 로맨스 소설에 영향을 받은 가브리엘은, 요란한 레이어드 스타일의 보랏빛 벨벳 드레스를 만들었고, 숙모는 가차 없이 그 옷에 대해 독설을 퍼부었던 것이다. 가브리엘은 다시는 자신의 타고난 감각에 위배되는 옷을 만들지 않겠다고 다짐했다. 이후 미묘한 빛깔의 심플한 옷이 가브리엘의 상징이 되었다.

졸업 후 그녀는 낮에는 재봉사로, 밤에는 나이트클럽의 가수로 일했다. 그녀의 닉네임 코코는 파리의 카바레에서 얻은 것이다. 목소리가 아주 좋지는 않았지만, 코코의 개성은 무시할 수 없는 빛을 발했다. 그녀는 파리에서 가장 인기 있는 가수 중 한 명이었다. 곧 부유하고 영향력 있는 남자들이 코코에게 구애하게 되었

코코는 어느 추운 날, 남자친구의 풀오버 스웨터를 빌려 입다가 카디건을 만들어 내게 되었다. 입을 때 자신의 머리칼을 흐트러뜨리지 않게 하기 위해, 풀오버 스웨터를 앞쪽에서 자르고, 거칠게 잘린 모서리에 리본을 덧댔다. 그날 코코를 본 여자들은 모두 다 그런 옷을 갖고 싶어했다.

고, 코코는 유럽의 상류사회에 데뷔하게 됐다.

백작과 백작부인, 공작과 공작부인들과 어울리는 것은 원하는 바였지만, 코코는 그들과는 좀 다르게 보였다. 코코 주변의 가슴 풍만한 여인들은 주름 장식과 천으로 무겁게 층이 진 옷을 입고 있었고, 꽉 조이는 거들과 코르셋으로 몸을 칭칭 동여매고 있었다. 코코는 그녀들의 몸무게만큼이나 나갈 것 같은 터무니없는 모자에 대해 한마디 했다.

"그런 물건을 얹어 놓은 머리가 어떻게 제 역할을 할 수 있을까요?"

절벽 가슴에 승마를 좋아했던 말괄량이 코코는 자신이 풍만한 몸매의 사교계 여성들과 경쟁할 수 없음을 알고 있었다. 그녀는 스스로 만든 옷을 입고, 자신의 마른 몸매와 아름다운 목을 자랑하듯 드러냈다. 남자친구로부터 빌린 바지, 셔츠, 넥타이를 착용하기까지 했다. 코코가 입은 옷은 과격하다고 평가되었지만, 최소한 그녀가 만든 모자는 대성공을 거뒀다. 과일, 꽃, 깃털이 거대한 잡탕을 이루었던 당시의 모자 대신, 코코는 깃털 하나나 꽃 한 송이 혹은 아예 장식이 없는 작은 모자를 디자인했다.

대부분의 디자이너와 다르게 코코는, 자신의 작품을 만들면서 스케치나 패턴을 사용한 적이 없다. 코코는 실제 모델에게 천을 걸쳐 늘어뜨려 놓은 다음, 가위와 핀을 들고 천을 자르고, 잇고, 당기고 해서 새로운 의상이 만들어질 때까지 작업을 계속하곤 했다.

코코가 스물다섯 살이 됐을 때, 부유한 남자친구인 아서 카펠 Arthur Capel이 자금을 대 주어서 그녀는 파리의 상류층이 사는 거리에 자신의 가게와 디자인 스튜디오를 시작할 수 있었다. 코코의 스타일에 대한 평가는 한마디로 '과격하다'는 것이었다. 하지만 제1차 세계대전이 진행됨에 따라 돈 많은 여자들조차 국가의 전쟁에 동원되어 일하고 있었다. 화려한 드레스며 모자, 정교한 속옷은 전쟁 와중에 너무 사치스러운 것이란 생각이 퍼졌다. 화려한 패션의 시대가 가고 좀 더 심플한 패션의 시대가 왔다. 저지 수트, 사파리 코트, 그리고 짧은 검정 치마가 유행했다. 코코는 여자들의 자유를 위해 옷을 디자인했다. 실용성이야말로 코코 디자인의 대원칙이었다. 그녀는 자신의 옷을 입은 여성들이 쉽게 움직일 수 있도록 하고 싶었다. 곧 파리와 유럽의 부유한 여자들 모두가 코코의 옷을 원하게 되었다. 그녀를 비판하던 분위기도 바뀌어, 이제 사람들은 그녀의 옷을 '우아하다'고 평가하게 되었다.

코코의 패션은 그녀 자신의 어린 시절을 반영하고 있다. 심플한 스커트는 그녀가 다니던 학교의 교복과 비슷했고 무채색, 특히 검은색은 수녀들의 복장과도 같았다. 마치 스테인드글라스 창을 가진 교회처럼 이 평범한 옷을 보석으로 치장해 악센트를 주었다. 코코는 또한 가난한 사람들의 옷으로부터도 영감을 얻었다. 선원의 바지와 모자, 여학생의 교복 치마 같은 것이었다. 모두 그녀의 미천한 출신이 반영된 것이었지만, 코코가 만든 옷은 결코 싸구려가 아니었다. 코코는 그녀의 부자 친구들이 그녀 옷을 사는 데 돈을 아끼지 않을 것이란 사실을 확신했고, 높은 가격표를 붙일수록 더 갖고 싶어 한다는 것도 알게 되었다. 1920년대가 다가오자 코코는 '신여성'의 기준을 만들었다. '신여성'은 호리호리하고 보이시(boyish)하며, 단발에 손질이 필요 없는 헤어스타일을 하고 있으며, 금전적으로 독립한 여자를 지칭하는 말이 되었다. 30대에 접어들 무렵 코코는 패션업계의 정상에 서게 되었다.

코코는 또한 사교계의 여왕이었다. 창의성과 경제적 안정 사이에서 고민하던 코코는 예술가들에 둘러싸여 지냈다. 파블로 피카소, 이고르 스트라빈스키, 살바도르 달리 등이 모두 그녀의 친구였다.

그녀의 디자인이 대중의 호응을 얻게 되자, 코코는 얼마 안 가서 아서 카펠에게 진 빚을 갚았다. 하지만 그 후 아서는 다른 여자와 결혼했다. 아서에겐 하층민 출신인 코코가 결혼상대로 적합하지 않았던 것이다. 코코는 망연자실했지만, 아서가 결혼한 후에도 그와의 만남을 계속 유지했다. 둘의 관계는 아서가 자동차 사고로 사망함으로써 끝이 났다. 그 후 나머지 생애 동안 코코는 많은 남자들과 연애했지만, 결혼은 하지 않았다.

1933년 코코의 나이 50이 됐을 때, 코코의 패션 제국은 4,000명 가까운 노동자를 고용했고, 해마다 28개 가까운 디자인을 발매했다. 어린 시절 경험한 스테인드글라스와 교회의 영상을 반영한 코코의 모조보석 라인은, 커다란 성공을 거두었다. 그녀가 향수 사업에 도전했을 때, 그녀는 향수가 완벽한 독특성을 가져야 한다고 생각했다. 80종의 꽃 추출물을 혼합해 만든 샤넬넘버5는 신선하고 젊음이 넘치는 향을 냈고, 다른 향수들보다 오래 향이 지속되었다. 코코는 향수의 패키지도 혁명적으로 디자인했다. 그때까지 대부분의 향수가 채용한 낭만적이고 곡선으로 된 병이 아니라 강하고, 각이 지고, 남성적인 병을 써서 자신의 이름과 수수께끼 같은 숫자로 승부했던 것이다. 사람들은 이런 시도에 흥미를 느꼈다. 샤넬넘버5는 곧 세계에서 가장 인기 있는 향수가 되었다.

패션의 진짜 본질은 오늘 뜬 것이 내일은 사라진다는 점이다. 하지만 코코는 영원히 사라지지 않았다. 그녀의 스타일은 시간을 초월해 있었고, 코코는 세기가 바뀐 1900년대 초에도, 1930년대에도, 그리고 1950년대에도 여전히 패션업계의 정상에 있었다. 코코가 세상을 떠난 후인 1980년대까지도, 코코의 스타일은 유행으로 되살아났다. 오늘날에도 그녀의 스타일은 여전히 우아하고 절제된 스타일의 완벽한 전형으로 여겨지고 있다.

하잘 것 없는 신분에 연줄도 없는 가난한 고아, 코코는 백만장자가 되었고 세계 최초의 패션 제국을 건설했다. 그녀는 기능적이고 편안하고, 실용적인 여성복 트렌드를 창조했고, 그 콘셉트는 이후 캘빈 클라인, 랄프 로렌, 토미힐피거와 같은 브랜드들에 의해 재현되었다. 코코가 원조였다. 그녀는 패션의 무게로부터 여성을 해방시켰다. 여성들이 활동적인 라이프스타일을 즐길 수 있는 옷을 입고도 아름답고 멋진 모습을 자랑할 수 있게 해 주었다. 코코의 옷은 그레이스 공주, 마릴린 먼로, 재클린 케네디 등 다양한 여성들의 사랑을 받았고, 시간을 초월한 스타일은 거의 한 세기 동안 여성 패션을 정의하는 기준이 되었다.

지금 세상을 흔들고 있는 소녀!

재즈민 위틀리 Jazmin Whitley

열일곱 살 재즈민은 로스앤젤리스 패션 주간에 작품을 낸 가장 젊은 디자이너다. 그리고 다음 해에 그녀는 LA 패션 주간에 패션쇼를 연 가장 젊은 디자이너가 되었다. 그녀는 지금 여섯 개의 의상 라인을 갖고 있다. 재즈민은 자신의 디자인과 텔레비전 쇼인 'House of Jazmin'을 통해 대중문화에까지 영향력을 발휘하고 있다.

안나 파블로바

Anna Pavlova

1881~1931년 | 발레리나 | 러시아

반짝임! 섬광! 은은히 빛나는 아름다움!
동화의 나라에서 온 요정인가, 육체라는 지상의 속박에서 풀려난
우아한 천상의 정령인가? 아니다. 그녀는 파블로바,
세상에 다시없을 파블로바일 뿐이다.

1925년, 맨체스터 이브닝 뉴스 Manchester Evening News

상트 페테르스부르크의 거리가 하얀 눈으로 덮였다. 안나가 탄 썰매가 소리 없이 시내를 가로질러 미끄러져 갈 때, 가로등 아래 모든 것이 반짝였다. 눈송이 하나가 안나의 콧등에 내려앉았고, 안나와 엄마는 행복한 웃음을 터뜨렸다. 모녀는 발레 공연을 보러 가는 길이었다. 안나는 발레 공연이 처음이었지만, 발레라는 단어만으로도 마법으로 가득한 세계에 들어서는 느낌이었다.

"이제 요정의 나라를 보게 될 거야."

왕립 발레학교 시절, 안나와 다른 학생들은 종종 러시아 황제 알렉산드르 3세 앞에서 공연하곤 했다.

엄마의 속삭임에 안나는 빨리 보고 싶어 안달이 날 지경이었다.

마린스키 극장 Mariinsky Theatre 은 안나가 그

때까지 보았던 곳 중 최고로 아름다웠다. 푸른색 벨벳, 황금빛 도료, 호화로운 드레스들, 은은히 빛나는 샹들리에가 거기 있었다. 차이코프스키의 음악과 함께 발레리나들이 '잠자는 미녀 Sleeping Beauty'의 스텝을 밟으며 등장했고, 안나는 몸이 떨리기 시작했다. 너무나 아름다운 모습에 안나는 숨이 멎는 듯했고, 거의 토할 것처럼 속이 울렁거렸다. 공연 내내 안나는 홀린 듯 꼼짝할 수 없었다. 공연이 끝나고 객석에 불이 들어오자 안나는 흥분한 목소리로 엄마에게 말을 쏟아냈다.

"언젠가 나는 독무를 출 거야, '잠자는 미녀'처럼. 엄마, 내가 독무를 출 거라니까, 그것도 바로 이 극장에서."

엄마는 미소를 지었지만, 안나는 진심이었고 자신의 꿈이 이뤄질 것을 알고 있었다.

안나가 발레리나가 될 수 있을 만큼 힘과 체력을 갖고 있다고 믿는 사람은 아무도 없었다. 미숙아로 태어난 안나는 또래에 비해 몸집이 왜소했다. 안나의 부모는 분명 오래 살 수 있을 것 같지 않은 딸아이를 위해 서둘러 세례를 받게 했다. 그러나 안나는 살아남아 부모를 기쁘게 했지만, 병치레가 잦았다. 안나가 두 살 때, 아빠가 세상을 떠났고, 엄마는 수중에 가진 돈이 거의 없었다. 안나 모녀는 호밀빵과 양배추 수프 말고는 먹을 것이 없는 날이 많았다. 안나는 영양부족 상태로 성장했고, 빼빼 마르고 병약한 아이가 되었다.

안나가 여덟 살 때 엄마는 푼푼이 모은 돈으로 딸에게 특별한 경험을 선물하기로 했다. 엄마의 선물은 발레 공연 관람이었고, 발레를 본 그날 밤 안나는 자신의 미래를 발견했다. 안나의 꿈에 대해 엄마는 회의적이었지만, 딸의 간청에 못 이겨 왕립 발레학교에 안나를 데리고 갔다. 학교 측에서 안나는 너무 어리니 2년 후에 다시 와서 오디션을 보라고 했을 때, 엄마는 그것으로 끝났다고 생각했다. 하지만 안나에 겐 그게 끝이 아니었다.

2년 동안 안나는 그날 밤 공연에서 보았던 모든 동작들을 흉내내 보았다. 그리고 열 번째 생일날, 안나는 다시 오디션을 보러 갔다. 시험은 어려웠고 경쟁도 심했다. 매년 150명 정도의 아이가 오디션에 참여했고, 그 중 12명에게만 입학이 허용됐다. 그런데 안나가 합격한 것이다. 2년의 치열한 노력이 보상을 받은 것이다. 안나는 즉시 학교로 거처를 옮겼다. 어린 시절을 가난하게 보낸 안나에게 왕립 발레학교는 지상천국과도 같았다. 하루 세끼 따뜻한 음식을 먹고, 의료진이 돌봐주는 가운데 춤, 피아노, 연기, 팬터마임을 공부할 수 있었다.

8년 간 훈련 받은 후 안나는 학교를 졸업했고 왕립 발레단에 입단했다. 열여덟 살 때 안나는 그녀의 첫 번째 무대에 올랐다. 러시아

춤을 추는 동안, 안나는 빵 껍질과 물을 먹으면서 기분 전환을 했다.

관객들에게 안나는 이제까지 본 어떤 무용수와도 달랐다. 키가 크고 근육질의 몸을 가진 무용수가 당시의 대세였는데, 안나는 키가 작고 가냘팠다. 보기 드문 우아함과 섬세한 아름다움을 가진 안나는 다른 무용수와 확연히 달라 보였고, 그녀의 정교한 춤은 관중들의 마음을 사로잡았다. 몇 년 지나지 않아서 안나는 프리마 발레리나(발레의 여자 주인공)가 되었다.

인기를 얻게 된 그녀는 상트 페테르스부르크를 떠나 러시아의 주

요 도시들을 순회하며 공연했다. 곧 다른 나라로부터도 이 새로운 스타를 보고 싶다는 요청이 쇄도했고, 얼마 안 있어서 안나는 유럽 전역을 돌며 공연을 하게 되었다. 안나의 명성은 대서양 너머까지 퍼져 나갔다. 1910년 안나는 배를 타고 미국으로 건너가 세계적으로 유명한 뉴욕의 메트로폴리탄 오페라 하우스에서 공연했다.

안나는 여행을 좋아했고 러시아 밖에서 훨씬 더 많은 돈을 벌 수 있다는 사실을 알고 있었다. 러시아 발레단이 역사상 최고의 급여를 제시했음에도 불구하고, 1912년 그녀는 조국 러시아를 떠나기로 결정했다. 안나는 런던에 있는 웅장한 저택으로 이사했다. 꿈 많던 소녀 안나는 이제 그 꿈을 실현할 수 있을 만큼의 돈을 갖게 되었다. 그녀는 어린 소녀들을 위한 무용 학교를 시작했고, 자신의 무용단도 만들었다.

안나는 체구가 작았지만, 식욕은 그렇지 않았다. 안나를 인터뷰한 기자는 이렇게 적고 있다. "허리가 내 손 두 뼘이나 될까 말까 한 가냘픈 파블로바가 5cm 두께의 스테이크에 덤벼드는 모습을 보고 나는 숨이 막혔다." 안나는 체중을 늘리기 위해 수 갤런의 대구 간유를 마시기도 했다!

가족처럼 지냈던 무용수들과 함께 안나는 여섯 달 동안의 미국 순회공연을 떠났고, 커다란 성공을 거두었다. 안나와 그녀의 무용단이 유럽으로 돌아왔을 때는 정치적 긴장이 고조되고 있었다. 그때 러시아 공연이 조국에서의 마지막 춤이 되리라는 사실을 안나는 상상도 못했다. 제1차 세계대전이 전 유럽 대륙을 휩쓸고, 유럽 사람들의 삶의 방식을 영원히 바꿔 버릴 참이었다. 전쟁이 시작될 무렵 안나는 베를린에서 공연하는 중이었지만, 전쟁 발발 직전 영국 해협을 건너는 마지막 배를 타고 간신히 영국에 돌아올 수 있었다! 그녀는 자신의 무용단을 데리고 미국으로 돌아갔지만 세계가 전쟁에 빠져 있는 동안 무용단의 생계를 어찌 꾸려야 할지 막막했다.

안나가 갖고 있던 꿈 중 또 한 가지는 모든 사람, 즉 가난한 사람 부유한 사람 가릴 것 없이, 온 세계의 사람들 모두에게 발레의 아름다움을 보여 주는 것이었다. 그래서 이후 10년 동안 안나는 지구촌 구석구석에 발레를 소개하는데 최선을 다했다.

발레 공연 때문에 아주 바빴던 시절, 안나는 매년 2,000켤레의 발레 슈즈를 소모했다! 그것은 매일 다섯 켤레 이상을 썼다는 얘기가 된다!

안나는 쿠바, 코스타리카, 브라질, 중국, 일본, 인도네시아, 인도, 이집트, 뉴질랜드 등 발레의 불모지나 다름없는 나라에서 공연했다. 안나는 이들 나라에 발레를 소개했고, 각 나라는 안나에게 자국의 전통 춤과 의상을 소개했다. 이 같은 세계 순회공연을 통해 안나의 춤은 좀 더 이국적이고 다양해졌다.

안나가 방문한 나라들 중 많은 곳이 이 위대한 무용수를 맞이할 적당한 극장조차 없는 형편이었다. 그렇지만 그런 열악한 상황이 안나의 의욕을 꺾지는 못했다. 멕시코시티에서 안나와 그녀의 무용단은 거대한 투우장 안에 모인 3,000명의 관객들 앞에서 공연했다! 열기가 너무 강렬했기 때문에 무용수 중 여러 명이 거의 실신에 이를 정도였다. 하지만 안나는 열대의 폭풍이 몰아치는데도 비바람 속에서 계속 춤을 추었다. 무대가 미끄러워 위험해지자 사람들은 춤추는 안나를 무대 아래로 강제로 끌어내려야만 했던 것이다! 감동한 관중들은 자신들의 솜브레로(*스페인, 멕시코 등지의 사람들이 즐겨 쓰는 챙이 크고 넓은 모자 – 옮긴이)를 안나에게 던지며 환호했다.

춤추는 일은 나의 재능이고 내 삶이다. 신은 사람들에게 기쁨을 주라고 내게 이런 재능을 주었다. 나는 춤추고 싶은 욕구에 사로잡혀 있다. 춤은 세속적이고 영적인 모든 감정 하나하나의 가장 순수한 표현이다. 춤은 행복이다.

        – 안나 파블로바

평생 동안, 특히 끔찍한 1차 세계대전을 겪은 후엔 더욱 더, 안나는 자비로웠고 자신의 재능을 아낌없이 나눠 주었다. 그녀는 부상병, 참전 병사, 미망인, 고아, 가난한 사람, 집 없는 사람들을 지원할 돈을 모으기 위해 자선 공연을 자주 했다. 안나는 난민 소녀 여러 명을 입양해서 키우기도 했다. 하지만 그녀는 자신의 봉사와 기여 활동이 충분하다고 느낀 적이 없었다. 안나는 이렇게 말했다.

"나는 예술 말고는 줄 것이 아무것도 없다. 사람들이 하는 용기 있는 행동에 비하면, 예술은 보잘 것이 없다."

좀 더 많은 일을 하고자 하는 충동이 안나를 몰아갔다. 한 인터뷰에서 안나가 밝힌 것이다.

"내가 완전히 만족하면, 갖고 있던 힘이 내게서 떠날 거라고 느껴요. 우리 예술가를 늘 앞으로 나아가게 몰아붙이는 것이 바로 이런 신성한 불만입니다."

일을 그만해도 될 만큼 많은 돈을 갖고 있었지만, 안나는 춤추는 일을 멈출 생각을 하지 않았다. 50세를 넘어서까지도 안나는 은퇴를 거부했다. 이렇게 일에 몰두하는 습관이 그녀의 죽음을 앞당겼을지도 모르겠다. 1931년, 모든 표가 매진된 순회공연 일정을 치르던 중에 안나는 병으로 세상을 떠났다. 늘 부족했던 휴식이 병을 심각하게 악화시켰던 것이다.

비행기와 고속도로가 없었던 시절에, 안나는 80만km 이상을 여행했고, 수천 회의 공연을 했다. 그녀의 공연을 본 사람은 수백만 명이 넘을 것이다. 대부분의 관객들에게 안나의 공연은 발레를 접하는 첫 경험이었다. 어린 안나가 처음 발레 공연을 관람하는 동안 꿈을 키우기 시작했던 것과 마찬가지로, 프리마 발레리나 안나는 자신의 일생 내내 세상 사람들에게 영감을 주고 꿈꾸는 일을 격려했다.

나는 이렇게 세상을 뒤흔들 거야!

나는 곡예사가 되고 싶다! 운동능력이 탁월한 사람들, 나처럼 관절을 자유롭게 움직일 수 있어서 보통 사람보다 유연한 사람들과 함께 쇼를 하고 싶다. 쇼가 끝나면 우리는 번 돈을 한 푼도 남김없이 자선활동에 기부할 것이다.

페이지 키오스코스 Page Kioschos ● 13세

헬렌 켈러

Helen Keller

1880~1968년 | 작가이자 사회사업가 | 미국

여섯 살 헬렌은 물 펌프에서 쏟아지는 물줄기에 한 손을 갖다 댔다.
다른 손으로는 수화로 물이란 단어의 철자(w-a-t-e-r)를 쓰고 있는
앤 Anne 선생님의 손 움직임을 느꼈다. 눈멀고 귀먹은 헬렌은 주위 사
람 누구와도 의사소통할 수 없는 상태로 어린 시절 대부분을 보냈다.
헬렌은 들을 수 없었기 때문에, 사물에 이름이 있다는 사실을 잊어 버
렸다. 언어의 개념도 잊었다. 하지만 이제 여기 물 펌프 옆에서 언어
의 개념과 사물의 이름이 그녀에게 돌아오고 있었다. 마침내 헬렌은
이해했다! 매일 손을 씻는 이 차가운 것이 '물'이었다. 다른 모든 것들
의 이름은 무엇일까? 내 이름은 무엇일까? 헬렌의 마음속에 궁금증
이 끓어올랐다.

앤 선생의 도움으로 헬렌은 의사소통을 위한 배움을 향해 첫걸음을 뗐다. 앤은 헬렌이 장애를 극복할 수 있도록 도왔다. 앤은 헬렌에게 읽고, 쓰고, 말하는 법까지 가르쳤다. 헬렌의 승리는 장애를 대하는 사람들의 태도를 바꿨다.

헬렌이 가장 어려워했던 과목은 수학이었다. 하지만 읽고 쓰기는 아주 좋아했다. 자서전이 출간됐을 때 헬렌의 나이는 겨우 스물두 살이었다!

헬렌은 장애가 있는 사람들은 그만의 고유한 해결과제를 갖고 있지만, 사회에 비범한 기여를 할 수 있음을 알려 주었다.

헬렌 켈러는 1880년 6월 27일, 앨라배마 주 터스컴비아 Tuscumbia 에서 태어났다. 헬렌은 총명한 아이였다. 첫돌 되기 전에 걸었고 몇 마디 말도 할 수 있었다. 하지만 그녀가 19개월 됐을 때 비극이 찾아왔다. 병에 걸렸던 그녀는 다행히 몸을 추스렸지만, 그때부터 보지도 듣지도 못하는 상태가 되었고, 이후 5년 동안 어둡고 소리 없는 세계에서 살아야 했다. 다른 어린 소녀와 마찬가지로 헬렌도 장난감을 갖고 놀기를 즐겼다. 특히 인형을 좋아했는데, 자신이 낸시라고 이름 붙인 인형을 가장 좋아했다. 하지만 헬렌은 변덕이 심해서 때때로 제가 좋아하는 인형을 두들겨 패다가, 몇 분 지나지 않아 그 인형을 사랑스럽게 안아 주곤 했다.

헬렌의 부모는 딸의 그런 행동이 걱정이었지만, 안타깝게도 딸아이와 의사소통할 방법이 없었다. 부모는 헬렌에게 몇 가지 쉬운 신호를 가르쳤다. 고개를 끄덕이면 '예'이고 흔들면 '아니오', 그리고 배고프면 빵을 써는 시늉을 하는 것과 같은 신호들이었다. 헬렌은 또한 옷을 접어 정리하는 등 몇 가지 일상적인 일도 할 수 있었다. 하지만 헬렌의 부모는 자신들의 딸이 옳고 그른 것의 차이를 배우지 못할 수도 있다는 사실이 근심스러웠고, 딸아이의 난폭한 성정을 끝내 길들일 수 없게 될까봐 염려했다.

헬렌이 여섯 살이 됐을 때, 켈러 씨 부부는 앤 설리번 Anne Sullivan을 딸아이의 가정교사로 고용했다. 앤은 그 때 겨우 스무 살이었지만, 자신의 곤경을 극복한 경험을 갖고 있었다. 고아인 앤은 열네 살 때 퍼킨스 맹아학교 Perkins Institute for the Blind에 입학했다. 앤은 법적으로 맹인이었고 글을 읽을 줄 몰랐지만, 학교에 들어가자 매우 빠르게 배울 수 있었다. 몇 차례 수술을 거듭한 후 앤의 시력은 거의 다 회복되었다. 그녀는 맹인으로 살았던 개인적 경험을 살려 다른 맹인 아이를 돕고 싶다는 생각을 갖게 된 것이다.

이제 앤은 헬렌을 가르쳐야 하는 어려운 과제에 직면했다. 처음 몇 주 동안 앤은 헬렌에게 여러 가지 물건들을 주고 그것들의 이름을 손에 써 주었다. 하지만 헬렌은 물건들을 단어와 연결시키지 못했다. 물 펌프에서 물의 느낌과 단어를 연결한 것이 최초의 성공이었다. 그 날부터 헬렌은 빠르게 전진했다. 여름이 끝나 갈 무렵까지 헬렌은 625개의 단어를 배웠다. 그렇게 몇 년이 지나자, 헬렌은 점자를 읽고, 쓰고, 타이핑할 수 있게 되었고, 말도 할 수 있게 되었다. 그 당시 장애를 가진 사람에 대한 교육은 큰 논란거리였다. 대부분의 사람들이 장애인을 교육하는 것은 불가능하고, 그럴 필요도 없다고 생각하고 있었다. 하지만 헬렌과 앤은 그런 생각이 얼마나 터무니없는 것인지를 증명했다. 헬렌은 정규 학교를 다녔고 문학, 수학, 역사, 외국어 등을 열심히 배워 나갔다. 1900년, 수많은 역경을 극복하고 스무 살의 헬렌 켈러는 드디어 명문 래드클리프대학 Radcliffe College에 입학했다. 앤은 헬렌과 함께 수업에 참석하여, 강의 내용을 헬렌의 손에 옮겨 주었다. 4년 후 헬렌은 최고의 성적으로 졸업했다.

헬렌은 이후 자신의 삶을 시각장애인의 권리를 옹호하는 일과 저술에 바쳤다. 헬렌의 첫 번째 책 '내가 살아온 이야기 The Story of My Life' (*국내에는 '헬렌 켈러 자서전'이란 제목으로 출간돼 있다 – 옮긴이)는 1903년에 출간되어 즉시 베스트셀러가 되었으며, 50개 이상의 언어로 번역되었다. 대학을 졸업하자마자 헬렌과 앤은 미국과 유럽으로 강연 여행을 떠났다. 헬렌은 여성의 권리와 세계 평화를 주장했다. 그렇지만 헬렌의 가장 중요한 업적은 시각장애인을 위한 아메리카 재단American Foundation for the Blind과 함께한 것이었다. 헬렌은 맹인들을 위한 더 나은 교육과 고용을 요구했고, 자신의 명성을 바탕으로 대중의 인식을 바꿔 나갔다. 1964년 미국 정부는 헬렌에게 미국 최고의 훈장인 자유의 메달 Presidential Medal of Freedom을 수여함으로써 그녀의 용기 있는 활동을 기렸다.

헬렌은 자신의 성공을 헌신적인 교사 앤의 덕으로 돌렸다. '내가 살아온 이야기'에서 헬렌은 이렇게 쓰고 있다.

이제까지의 내 삶에서 가장 중요했던 하루를 꼽는다면, 그건 앤 맨스필드 설리번 Anne Mansfield Sullivan 선생님이 내게로 오신 날이다. 두 사람 사이를 연결하는 엄청난 대조점을 생각할 때마다 내 맘은 경이로운 느낌으로 가득 찬다. 그 기념할 만한 날의 오후, 나는 뭔가를 기대하며 멍하니 현관에 서 있었다. 나는 어머니의 신호와 집안에서 느껴지는 오락가락하는 부산스러움을 통해 막연히 무슨 일이 있겠거니 추측했다. 나는 문 쪽으로 갔고 계단 위에서 그 무언가를 기다렸다. 다가오는 발걸음이 느껴졌다. 나는 어머니인가 하는 생각으로 손을 뻗었다. 누군가가 내 손을 잡았고, 내 몸은 들어 올려져 누군가의 품 안에 안겼다. 그 사람이야말로 내게 모든 것을 드러내 주기 위해서, 그리고 무엇보다도 나를 사랑하기 위해 온 사람이었다.

1936년 앤이 세상을 떠날 때까지, 헬렌과 앤은 친밀한 우정을 유지하며 함께 일했다. 두 사람은 함께 교육과 차별의 장벽을 무너뜨렸고, 그때까지 세상 사람들이 갖고 있던 장애인에 대한 사고방식을 영원히 변화시켰다.

나는 이렇게 세상을 뒤흔들 거야!

나는 10대들에게 특수 교육이 필요한 아이들을 돌보는 방법을 가르치는 학교를 만들어 세상을 흔들어 보겠다. 그 학교는 10대들의 자신감과 장애인에 대한 존중 의식을 키워 줄 것이고, 장애 아동의 부모들이 자격 있는 아이 돌보미를 찾기 쉽게 해 줄 것이다.

데보라 프래드킨 Devorah Fradkin ● 14세

엠마 라자루스

Emma Lazarus

1849~1887년 | 시인 | 미국

우리 모두가 자유로워지기 전까지는,
우리들 중 아무도 자유롭지 않다.
엠마 라자루스 Emma Lazarus

열네 살의 엠마는 제 방에서 따분한 기분을 느꼈다. 음악 공부며 어학 공부가 지겨웠고, 뭔가 새로운 것을 해 보고 싶었다. 엠마는 자신의 마음속을 떠다니는 단어들을 잡아 내어 종이에 옮기기 시작했다. 그러나 글은 그렇게 쉽게 써지지 않았다. 운율이나 라임을 연습한 적이 없었던 엠마에게 이 새로운 작업은 말 그대로 고역이었다. 종이만 수십 장을 구겨버린 몇 시간의 작업 끝에, 엠마는 시를 쓰는 일을 포기해도 아까울 것 없다는 생각을 할 만큼 지쳐 버렸다. 하지만 그녀 안의 뭔가가 글 쓰는 일을 멈출 수 없게 하고 있었다. 그 무엇은 엠마의 손을 빌어 아름다운 단어들을 종이에 옮기고 싶어 했고, 그래서 엠마는 계속 쓸 수밖에 없었다. 몇 년 후 엠마의 고된 작업은 보상을 받게 되었다.

1849년 7월 22일, 엠마 라자루스는 뉴욕 시의 유대인 가정에서 태어났다. 어린 시절부터 엠마는 책을 읽고 글을 쓰는 일에 관심을 보였다. 공립학교에서 배우는 과목은 물론이고 가정교사로부터 음악, 유럽 문학, 미국 시, 독일어, 프랑스어, 이탈리어 등을 배웠다. 엠마는 열네 살 때부터 시를 쓰기 시작했다.

그녀는 언어에 대한 재능이 아주 탁월했다. 그녀가 겨우 열일곱 살 때 첫 시집을 출간한 것이다. 엠마는 계속해서 소설과 희곡, 시와 수필들을 썼다.

엠마는 자연, 음악, 예술로부터 영감을 얻고 자극을 받았다. 하지만 특히 그녀의 마음을 움직인 것은 사회 문제들이었다. 1880년대 동유럽에 사는 유대인들은 끔찍한 차별과 박해를 당해야 했다. 그런 핍박에서 벗어나기 위해 수천 명의 유대인이 뉴욕으로 이주했고, 엠마는 그 유대인들의 힘겨운 상황을 알게 됐다. 엠마는 역사에 남아 있는 유대인 박해를 주제로 시를 쓰기 시작했다. 엠마는 중세 시대 유대인 박해를 다룬 희곡을 썼고, 중세 유대 시편들을 번역하기도 했다. 그녀는 이 시편들과 자신이 쓴 희곡을 묶어서 1882년 '셈족의 노래 Songs of a Semite' 란 제목으로 출간하였다.

그녀의 시 '새로운 거상 The New Colossus'이 자유의 여신상의 받침대에 새겨짐으로써 엠마는 사후에 굉장한 영예를 얻게 되었다. 이제 그

217

녀의 시는 배를 타고 박해를 피해 미국으로 이주해 오는 모든 사람들을 환영하고 있다. 배를 타지 않고 비행기로 뉴욕에 도착하는 이주자에게도 그녀의 시는 여전히 인사를 건네고 있다. 존 F. 케네디 국제공항의 영빈관 벽에도 엠마 시의 마지막 몇 줄이 새겨져 있다.

새로운 거상

정복자의 다리를 대지에서 대지로 벌려 딛는
저 그리스의 청동 거인과는 다르게
여기 바닷물에 씻긴 일몰의 문 앞에
횃불을 든 장대한 여인이 서 있으니.
그녀의 불꽃은 투옥된 번개,
그녀의 이름은 추방자의 어머니.
횃불을 든 손은 전 세계로 환영의 빛을 보내고,
부드러운 눈은 쌍둥이 도시가 만든
공중 가교의 항구에게 명령한다.
"오랜 대지여, 너의 화려했던 과거를 간직하라!"
그리고 조용한 입술로 소리친다.
"자유롭게 숨쉬기를 열망하며 떨고 있는
지치고 가난한 사람들, 너의 풍성한 해안에 버려진
가련한 무리들을 내게 보내다오.
폭풍우에 시달린, 고향 없는 사람들을 내게 보내다오,

나 황금의 문 옆에서 등불을 들어 올릴 테니!"

지금 세상을 흔들고 있는 소녀!

노니 카터 Noni Carter

노니 카터가 열두 살이었을 때, 그녀는 자신의 조상들이 미국 남부에서 노예로 살았던 경험에 대해 짧은 이야기를 쓰기 시작했다. 그 짧은 이야기는 노니가 6년 동안 고쳐 쓰고 윤문 작업을 계속한 끝에, '행운Good Fortune'이란 제목의 300쪽 짜리 소설이 되었다. 노니가 열여덟 살이 되었을 때, 그 책은 사이몬 앤 슈스터 출판사에서 출간되었다. 그 책은 부모 선택 도서 부문 금상을 받았고, 노니는 청소년들을 격려하고 가르치는 일을 계속하고 있다.

에드모니아 루이스

Edmonia Lewis

1845~1907년 | 조각가 | 미국, 이탈리아

> 그녀는 실제로 아프리카계 미국인이
> 가 보지 않았던 길, 조각가의 길을 찾아냈다.
>
> **커스텐 파이 뷰익** KIRSTEN PAI BUICK 전기 작가

탁! 무거운 망치가 끌을 때리자 대리석 덩어리가 바닥으로 떨어졌다. 탁! 또 한 조각이 떨어졌다. 탁! 또 한 조각. 에드모니아 루이스는 물러서서 남아 있는 돌을 살펴보았다. 그녀는 '시작할 시간'이라고 생각했다. 그녀는 좀 더 작은 끌과 망치를 들고 대충 윤곽이 잡힌 돌덩어리를 두드리기 시작했다. 팅, 팅, 팅! 에드모니아의 끌질에 돌가루들이 날리면서, 서서히 그녀가 숭배하는 영웅의 얼굴이 드러나기 시작했다.

'그들이 무슨 말을 하든 난 상관하지 않아', 돌을 깎는 작업을 하면서 에드모니아는 다짐했다. 그녀는 로버트 굴드 쇼 Robert Gould Shaw 대령의 사진에 눈길을 주면서, 몇 달 전 보스턴에서 흑인 사병 연대를

지휘하던 그의 모습을 회상했다. 흑인 사병들은 그녀의 종족을 속박하고 있던 노예제도에 대항해 싸우기 위해 남북전쟁에 참전하러 가는 길이었다. 에드모니아는 그렇게 많은 흑인 병사들을 보는 것이 마음 뿌듯했고, 그 중에 그녀가 다닌 대학 출신 병사가 21명이나 포함되어 있다는 사실이 더욱 자랑스러웠다.

하지만 지금 쇼 대령은 물론, 그 휘하 병사들도 대부분이 전사한 상태였다. 그들은 보스턴 시내를 행진한 지 6주 후, 사우스캐롤라이나의 남부군 진지 와그너 요새 Fort Wagner를 공격하다 목숨을 잃었다. 에드모니아는 쇼 대령의 희생과 휘하 병사들의 용기를 기리기 위해 조각상을 만들기로 결정했다. 백인 예술가 친구는 그녀에게 쇼 대령의 조각상을 만들 정도의 역량은 안 된다고 말했지만, 에드모니아는 굴하지 않았다.

당시 에드모니아는 그녀가 조각한 이 작품으로 인해 이탈리아로 갈 수 있게 되고, 그곳에서 조각의 거장들에게 배우게 될 것이며, 전 세계에 알려지는 유명 예술가가 되리라곤 상상하지 못했다. 노예제도가 존재했던 시절에 절반은 아프리카계, 절반은 북미 원주민(*흔히 편견이 가득한 인디언이란 이름으로 불림 – 옮긴이)의 혈통을 이은 미국인인 열여덟 살 소녀가 전대미문의 승리를 이뤄낸 것이다.

에드모니아 루이스는 절대 평범하다고 할 수 없는 어린 시절을 보냈다. 그녀는 1845년, 뉴욕 주의 알바니 Albany에서 태어났다. 아버지는 자유인 신분의 흑인, 어머니는 북미 원주민 부족인 치페와족 Chippewa Indian 출신이었다. 어머니는 모카신 moccasin(*북미 원주민 들이 신던 납작하고 부드러운 가죽 신 – 옮긴이)을 만드는 재주로 유명했다. 에드모니아는 어머니가 유목민 같았다고 회상한다.

"어머니는 자주 집을 떠났고, 자기 부족 사람들과 함께 떠돌았다. 어머니는 부족과 함께 이동하며 살았던 기억을 잊지 못했고, 우리 형제들을 야생의 방식으로 양육했다. 나는 열두 살이 될 때까지 유랑생활을 하며 고기를 잡고, 수영을 하고, 또 모카신을 만들었다."

그녀가 아홉 살 때 부모님이 돌아가셨다. 에드모니아는 치페와족의 외가 친척들과 함께 나이아가라 폭포 지역으로 이주했다. 에드모니아 가족은 나이아가라 폭포를 찾는 관광객들에게 아메리카 원주민의 기념품을 팔아 돈을 벌었다. 그 당시 미국과 캐나다 사이의 국경선이었던 나이아가라 강은 자유를 찾아 캐나다(캐나다에선 이미 노예제가 불법이었다)로 탈출하는 흑인 노예들에게 인기 있는 도하 지점이었다. 에드모니아는 자유를 얻기 위해 달려가는 노예들, 그리고 그런 노예를 추적하는 노예 주인들을 보며 자랐다. 그녀의 가족들은 탈주 노예로 오인 받지 않기 위해 조심해야 했다. 만약 혼동이 생기면 총을 맞거나, 납치되어 노예 생활을 강요당할 수도 있었던 것이다. 노예들의 처절한 생존 투쟁을 목격한 것이 이후 그녀의 작품에 영감을 불어 넣었을 것이다.

에드모니아의 오빠인 선라이즈 Sunrise는 부

에드모니아의 치페와족 이름은 '들불 wildfire'이란 의미를 갖고 있었다.

에드모니아는 자신의 한 조각상에 대해 이렇게 말했다.
"나는 핍박에 저항하며 고통받고 있는 모든 여성들에게 강한 동질감을 느낀다."
그녀는 그 작품을 6,000달러에 팔았는데 오늘날의 가치로 환산하면 거의 100만 달러에 가까운 가격이다!

모가 돌아가신 후 뉴욕을 떠났다. 그는 골드러시가 한창이던 미국 서부로 향했고, 거기서 꽤 성공했던 것으로 추측된다. 에드모니아가 학교를 다닐 수 있게 학비를 대 주었던게 그였으니까. 당시 미국 북부에 사는 흑인들은 노예제에 반대하는 백인들이 운영하는 학교에 다닐수 있었다. 에드모니아는 나중에 뉴욕 센트럴 칼리지 New York Central College에 입학했고, 14세에 오하이오 주의 오벌린 칼리지 Oberlin College로 전학했다.

오벌린 칼리지는 노예 해방 운동의 중심이었다. 학교는 종교적 색채가 강했고, 학교 설립자는 다른 인간을 소유하는 것은 종교 계율에 위배되는 죄라고 믿는 사람들이었다. 그 학교는 미국 내에서 흑인과 여성을 학생으로 받아들이는 몇 안 되는 학교 중 하나였다. 학교의 교사와 학생들은 노예제도를 폐지하기 위해 투쟁했다. 에드모니아는 오벌린 칼리지에서 자신이 그림에 소질이 있음을 알게 되었고, 예술에 대한 열정을 싹 틔웠다.

그러나 오벌린 칼리지는 에드모니아 일생의 가장 큰 비극 또한 준비하고 있었다. 1862년 1월, 에드모니아의 백인 여자 친구 두 명이 젊은 남자 두 명과 썰매 경주를 한 후 심각한 병에 걸렸다. 그들은 에드모니아를 고발했다. 그들의 주장에 따르면, 에드모니아가 경주 전에 그들을 중독시킬 목적으로 포도주에 어떤 향료를 넣었다는 것이다. 에드모니아는 곧 체포됐다.

재판을 기다리는 동안 두 번째 비극이 닥쳤다. 그녀의 집을 습격한 사람들이 그녀를 집 뒤의 들판으로 끌고 가, 정신을 잃을 때까지 구타

한 것이다. 그녀는 얼어 죽도록 눈 속에 버려졌다. 다행히도 그녀가 없어진 것을 알아차린 학생과 교수들이 일대를 수색한 끝에 에드모니아를 찾아냈다. 그녀는 심각한 상처를 입었고, 재판은 그녀의 몸이 회복될 때까지 연기되었다. 재판의 최종 심리가 열렸을 때도 그녀는 여전히 몸을 추스르지 못하는 상태여서, 법정에 들어가기 위해 두 사람이 그녀를 부축해야만 했다. 그녀에 대한 고발은 기각되었다. 재판부는 증거와 동기가 부족하다고 판단했다. 하지만 재판 결과와 관계없이 에드모니아가 입은 피해는 심각했다. 학교에 다니는 백인들과 마을에 사는 백인들은 에드모니아에 대한 의심을 접지 않았다. 에드모니아 역시 그런 백인들을 믿지 못했음은 물론이다.

그런 충격적인 사건이 있은 후 몇 달 동안, 에드모니아는 학교 친구들의 조롱을 견뎌내야 했고, 몇 건의 사소한 범죄 혐의로 추가 기소되었다. 기소된 건들은 모두 증거 없음으로 기각되었지만, 에드모니아는 마지막 학기를 채우지 못하고 학교에서 강제 추방되었다.

과연 에드모니아가 저지른 일이었을까? 아니면 소녀들이 자신들의 음주 책임을 그녀에게 떠넘기려고 죄를 뒤집어씌웠던 것일까? 알 도리가 없다. 하지만 이 사건들로 인해 에드모니아의 인생 경로가 바뀌었다는 사실만은 확실하다. 기소 당했던 일에 대해 그녀는 이렇게 밝히고 있다.

"나는 다시 야생의 생활로 돌아갈 것을 고려했었다."

하지만 조각에 대한 열정과 자신의 결백을 증명하고 말겠다는 의지가 그녀를 이겼다. 열여덟 살의 그녀는 나이아가라의 가족에게 돌아가는 대신 조각가의 꿈을 품고 보스턴으로 출발했다.

그녀는 보스턴으로 가서 유명한 조각가였던 에드워드 브래킷Edward A. Brackett 문하에서 수학했다. 그녀가 판매한 첫 번째 작품은 어린애 발을 조각한 것이었는데, 판매 가격은 8달러였다. 자신의 작품을 판매한 이후, 그녀는 자신의 작업실 문에 팻말을 내걸었다. 그 팻말엔 이렇게 쓰여 있었다.

'에드모니아 루이스, 예술가.'

에드모니아는 자신의 길을 찾았다. 당시의 인기 있는 스타일은 신고전주의였다. 신고전주의 조류를 따르는 조각가들은 고대 그리이스 조각상의 주제와 외관을 모방했다. 에드모니아는 곧 이런 스타일을 터득했지만, 주제만은 고유한 것을 선택했다. 그녀의 초기 작품 중 하나는 1859년 버지니아에서 반노예 폭동을 이끌었던 혁명적 노예해방론자 존 브라운 John Brown의 석고 메다이욘 medallion(*대형 메달. 원반 앞뒤에 부조로 초상, 명문, 신화적 주제 등을 표현 – 옮긴이)이었다.

곧 이어 남북전쟁에서 흑인 사병으로 조직된 제54연대를 지휘한 로버트 쇼 대령의 반신상을 만들었다. 행진하는 쇼 대령을 본 후, 에드모니아는 쇼의 집안과 알고 지내던 백인 여자 친구에게 조각 작업에 쓸 사진을 부탁했다. 그 친구는 에드모니아의 부탁을 거절했다. 그녀는 에드모니아가 그 조각을 해도 될 만큼 훌

'클레오파트라의 죽음' 은 여러 해 동안 분실된 상태였다. 그 작품은 처음 시카고 근처 육상 경주 트랙에 전시되었는데 몇 년 지난 후 경주 트랙은 골프 코스로 바뀌었고, 그 다음에는 군수품 공장이 들어섰다가, 나중에는 우체국으로 바뀌었다. 하지만 조각상은 그 자리에 계속 있었고, 사람들은 결국 그 조각상의 정체를 잊어버리기에 이르렀다. 마침내 1987년 조각상의 정체가 확인되었고, 시카고 역사 학회가 복원했다.

226

륭한 조각가가 아니라고 생각했고, 그런 자신의 생각을 에드모니아에게도 밝혔다. 하지만 에드모니아는 그런 일로 의지가 꺾일 사람이 아니었다. 이전의 중독 사건이 조각에 대한 에드모니아의 열정을 꺾지 못했던 것과 마찬가지였다. 에드모니아는 스스로의 노력으로 쇼의 사진을 구했고, 어쨌거나 반신상을 조각했다. 쇼의 가족들은 그녀의 작품에 감동했고, 에드모니아에게 작품의 복사본을 팔 수 있는 권리를 허락했다. 에드모니아의 재능을 의심하던 사람들이 놀라자빠질 일은 그 다음에 일어났다. 흑인 사병들의 급여 평등화를 위한 기금 모금 행사에서 쇼의 반신상 복사본이 100개 가까이나 팔렸던 것이다. 에드모니아는 수익금의 일부를 기부했고, 나머지는 세계 조각계의 심장인 이탈리아로 가는 여행 경비로 썼다.

　에드모니아의 재능은 이탈리아에서 꽃을 피웠고 성공을 거뒀다. 그녀는 당대 미국 최고의 조각가였던 하이럼 파워스 Hiram Powers와 함께 공부했고, 점토 조각을 확대해서 등신대의 대리석상으로 만드는 법을 배웠다. 당시에는 에드모니아 조각의 테마들이 결코 평범한 것이 아니었다. 그녀의 작품엔 자신의 평범하지 않은 삶이 녹아 있었다. '영원한 자유 Forever Free'는 끊어진 사슬을 두르고 노예제 종식에 환호하는 아프리카계 미국인을 보여 주었고, '헨리 워즈워스 롱펠로우의 흉상 Bust of Henry Wadsworth Longfellow'은 북미 원주민에 대한 백인의 감정을 바꿔 놓은 롱펠로우의 시 '히아와타의 노래 The Song of Hiawatha'를 기리는 것이었다. '하갈 Hagar'은 성서에 나오는 황야로 추방된 노예를 묘사했다. 아마도 이 작품엔 오벌린에서 겪은 에드모니아 자신의 경험이 반영됐을 터였다. 그리고 '화살 만드는 늙은 인디언과 그의 딸 The Old Indian Arrowmaker and His Daughter'에는 에드모니아를 길러준 치페와 부족의 의복과 장식이 반영되었다.

에드모니아의 말기 작품 중 하나인, '클레오파트라의 죽음 The Death of Cleopatra'은 1876년 필라델피아 만국박람회에서 대성공을 거뒀다. 죽음 이후의 클레오파트라를 독특하게 묘사한 점이 당시로는 논란거리가 되었고 이로 인해 큰 관심을 끌었던 것이다. 비평가들은 에드모니아의 작품에 찬사를 보냈다. 오벌린 칼리지의 비평가들조차 예외가 아니었다. 아이러니하게도 한 비평가는 이렇게 쓰고 있다.

"저명한 조각가, 루이스 양이 16년 전 첫 미술수업을 받았던 곳이 오벌린이었다."

결국 에드모니아는 자신의 존재를 증명하고야 말았다. 파란만장한 삶을 살아온 이 여류 조각가는 이탈리아에서 여생을 보냈다. 이탈리아에서 그녀는 명성과 금전적 성공을 즐기며 미국에 만연한 인종차별을 피할 수 있었다. 미국에서의 삶은 그녀에게 늘 불리했다. 그녀는 절반은 흑인, 절반은 북미 원주민이었고, 게다가 여성이었다. 흑인, 북미 원주민, 여성 중 어느 집단도 당시에는 제대로 된 권리와 기회를 가질 수 없었다. 하지만 에드모니아는 당대의 편견과 싸워 승리했고, 가난을 극복했고, 그녀를 황폐화시킬 수도 있었던 가혹한 사건을 이겨냈다. 에드모니아는 꿈을 포기하지 않았다. 그녀는 조각가로서 국제적 명성을 얻은 최초의 아프리카계 미국인이었고, 원주민 여성이었다. 그녀는 그녀의 뒤를 좇는 여성, 소수 민족 예술가들이 갈 길을 밝히는 등불이 되었다.

나는 이렇게 세상을 뒤흔들 거야!

나는 야생동물을 촬영하는 사진사가 되어 세상을 흔들어 보겠다. 야생동물 구호센터를 설립하고 위기에 빠진 생물 보호를 위해 활동하는 기구들에 최대한 기여하겠다. 희망컨대 나는 학대당하는 많은 야생동물을 구조할 것이고, 또한 우리가 살아가기 위해서는 동물들과 함께해야 한다는 사실을 사람들에게 가르칠 것이다.

매킨지 페이지 Mackenzie Page ● 15세

사라 베른하르트

Sarah Bernhardt

1844~1923년 | 배우 | 프랑스

예쁘거나 귀엽게 생길 필요는 전혀 없다. 오로지 필요한 것은 매력,
관객의 마음을 사로잡아 넋을 잃고 귀기울이게 만들고, 극이 끝난 후엔
공연을 보며 느꼈던 매력을 되살리기 위해 혼자 있고 싶어지게 만드는
그런 매력이 필요할 뿐이다.

사라 베른하르트 Sarah Bernhardt

막이 오르고 조명이 무대에 쏟아졌다. 사라는 눈을 가늘게 뜨고 객
석을 바라보았지만 그녀의 연기를 심사하기 위해 온 노련한 남녀 배
우들의 얼굴을 알아보기 힘들었다. 사라는 준비되어 있었다. 그녀는
권위 있는 프랑스 극단에 들어가기 위해 그 장면을 연습하고 또 연습
했었다. 그런데 심사위원들이 사라를 제지했다.

"그 장면을 연기하려면 자네와 함께 연기할 소년을 먼저 선택해야
하네."

사라는 당황했다. 그녀는 혼자서 이 장을 연습했던 것이다. 맙소사,
소년이라니! 그녀는 처음 보는 소년과 함께 대사에 집중할 자신이 전
혀 없었다.

"그렇게는 못하겠어요."

사라가 심사위원들에게 대답했다. 심사위원들은 사라의 말에 충격을 받았지만, 대신 다른 장을 선택하라고 타협안을 냈다. 하지만 사라는 다른 장은 전혀 연습하지 않은 상태였다. 도대체 지금 어떤 장을 연기해야 하는 것일까? 순간 한 가지 생각이 떠올랐다. 심사위원들에게 이야기 하나를 낭송하기로 마음을 정한 것이다. 사라는 알고 있던 우화 중 하나를 선택해 낭송하기 시작했다. 심사위원들은 또 한 번 당황했다. 이건 정말이지 있을 수 없는 상황이었다. 하지만 처음 몇 줄의 대사를 들은 후, 심사위원단은 사라의 투명하고 감미로운 목소리에 매혹 당했다. 낭송을 다 끝내기도 전에 합격 판정이 내려졌다. 열세 살의 소녀 사라는 프랑스 국립극장 예술학교 Conservatoire of the Comédie–Française의 일원이 되었다. 모든 시대를 통틀어 가장 위대한 여배우, '여신 사라 Divine Sarah'로 세상에 알려지게 될 사라 베른하르트의 연기 인생이 시작되는 순간이었다.

사라 베른하르트는 1844년 10월 22일, 파리에서 태어났다. 본명은 로진 베르나르 Rosine Bernard였다. 사라의 어머니는 네덜란드 출신의 아름다운 유대인으로, 여행으로 유명한 인사였다. 사라는 아버지가 누구인지 끝내 알 수 없었다. 어머니가 유럽을 여행하는 동안에는 어머니의 가족이나 친구들이 사라를 돌봐 주었다. 열두 살에 사라는 수녀원 부속학교에 들어갔고, 얼마 후엔 수녀가 되어 학생을 가르치는 일을 하겠다는 결심을 했다.

232

그러나 사라의 가족은 겨우 열네 살 먹은 아이가 그런 중요한 일을 결정할 수는 없다고 생각했다. 그러던 중 가족의 지인이 프랑스 국립 극장 예술학교에서 연기를 공부하면 좋을 것이란 의견을 내 놓았다. 조금 이상하긴 했지만 훌륭한 입학 연기를 펼친 후, 사라에게 입학이 허가됐다.

사라는 예술학교에서 몇 년 공부한 후, 프랑스 국립극단에서 공연 하게 되었다. 사라가 처음 무대에 오른 것은 열일곱 살 때였다. 그녀의 연기는 엇갈린 평가를 받았다. 두 번의 실망스런 공연과 주연 여배우와의 격렬한 논쟁 후, 사라는 극단을 떠났다. 그녀는 이후 몇 년 동안 연기를 계속했고, 음치였음에도 불구하고 노래 부르기를 시도했다.

사라는 사람들의 평가에 연연하지 않았다. 다른 극단과 계약했고 맹렬히 연습했다. 그 후 그녀의 연기는 일관되게 호평 받았고, 그녀를 헌신적으로 신봉하는 팬들도 생겨났다. 1869 년 사라 인생의 황금기가 시작되었다. 그녀는

'나그네 Le Passant'라는 연극에서 수행원 역을 연기했는데, 그 연극은 파리에서 100일 넘게 공연되었다. 그때부터 사라의 길고도 성공적인 연기자 생활이 본궤도에 올라섰고, 사라는 '여신 사라'라는 애칭으로 불리게 되었다.

하지만 그 후 몇 년 동안 일어난 비극들이 사라의 성공 가도를 막아 섰다. 첫 번째 비극은 화재였다. 파리에 있는 사라의 아파트에서 일

'나그네Le Passant'라는 연극에 쏟아진 엄청난 찬사를 전해들은 나폴레옹 3세는 자신의 궁전 정원에서 공연해 줄 것을 부탁했다고 한다.

어난 화재는 그녀가 소유하고 있었던 모든 것을 재로 만들었다. 그 다음엔 보불전쟁 Franco-Prussian War(*1870년 프랑스와 신흥 강국 프러시아 사이에 발발한 전쟁 – 옮긴이)이 발발해 파리는 프러시아 군에 의해 포위되었다. 사라가 공연했던 극장은 병원으로 개조되었다.

1871년 전쟁이 끝난 후, 사라는 무대로 돌아왔다. 그녀는 유명한 작가 빅토르 위고가 쓰고 직접 연출한 시극 '뤼 블라 Ruy Blas'를 통해 찬사를 받았다. 그녀의 에너지와 감성은 사람들의 마음을 사로잡았고, 그녀가 낭송한 시구(詩句)들은 사람들의 넋을 빼놓을 정도로 황홀했다. 그녀에 대한 호평이 이어지자 프랑스 국립극장은 그녀를 다시 한 번 초빙하여 국립극장 무대에서 연기하도록 했다. 그녀는 주연 여배우로서의 입지를 확고히 할 수 있었다.

사라는 도전적인 역을 즐겨 맡았다. 논란이 많았던 공연 중의 하나가 '레글롱 L'Aiglon'이었다. 파리에서 잘 나간다는 사람들 모두가, 젊은 남자 역할을 하는 56세의 여배우 사라의 연기를 보았다. 연극사에 드문 이 희대의 여배우는 최초로 남성을 연기하는 여배우였고, 그런 모습을 보고 사람들은 충격을 받았다. 사람들의 고정관념이 틀렸음을 증명한 사라는 나폴레옹의 사생아를 비롯해 여러 남성 역할을 맡아 훌륭한 연기를 보여 줬다. 사라는 클레오파트라, 잔 다르크, 엘리자베스 여왕, 햄릿, 아빌라의 테레사 등 더욱 다양한 역을 연기했다.

프랑스에서 엄청난 명성을 얻은 후, 사라는 국제적인 스타가 되어 유럽은 물론 남북 아메리카를 여행했다. 그녀는 연극을 직접 제작하고, 전용 극장인 '사라 베른하르트 극장 Theatre Sarah Bernhardt'을 만들었다. 그녀의 무대에 대한 열정은 누구도 말릴 수 없을 정도로 강렬했다. 사라가 일흔한 살이었을 때, 사고로 인해 한쪽 다리를 절단해야 했다. 그럼에도 사라는 연기를 포기하지 않았다. 포기하기는커녕 사라는 공연 내내 앉아서 연기할 수 있도록 그녀가 출연하는 분량을 개작했다. 사라는 일흔 여덟에 이르기까지 연기를 계속했다!

수백 편의 연극에 출연해 국제적인 명성을 얻은 사라는, 1923년 파리에서 세상을 떠났다. 전 세계가 전설적인 여배우를 잃은 것을 슬퍼했다. 그녀가 온 시대를 통틀어 가장 위대한 여배우였다는 사실에 이의를 제기할 사람은 없을 것이다. 사라는 공연 예술계 최초의 진정한 국제적 명사였다. 그녀의 연기 인생은 스타라는 것이 무엇인지를 보여주는 사례, 그 자체였다.

나는 이렇게 세상을 뒤흔들 거야!

나는 영화 각본을 써서 세상을 흔들어 보겠다. 세상 사람들이 내가 쓴 재미있는 이야기를 보고 웃음을 터뜨리고, 슬픈 이야기를 보고 울게 만들고 싶다. 내가 만든 영화를 보고 한 사람만이라도 기분이 좋아질 수 있다면, 나는 행복할 것이다.

모린 구알티에리 Maureen Gualtieri ● 12세

안나 엘리자베스 디킨슨

Anna Elizabeth Dickinson

1842~1932년 | 연설가, 여성 참정권 운동가 | 미국

안나는 자신이 입고 싶은 대로 입었다. 그녀는 자신이 가고 싶은 곳을,
원하는 방식으로 여행했다. 그녀는 당시 사람들 생각으로, 결혼하지 않은
젊은 숙녀 앞에서는 언급조차 해선 안 될 주제에 대해 강연했다.

지로드 체스터 Giraud Chester 전기 작가

18세의 젊은 소녀가 800명이 넘는 사람들 앞에 섰다. 이렇게 많은
사람들 앞에서 하는 첫 번째 연설이어서, 그녀는 긴장하고 있었다. 청
중들은 안나를 의심의 눈초리로 바라보며, 마치 속으로 이렇게 말하
고 있는 듯했다.

"도대체 저 어린 여자아이가 뭐 대단한 걸 말할 수 있겠어?"

안나는 '여성에 대한 옳은 견해와 그릇된 견해'를 주제로 연설을 시
작했다. 주제에 대해서는 샅샅이 꿰고 있었기 때문에 메모는 거의 필
요하지 않았다. 한마디 한마디 연설이 진행됨에 따라 18세 소녀 안나
의 말에서는 더 강한 자신감이 느껴졌다. 청중들의 얼굴에서 의심의
기색이 빠르게 사라져 갔다.

안나는 열정적으로 자신의 의견을 피력했다. 여성들도 투표할 수 있어야 하고 어떤 직업이라도 원하는 직업을 가질 수 있어야 한다고 주장했다. 당시에 미국 여성들에게는 투표할 권리가 없었고 의사, 변호사와 같은 전문직엔 접근이 허용되지 않았다. 당시 기준으로 안나의 의견은 급진적이었지만, 그녀의 분명한 목소리와 극적인 표현은 청중들을 매료시켰다. 두 시간에 걸친 연설이 끝나자 객석에서는 박수갈채가 쏟아졌다. 안나는 지금 이 순간, 당대의 가장 유명하고 영향력 있는 여성이 되는 첫걸음을 떼었던 것이다.

안나 엘리자베스 디킨슨은 1842년 8월 28일, 펜실베이니아 주의 필라델피아에서 태어났다. 당시 미합중국은 혼란스러운 시기였다. 노예제도는 격렬한 논쟁을 불러일으키고 있던 이슈였다. 노예제도가 모든 주(州)에서 합법화되어야 할까, 일부 주에서만 합법화되어야 할까, 아니면 모든 주에서 불법화되어야 할까? 안나는 노예제 폐지를 위해 투쟁하고 있는 노예해방론자 집안의 다섯 자녀 중 막내로 태어났다. 안나는 노예제도가 도덕적으로 옳지 않다는 신념을 갖고 자랐고, 아주 어린 시절부터 노예반대운동에 참여했다. 안나는 갓 열세 살이 됐을 때, 노예제를 반대하는 신문 기사를 쓰기도 했다.

안나는 열다섯 살까지 학교를 다녔고, 그 다음부터는 가족의 생계를 돕기 위해 일을 해야 했다. 그녀는 출판사, 법무법인, 학교 등에서 근무했다. 열일곱 살이 됐을 때 안나는 여성의 권리 신장을 위한 회합에 참석했다. 이 어린 소녀는 연설을 통해 여성에게 남성과 동등한 기회가 주어져야 한다는 의견을 발표했다. 그녀의 연설 능력은 매우 뛰어나 여성의 권리와 노예제에 관한 다른 토론에도 참석해 달라는 요청을 받게 되었다.

안나를 유명하게 해 준 최초의 연설은 그녀가 18세 때 행해졌다. 그 때부터 사람들을 격려하고 영감을 주는 연설가로서의 성공적인 경력이 시작된 것이다. 안나는 온 나라를 돌며 연설했고, 노예 해방론자 윌리엄 로이드 개리슨 William Lloyd Garrison이나, 여성 인권 운동가 수전 앤서니 Susan B. Anthony, 루크레시아 모트 Lucretia Mott 같은 사람들의 존경을 얻게 되었다.

1863년 안나는 선거 유세원이 되어 달라는 부탁을 받았다. 그녀는 공화당의 뉴햄프셔 주지사 후보를 지원하는 강력한 연설을 하기 시작했다. 그 후보가 승리하자 사람들은 안나의 설득력 있는 연설이 승리의 주된 원인이라고 평가했다. 이 같은 성공으로 인해 많은 정치가들이 안나를 자신의 선거 유세원으로 초청하게 되었고, 연설가로서 안나의 명성은 커져 갔다.

아마도 안나의 가장 중요한 연설은 1864년 미 의회 초청 연설일 것이다. 안나는 역사상 최초로 미국 하원의원 앞에서 연설한 여성이 되었다! 연설을 마친 후, 안나는 링컨 대통령을 만났고 그후 링컨의 재선을 돕게 된다.

> 안나는 종종 프랑스의 여성 영웅 잔 다르크와 비교되곤 했다. 또한 잔다르크는 안나가 행했던 연설의 단골 주제중 하나이기도 했다.

선거 운동 연설을 하는 사이사이에 그녀는 노예제의 해악에 대해서도 연설했다. 노예제는 점점 더 심각한 논란거리가 되어 갔고, 미합중국은 내전을 향해 치달았다. 남북전쟁 동안 미합중국은 그녀가 주창한 대의명분인 노예제 폐지를 위해 싸웠다. 의심할 바 없이 안나는 미국 내에서 가장 유명한 여성 연설가였다. 전쟁이 끝나자 그녀가 강력히 주장했던 말들이 실행에 옮겨졌다. 노예들이 해방됐던 것이다.

안나는 온 나라를 여행하며 논란이 되는 주제에 대해 더 많은 연설을 했다. 그녀는 비록 인기 없는 주제라도 세상을 위해 꼭 필요한 문제들을 다루었다. 오직 개방적인 토론을 통해서만 문제들은 해결될 수 있을 것이었다. 안나는 자신이 믿는바 신념을 지키기 위해 일어섰고, 그녀의 의견에 동의하지 않는 사람들이 많아도 굴하지 않았다. 그녀의 분명한 독립성, 용기, 열정은 많은 사람에게 충격을 주기도 했지만, 더 많은 사람들로부터 존경을 얻었다.

안나가 행한 연설 중 일부를 인용해 보겠다.

미국의 모든 아이들에게 철자 책과 자유로운 교실을 줍시다. 모든 지성적이고 존경받을 만한 사람들에게, 흑인과 백인에게, 남자와 여자에게 투표권과 정부를 선택할 자유를 줍시다. 그러면 여러분은 제국이 해체되고 왕정이 붕괴된 폐허 한가운데서 이 나라가 더 강력하고 굳건한 반석 위에 서는 것을 보게 될 것입니다.

안나는 인종 평등과 정치적 평등을 촉진하기 위해 일했다. 1866

년 국가연방회의에서 안나는 테어도어 틸튼 Theodore Tilton과 프레데릭 더글라스 Frederick Douglass 진영에 합류해 미국 수정헌법의 아이디어를 발굴했다. 그 내용은 '인종, 성별, 피부색, 이전의 노예 신분'에 근거한 차별을 불법화하는 것이었다. 그들의 제안이 공화당에 의해 받아들여졌고, 제 15차 수정헌법이 제정되었다. 불행하게도 마지막 수정안에서 성별이란 단어가 빠졌고, 그래서 남성과 여성 사이의 불평등은 개선되지 못했다.

안나가 평생 동안 한 일은 다른 여성 운동가와 강인한 여성들을 위해 길을 닦는 것이었다. 1870년대 안나는 대중 연설로부터 은퇴하여 희곡을 쓰고 연기하는 일을 시작했다. 안나는 90세까지 살았고, 죽을 때까지 연기를 계속했다. 하지만 이 뛰어난 여성은 미국 역사상 커다란 영향력을 미쳤던 가장 위대한 연설가 중의 한 사람으로 기억될 것이다.

나는 이렇게 세상을 뒤흔들 거야!

전 세계의 가난한 어린이들이 직면하고 있는 극도로 심각한 상황이 내가 마음에 품고 있는 가장 중요한 문제다. 내 제안에 따라 우리 가족은 현재 인도 어린이 몇 명을 지원해서 그 아이들이 가난의 사슬을 끊고 학업을 계속할 수 있도록 돕고 있다. 나는 의사가 되어 의료 시스템이 아주 열악한 해외 국가들에서 일하는 것이 소원이다. 나는 내가 사는 도시, 나라, 세계의 행동하는 시민이 되고 싶다.

줄리아 고얄 Julia Goyal ● 17세

마거릿 나이트

Margaret Knight

1838~1914년 | 발명가 | 미국

공장 안에는 규칙적으로 들려오는 윙윙거리고 철컥거리는 기계음
이 가득했다. 그 소리들은 마거릿을 거의 최면상태로 몰아갔다. 그런
데 갑자기 마거릿 바로 옆의 방직기에서 이상한 소음이 시작되더니,
그녀가 어찌 해보기도 전에 기계가 엉망으로 꼬여 버렸다! 무거운 방
추는 날아가 버렸고, 강철로 된 바늘이 마거릿 옆에 있던 사람의 다리
를 파고들었다. 마거릿은 충격 속에 그 광경을 멍하니 바라보고 있었
다. 사방에 피가 튀어 흥건했다. 공장은 순식간에 혼란에 빠졌고, 비
명을 지르던 소녀가 병원으로 실려 간 후에야 혼란이 가라앉았다. 사
태가 진정되고 사람들은 두려움 속에서 다시 일을 시작했지만, 마거
릿은 좀 전에 보았던 사건의 영상을 머리에서 지울 수가 없었다. 방직

기가 고장나거나 오작동하기 시작할 때 자동으로 멈출 수 있는 방법
이 있어야 했다. 그래야 방추가 날아가 작업자에게 부상을 입히는 것
을 막을 수 있었다. 하지만 어떻게 해야 할지 알 수 없었다.

그것이 열두 살 먹은 소녀가 꼭 풀고 싶어 한 난제였다. 마거릿이
살았던 시대는 여자들이 발명가가 된다는 것은 상상하기 어려웠다.
빅토리아 시대를 사는 소녀들은 현모양처가 되도록 키워졌고, 그뿐이
었다. 다른 무엇이 된다는 것은 생각하기도 어려웠다. 소녀들은 빵을
굽고, 바느질을 하고, 집을 청소하는 일을 배웠고, 공구를 써서 하는
일들은 모두가 남자들의 몫으로 치부되었다. 그런데도 마거릿은 기억
할 수 있는 아주 어린 시절부터 공구와 기계, 조립법 같은 것에 마음
을 뺏겼다. 그녀는 남달랐던 자신의 관심사에 대해 이렇게 기술했다.

어린 아이일 때 나는 대개의 소녀들이 하는 일에 전혀 관심이 없
었다. 인형은 내게 아무 매력도 없었다. 나는 애지중지하던 도자기
파편이 주는 감촉을 무덤덤하게 받아들일 수가 없었다. 내가 오로지
갖고 싶었던 것은 접이 칼, 송곳, 그리고 나뭇조각들이었다.

마거릿이 사는 동네 매사추세츠 주 스프링필드의 여자 친구들은 마
거릿을 말괄량이, 혹은 그보다 더 심한 별명으로 불렀다. 하지만 친구
들도 마거릿의 창의성을 멈추게 할 수 없었다. 남자아이들은 마거릿
을 좋아했고, 끊임없이 마거릿 주위에 모여들어 뭔가를 만들어 달라
고 졸랐다. 마거릿은 이웃들 사이에서 연(鳶)이며 썰매를 잘 만드는 아

이로 유명했다. 마거릿은 집안일보다는 그런 일을 잘하는 것을 더 자랑스러워했다.

집이 가난했던 탓에 마거릿은 학교 교육을 많이 받지 못했고, 어려서부터 방직공장에서 일해야 했다. 하지만 마거릿에게 생애 최초의 발명을 할 수 있게끔 영감을 준 곳이 바로 그곳이었다. 공장에서 그 같은 사고가 있은 후, 마거릿은 밤낮으로 생각을 계속한 끝에 작동이 불량한 방직기를 멈추게 하는 방법을 찾아냈다. 마거릿이 고안한 작동 중지 장치는 결국 미국 전역의 방직 공장에 설치되었다. 열두 살 소녀의 발명이 수많은 목숨을 구한 것이다.

하지만 마거릿은 이 위대한 발명으로 돈을 벌지 못했다. 그녀는 여러 공장, 사진과 제판 스튜디오, 그리고 가옥 수리 일을 전전하며 10대 시절을 보냈다. 고된 노동을 하느라 발명에 쓸 수 있는 시간은 별로 없었지만, 마거릿은 끊임없이 자신이 일하고 있는 현장의 공구와 기계들을 연구했다. 그것들이 어떻게 작동하는지를 습득하고, 그 개선 방법을 상상했다. 이 시기 동안 마거릿의 머릿속에 발명품들의 모습이 구체화되기 시작했다.

마거릿의 가장 유명한 발명은 컬럼비아페이퍼백사 Columbia Paper Bag Company에서 일하는 동안 탄생했다. 당시의 종이 봉지는 손으로 풀칠을 해서 만들어졌다. 봉지들은 편지봉투 모양이었고, 엉성하게 만들어진 탓에 사람들이 식료품을 집에 가져가는 동안 뜯어지기 일쑤였다. 마거릿은 사람 손을 빌리지 않고 종이를 자르고, 접고, 한꺼번에 풀칠까지 해서 종이 봉지를 만드는 기계를 발명했다. 특허란 어떤 사람이 무엇인가를 발명했다는 것을 증명하는 서류로, 자신의 아이디어를 팔거나 사용료를 받고 다른 사람에게 빌려줄 수 있는 권리이기도 하다. 특허야말로 발명가들이 자신의 아이디어로 돈을 벌 수 있는 유일한 방법이었다. 마거릿은 평생 발명을 계속했지만, 서른이 되어서야 첫 번째 특허를 신청했다. 마거릿은 자신의 목제 모형이 특허사무소에서 받아들여지지 않을 것을 알고, 철제로 제작하기 위해 한 철공소로 그 모형을 가져갔다. 그녀는 철제 모형을 만들어 특허를 출원했는데, 그 때 마거릿은 일생일대의 충격을 받았다.

찰스 아난 Charles Annan이란 작자가 마거릿의 것과 똑같은 모양의 봉지 제작 기계로 특허를 출원해 놓았던 것이다! 마거릿의 모형이 철공소에 있는 동안 그 남자가 특허를 출원한 것이 나중에 밝혀졌다. 아난은 자신의 스파이 짓을 인정했지만, 자신이 그 아이디어를 먼저 갖고 있었으며 여자가 그와 같은 복잡한 기계역학을 이해할 리가 없다고 주장했다. 마거릿은 격분했다.

남성들의 편견에 대항하는 것이 힘든 싸움이 될 거라고는 예상했지만, 이런 상황과 부닥칠 것은 상상하지 못했던 것이다. 그러나 그렇게 고생하고 공들여 만든 발명품을 포기할 수는 없었다. 마거릿은 가지고 있는 돈을 다 긁어모아 일당 100달러에 변호사를 고용했다. 그들은 증인을 신청했다. 증인은 마거릿이 일하던 종이 봉지 공장의 사장, 철제 모형을 만들어준 기계 기술자, 마거릿의 룸메이트 등이었다. 그들 모두는 아난보다 몇 년 앞서서 마거릿이 그 기계에 관해 작업하기 시작했다고 증언했다.

마거릿은 법정에서 스스로 자신의 능력을 변호해야 했다.

"저는 제 기억이 미치는 어린 시절 초기부터 어떤 식으로든 기계와 연결되어 있었습니다."

마거릿은 어린 시절의 스케치며, 메모, 사진 등을 법정에 제시했고, 자신의 일기를 판사가 읽도록 허용하기까지 했다. 일기는 마거릿의 소중한 봉지 제작 기계에 대한 꿈으로 가득차 있었다! 담당 판사와 배심원은 마거릿이 평균적인 여성이 아님을 보여주는 증거들에 압도당했다. 마거릿은 재판에서 이겼고, 특허를 획득했다.

승리는 달콤했다. 믿기 어려울 정도로 복잡한 기계를 여성이 발명할 수 있다는 사실을 증명했기 때문만이 아니라, 그렇게 해서 지켜낸 특허가 돈이 되었기 때문이다! 마거릿은 자신이 발명한 기계를 제작했고 이스턴페이버백사 Eastern Paper Bag Company를 설립해서 종이 봉지를 만들기 시작했다. 그녀는 대부분 발명가들과는 달리 일생 동안 발명의 성공으로 얻은 과실을 만끽했다. 그녀의 발명품은 어마어마한 반향을 불러일으켰을 뿐 아니라(그 기계 한 대는 30명의 인력이 처리할 일을 해냈다!), 5만 달러를 벌어 들였고 빅토리아 여왕으로부터 메달을 받게 해 주었다!

마거릿은 학교 교육을 받지 못했지만 특허법이며, 계약 협상, 허가 관련 사항 등 알 필요가 있는 것 모두를 독학으로 공부했다. 이것은 참 잘한 일이었다. 이후 45년 동안 거의 90여 개 가까운 발명을 했기 때문이다. 그녀는 자신이 발명한 것 중 25개의 특허를 획득했다. 그녀가 획득한 특허 중에는 구두 원단 재단 기계, 창틀, 회전식 엔진, 자동차용 전동기 같은 것들도 있다. 마거릿은 76세로 사망할 때까지 거의 매일 같이 자신이 실험실이라고 부르는 방에서 시간을 보냈다. 당시의 뉴욕타임즈는 말년까지도 지칠 줄 모르는 에너지와 창조성을 이어가던 마거릿의 모습을 이렇게 보도했다.

"마거릿 나이트 여사는 그녀의 89번째 발명을 위해 매일 20시간씩 일하고 있는 중이다."

마거릿은 역사상 그 어떤 여성 발명가보다도 생산적인 사람이었다. 마거릿은 충분한 명성을 얻었고, 그녀의 뒤를 좇는 다른 여성 발명가들의 롤 모델이 되었다. 마거릿은 명석한 발명가이자 기민한 사업가였으며, 자신의 아이디어를 지키기 위해 싸웠던 진정한 투사이기도 했다. 마거릿은 여성에 대한 편견 때문에 자신이 사랑하는 일을 포기하지 않았다. 상황을 호전시킬 방법을 찾아냈고, 그 누구라도 그녀 자신의 아이디어를 가로챌 수 없게 만들었다! 2006년 마거릿 나이트는 미국의 '국립 발명가 명예의 전당 National Inventors Hall of Fame'에 추대되었다.

지금 세상을 흔들고 있는 소녀!

리 보인튼 Li Boynton

리 보인튼은 5학년 때부터 발명가였다. 5학년 때 그녀는 바닷물로부터 소금을 제거하고 식수로 만드는 기계를 만들었다. 고등학교 1학년 때는 발광 박테리아를 이용해 물의 오염도를 측정하는 방법을 개발했다. 이 방법은 비용이 아주 적게 들기 때문에 전 세계의 개발도상국이 혜택을 볼 수 있을 것이다. 리는 매년 오염된 물로 인해 사망하는 사람의 숫자를 줄이겠다는 희망을 품고 있다.

해리엇 터브먼

Harriet Tubman

1820~1913년 | 노예해방 운동가 | 미국

내가 마음대로 할 수 있는 권리는 둘 중 하나다. 자유냐 죽음이냐.
내가 그 중 한 권리를 가질 수 없으면, 다른 권리를 갖게 될 것이다.
그 누구도 나를 억지로 살게 할 수는 없기에, 나는 힘이 다할 때까지
나 자신의 자유를 위해 싸워야 한다.

해리엇 터브만 Harriet Tubman

해리엇은 다른 노예들과 함께 뜨거운 태양 아래서 옥수수 껍질을 벗기고 있었다. 그녀는 얼핏 키 큰 흑인 하나가 숲속으로 숨어 드는 것을 보았다. 해리엇의 심장이 요동치기 시작했다! 혹시 도망치는 걸까? 해리엇 자신도 늘 탈출을 꿈꾸고 있었다. 그녀는 긴장으로 심장이 옥죄는 것 같았다. 그는 성공할 수 있을까? 흙먼지를 일으키며, 현장 감독이 달려왔다. 감독은 숲 근처에 이르자 허리춤에서 뱀가죽으로 만든 채찍을 꺼내 손에 들었다. 해리엇은 무엇이든 해야 했다. 하지만 열다섯 살 먹은 흑인 소녀가 어떻게 해야 채찍을 든 백인 남자를 멈추게 할 수 있을까?

그녀의 혈통을 생각해 보면 해리엇의 용맹성은 놀라운 일이 아닐 수도 있다. 해리엇의 부모는 아샨티 Ashanti 족 출신이다. 서부 아프리카에 살았던 아샨티 족은 1800년대 내내 계속된 영국의 침략을 성공적으로 격퇴시킨 불굴의 전사들이었다.

더 생각할 것도 없이 해리엇은 그들을 뒤쫓아갔다. 그녀는 숲속 농장 창고에 이르러 백인 현장 감독이 노예를 움켜잡고 있는 것을 발견했다. 흑인 노예의 눈에는 공포가 가득했다. 감독관은 해리엇을 가리키며 소리 질렀다.

"야 너, 이 놈 좀 잡아. 묶어 놓고 이놈에게 채찍 맛을 보여줘야겠다."

조용하고 분노에 찬 목소리로 해리엇이 대답했다.

"아뇨, 그럴 수 없어요."

현장 감독은 해리엇의 예기치 않은 대답에 순간 멍해져서 노예를 잡고 있던 손에 힘이 풀렸다. 노예는 이 순간을 놓치지 않고 창고 밖으로 튀어나갔다. 눈 깜짝할 사이에, 해리엇은 창고 문 쪽으로 움직였고 노예를 쫓는 백인 남자를 가로막았다. 화가 난 감독은 납으로 된 추를 움켜쥐고 도망가는 노예를 향해 휘둘렀지만 빗나가고 말았다. 납으로 된 추는 해리엇의 미간을 때렸다. 상처에서 피가 뿜어져 나왔고 세상이 캄캄해졌다.

그 사건이 열다섯 살 먹은 소녀가 자유를 찾아 탈출하는 동족을 도운 최초의 경우였다. 그로 인해 그녀는 엄청난 매질을 당해야 했다. 하지만 자유를 찾는 동족을 돕는 일은 계속 이어졌다. 그로부터 얼마 후, 해리엇에겐 모세 Moses라는 새로운 이름이 붙여졌다. 모세는 이집트에서 노예로 살고 있던 동족을 이끌고 자유를 찾게 해 준 유대인 영웅의 이름이었다. 해리엇은 흑인들의 찬탄을 받았지만, 노예 주인들

252

에겐 공포의 대상이었다. 해리엇 '모세' 터브만은 미국 역사상 그 누구보다도(남녀와 흑인 백인을 불문하고) 많은 흑인들을 노예 상태에서 벗어나게 해 준 사람이었다.

> 오 내려가세요, 모세.
> 이집트 땅으로 내려가서
> 늙은 파라오에게 명하세요.
> 내 동족의 가는 길을 막지 말라고.
> —노예들을 자유로 인도하면서 해리엇이 불렀던 노래

해리엇은 1820년 어느 날(아무도 노예가 태어난 날을 기록하는 수고를 하지 않는다), 메릴랜드 주의 한 농장에서 노예 신분이었던 해리엇 그린 Harriet Green과 벤자민 로스 Benjamin Ross 사이 11명의 자녀 중 한 명으로 태어났다. 아프리카에서 납치돼 농장으로 끌려왔던 그녀의 부모는 결혼을 할 수 없었는데, 당시에 노예가 결혼하는 일은 불법이었기 때문이다. 해리엇의 어머니는 그들이 큰 집이라고 부르는 곳에서 일했고, 아버지는 백인 주인인 브로다스 씨 Mr. Brodas의 벌목 일을 도왔다.

브로다스는 자기 소유의 노예들을 빌려 주는 일로 많은 재산을 모았고, 동물처럼 노예를 번식시켜 팔아서 더 많은 재산을 불렸다. 어린 소녀인 해리엇은 그녀의 형제들과 친구들이 '강 건너로 팔려 가는' 일을 숱하게 보았다. 한 번 팔려 가면 다시는 그들을 볼 수 없었다. 해리엇은 늘 북쪽으로 도망치는 일을 꿈꿨다. 북쪽으로 도망가면 그녀는 자유의 몸이 될 것이었다.

노예들에게 아이로 지낼 수 있는 기간은 그리 길지 않았다. 해리엇이 다섯 살이 됐을 때, 주인은 그녀를 시골에 사는 한 가족에게 빌려주었다. 해리엇은 부엌 바닥에서 자며 음식 찌꺼기를 개들과 나눠 먹었다! 해리엇은 답답한 집안에서 자신을 소유한 사람들을 위해 일하는 것이 싫었다. 그녀는 주인에게 집 밖의 일을 하고 싶다고 했다. 해리엇의 남다른 강인함을 알게 된 주인 브로다스는 곧바로 그녀로 하여금 남자들과 함께 바깥일을 하도록 했다. 밭을 갈고, 장작을 패고, 소를 모는 것이 그녀의 일이 되었다. 해리엇은 그나마 힘든 일을 선택함으로써 자신의 처지가 어느 정도 나아졌다고 여기긴 했지만, 자유를 향한 꿈을 잊은 적이 없었다.

자유를 얻는 일은 결코 쉽지 않았다. 주인이 도망친 노예를 신고하면, 백인 추적자 무리들이 개를 끌고 마을 외곽을 샅샅이 수색하곤 했다. 도망쳤다가 다시 잡힌 노예는 채찍으로 맞았고, '도망자 runaway'를 뜻하는 영문자 R의 낙인이 찍힌 채로 더 무시무시한 딥 사우스 Deep South 지역(*조지아, 앨라배마, 미시시피, 루이지애나, 사우스캐롤라이나 주 – 옮긴이)으로 보내졌다. 딥 사우스는 노예를 더 가혹하게 취급하는 지역이었다. 해리엇의 등은 이미 수많은 채찍질이 남긴 상처로 가득했지만, 해리엇은 두려워하지 않았다.

해리엇은 열다섯 살 때 최초로 도망치는 노

해리엇이 첫 번째로 탈출을 시도한 것은 일곱 살 때였다. 그녀는 주인집에서 각설탕을 슬쩍 하다가 발각됐고, 주인이 채찍으로 때리려 하자 잽싸게 도망쳤다. 그리고 돼지우리에 숨어서 닷새 동안 버텼다. 굶주렸던 해리엇은 숨어 있는 동안 새끼 돼지들과 음식 찌꺼기를 두고 다퉈야만 했다.

254

예를 도왔고, 그 때 현장 감독에게 당한 매질로 거의 죽을 뻔했다. 해리엇은 몇 주 동안 혼수 상태였고, 여섯 달이 지나서야 겨우 걸을 수 있었다. 나머지 생애 동안 해리엇은 미간에 움푹 팬 흉한 상처를 안고 살아야 했고, 수면 발작이라 불리는 고통에 시달렸다. 어디에서 무슨 일을 하든 하루에도 몇 번씩 갑작스럽게 잠에 빠졌고, 스스로 깨어나기 전에는 아무도 그녀를 깨울 수 없었다. 이런 상처를 입었음에도 불구하고 해리엇은 그날 자신의 행동을 후회한 적이 없었다.

어쨌거나 해리엇의 주인은 이 골칫거리 노예를 팔아 버리기로 작정했다. 해리엇이 혼수상태로 누워 있는 동안에도 주인은 그녀를 사 가고 싶어 하는 사람들에게 그녀를 보여 주었다. 의식을 회복한 해리엇은 기도했다.

> 해리엇과 그녀의 고객들은 거름더미 속에 몸을 숨기고, 일짚 대롱을 통해 숨을 쉬어야 했던 적도 있었대!

"오 주여, 저 남자가 마음을 바꾸게 해주소서."

그 기도가 먹히지 않자 해리엇은 기도 내용을 바꿨다.

"주여, 저 남자의 마음을 바꾸시지 않으시려면, 그를 죽여 주세요."

해리엇이 신에게 간청한지 얼마 되지 않아, 브로다스 씨는 병에 걸려 죽었다.

하지만 브로다스의 아들은 여전히 해리엇을 팔아 버리려 했고, 해리엇은 도망치기로 마음을 굳혔다. 해리엇이 결혼하고 남편이란 작자가 지독히도 속을 썩일 무렵에는 도망칠 준비가 끝나 있었다. 해리엇은 '지하철도 Underground Railroad' 얘기를 들었다. '지하철도'는 도망친 노예들을 자기 집에 숨겨 주고 그들이 자유를 찾아 북부로 가는 여정에 도움을 줄 의향을 가진 사람들의 네트워크였다. 노예들은 밤을 도와 걸었고 마차, 배, 열차에 몸을 숨겼다. 낮 동안에는 안전한 '역(흑인들의 자유를 지원하는 사람들이 소유한 집이나 교회, 헛간)'에서 잠을 잤다. 해리엇은 나침반을 볼 줄 알았다. 그녀는 '지하철도'를 이용해 흑인에게 자유를 허락한 주 Free States로 갈 계획이었다.

1849년 어느 캄캄한 밤, 마침내 해리엇은 자유를 찾아 출발했다. 혼자였다. 첫 번째 '역'에서 해리엇은 '티켓'이라 불리는 종잇조각을 받았다. '티켓'에는 여정 중에 있는 우호적인 가정의 명단이 적혀 있었다. 이들 집에서 해리엇은 티켓을 제시하고 집 안으로 들어갈 수 있었다. 어느 집에서는 해리엇에게 빗자루를 주고 현관을 쓸라고 했다. 해리엇은 당황했지만 금세 이것이 자신을 숨겨 주기 위한 방법이라는 걸 깨달았다. 청소를 하고 있는 흑인 여자를 의심할 사람은 없을 터였다. 밤을 도와 걸은 끝에 해리엇은 90마일(약 145킬로미터)이나 되는 늪지와 삼림 지역을 통과해서 마침내 자유 펜실베이니아 주에 도달했다. 해리엇은 처음으로 맛본 자유를 이렇게 묘사했다.

"내가 정말 자유의 몸이 되었는지, 손을 펴서 찬찬히 들여다보았다. 주위 모든 것들이 온통 찬란한 아름다움으로 빛났다. 나무들 사이로 황금빛 태양이 떠올라 들판 가득 찬란한 빛을 뿌리고, 마치 내가 천국에 있는 느낌이었다."

하지만 해리엇은 자신의 자유에 만족할 수 없었다. 아직도 노예의 굴레를 쓰고 있는 가족이며 친구, 다른 사람들이 걱정되었던 것이다. 해리엇은 곧바로 첫 번째 구조 임무를 계획했다. 1850년부터 1860년까지 해리엇은 남부로 잠입하는 19번의 위험한 여정을 소화했고, 그렇게 해서 300여 명의 노예에게 자유를 되찾아 주었다.

해리엇은 백인들의 머리 꼭대기 위에 있었다. 그녀는 늘 토요일 밤 늦은 시간에 농장에 도착해 늙은 여인으로 변장한 다음, 탈주 집단을 이끌고 일요일에 출발했다. 일요일엔 노예 주인들이 뒤쫓지 못하리란 것을 알고 있었기 때문이다. 북쪽으로 가는 그 길고 위험한 여정 내내 그녀는 놀랄 만큼 침착하게 행동했고, 좌절하고 공포에 질린 일행에 대해서도 냉철하게 대처했다. 탈주자가 겁에 질려 되돌아가겠다고 하면(그리하면 지하철도 전체가 위험에 빠질 수 있었다), 해리엇은 그의 머리에 권총을 겨누고 말했다.

"계속 가! 아니면 여기서 죽든지."

이 말은 효과가 있었다. 10년 동안 해리엇은 단 한 명의 '승객'도 잃지 않았다.

해리엇은 브로다스의 농장에까지 숨어 들어 임무를 수행했다. 브로다스의 농장에선 발각당해 잡힐 가능성이 훨씬 높았다. 1857년 해리엇은 연로한 부모를 비롯해 온 가족을 구해냈다. 단 재혼한 전 남편만 빼고.

1850년 미국 의회는 탈주 노예들의 복귀를 강제하고 탈주를 도운 사람들을 처벌하는 탈주노예법 Fugitive Slave Law을 통과시켰다. 노예들의 탈주를 돕는 일이 너무나도 위험해졌다. 그러나 해리엇은 포기하지 않았다. 예전엔 노예들을 미국 북부로 인도하면 되었지만, 이제는 자신의 '승객'들을 캐나다까지 인도해야 했다. 90마일의 탈주 여정이 500마일(약 800킬로미터)로 늘어났지만, 최소한 노예들은 진정한 자유인이 될 수 있었다.

백인 농장주들은 자신의 노예들을 훔쳐가는 의문의 노예 도둑에 분노했고, 겁을 먹었다. 농장주들은 그 모세라는 작자가 남자라고 믿었다. 어떻게 여자가, 그것도 당시에 정말 하잘 것 없이 여겨지던 흑인 여자가 그렇게 교활하고 뻔뻔하게 자기들의 코앞에서 노예들을 훔쳐갈 수 있단 말인가? 당시에 도망친 노예에 걸린 현상금은 보통 100달러에서 1,000달러 정도였지만, 약이 오른 농장주들이 모세에게

해리엇에게 감동한 영국 여왕은 그녀에게 메달을 보내면서 영국으로 초청했다. 해리엇은 영국에 가지 않았지만, 여왕이 보낸 편지를 하도 자주 읽어서 편지가 "닳아 없어질 정도"가 되었다고 한다.

건 현상금은 무려 50,000달러였다! 남부에는 현상금 사냥꾼이 득실거렸지만, 해리엇이 노예를 차례로 탈출시키는 동안 아무도 해리엇을 잡을 수 없었다.

1860년 남북전쟁이 발발하자 남부의 많은 노예들이 그들의 주인으로부터 도망쳐서 북군에 합류했다. 그러나 정작 북군은 그들을 맞을 준비가 되어 있지 않았다. 해리엇은 전장의 상황을 전해 듣고는, 자신이 머물던 캐나다를 떠나 사우스캐롤라이나로 갔다. 그녀는 그곳 사우스캐롤라이나의 최전방에서 간호사로 일하며, 자유인이 되어 참전한 흑인 및 백인 부상병을 돌봤다.

해리엇은 얼마 안 있어 북군의 스파이로 뽑혔다. 남부의 각 주에 대한 그녀의 해박한 지식과 불굴의 용기 때문이었다. 해리엇은 흑인 병사 무리들을 이끌고 적 지역으로 침투하여 남부 연합군의 작전, 탄약

고 위치, 해방되기를 기다리는 노예들이 있는 지점 등의 정보를 북부 연방군 장교에게 알려 주었다. 북군의 장군 루퍼스 색스턴 Rufus Saxton 은 해리엇에 대해 이렇게 찬탄했다.

"그녀는 여러 차례 적진 내부를 기습했고, 그때마다 놀라운 용기와 열정, 충성심을 보여 주었다."

한 전설적인 기습 작전에서 해리엇과 150명의 흑인 병사들은 사우스캐롤라이나의 남부 연합군 전초기지를 공격해 750명이나 되는 노예들을 해방시켰다! 해리엇과 그녀 휘하의 병사들에겐 아주 신나는 복수였던 셈이다.

전쟁이 끝난 후, 해리엇은 뉴욕 주의 어번 Auburn에 정착했다. 이전에 '지하철도'의 역 중 한 곳이었던 어번에서 해리엇은 늙은 부모를 돌보며 살았다. 일생을 흥미진진하게 살았던 해리엇은 1870년 50세에 다시 사랑에 빠졌다. 놀랍게도 이번 상대는 20대의 남자였다. 해리엇은 남북전쟁에 참전했던 넬슨 데이비스 Nelson Davis와 결혼했고, 흑인과 여성의 권리 신장을 주장하는 인기 있고 감동적인 연사가 되었다.

전쟁이 끝나자, 명성과 모든 업적에도 불구하고 그녀는 빈털터리였다. 해리엇과 그녀의 친구들은 미국 정부에 연금 지급을 요청하는 편지를 썼다. 남북전쟁에 참가했던 남자 군인들과 동등한 처우를 요구했던 것이었다. 그러나 그런 행운은 그녀의 차지가 아니었다. 그녀의 남편이 44세에 사망했을 때(그렇다. 해리엇은 젊은 남편보다 오래 살았다!) 정부는 미망인 연금으로 매월 8달러씩을 지불했을 뿐이다. 해리엇의 국가에 대한 기여는 여전히 인정되지 않았다!

노년이 된 해리엇은 꿈을 하나 갖고 있었다. 노예 신분에서 해방된 병들고 늙은 사람들이 그간의 모든 고통을 잊고 안전하게 보호받을 수 있는 집을 짓는 것이었다. 1908년 드디어 해리엇은 자서전 판매로 모은 돈으로 집을 지을 수 있었다. 88세의 해리엇이 그 집의 첫 번째 입주자였다. 그로부터 5년 후, 해리엇은 그곳에서 투쟁으로 점철된 일생을 마감했다. 그녀의 나이 93세, 사인은 폐렴이었다.

해리엇이 노예로 살았던 곳에서 그리 멀지 않은 메릴랜드 주 케임브리지에는 터브먼 거리 Tubman Street가 있어, 일생 동안 자신에게 주어진 운명에 저항했던 소녀를 되새겨 보게 한다. 가혹한 노예제도에 저항하여 일어섰던 여인, 모세라 불린 이 여인은, 수없이 생명의 위협을 감내하면서 자신과 같은 처지의 사람들을 자유로 인도했다.

나는 이렇게 세상을 뒤흔들 거야!

나는 인종차별, 폭력, 전 세계적 굶주림, 지구 온난화를 끝냄으로써 세상을 뒤흔들고 싶다. 우리가 함께 노력하면 이제까지와는 다른 새로운 일을 할 수 있고, 세상을 바꿀 수 있다. 삶은 아름다운 것, 그러니 평화를 이룩하자!

오달리스 곤잘레스 프라도 Odalys Gonzalez Prado ● 12세

플로렌스
나이팅게일
Florence Nightingale

1820~1910년 │ 간호사 │ 잉글랜드

그녀가 지나가는 것을 보면 얼마나 안심이 되었는지 모른다.
우리는 수백 명씩 그곳에 누워 있었다.
우리는 그녀의 그림자에 키스하고, 흡족한 마음으로
베개 위에 다시 머리를 올려놓곤 했다.

'등불을 든 숙녀'를 찬탄하는 부상당한 병사의 회고

　　영국의 한 병원, 플로렌스는 어두운 복도를 걸어가고 있었다. 바닥과 벽은 구역질이 날 정도로 더러웠다. 한 번도 깨끗하게 닦은 적이 없는 것처럼 보였다. 거기다 고약한 악취로 숨쉬기마저 곤란했다. 모서리를 돌자 핏물과 배설물이 마치 개울처럼 복도 한가운데를 거쳐 열린 배수관을 통해 흘러 나가는 것이 보였다. 플로렌스는 손으로 코와 입을 막고 걸어가야 했다.

　　복도의 방들에선 끔찍한 비명과 신음 소리가 새어 나왔다. 플로렌스는 그 중 한 방을 빼꼼이 들여다보았다. 침상에 누워 있는 꾀죄죄한 남자는 몇 주 동안 침대보 한 번 갈아주지 않고 방치된 것 같았다.

　　그 불쌍한 남자는 악취에 끌려 구름처럼 몰려든 파리 떼에 시달리고 있었다. 플로렌스는 경악했다.

"간호사, 간호사!"

그녀는 소리쳐 불렀다. 마침내 소위 간호사란 여자가 방으로 비틀거리며 들어섰을 때, 플로렌스는 이 여자가 제대로 훈련된 간호사가 아니란 것을 금세 알 수 있었다. 게다가 그 여자는 술에 취해 있었다! 플로렌스는 자신의 눈을 의심했다. 병원에서 그리도 많은 사람들이 죽어 나가는 것이 이상할 게 없었다! 어디를 살펴봐도 제대로 된 것이 하나도 업었지만 아무도 신경 쓰지 않는 것 같았다. 그들 눈엔 이 병원의 환자들이 그저 가난한 사람들에 불과했다.

하지만 플로렌스는 달랐다. 그녀는 환자를 편안하게 해주는 일뿐만 아니라 병원을 개선하고 간호의 전문성을 높이는 일에 평생을 바쳤다. 플로렌스는 병원 운영 방식과 환자 간호 방법을 완벽하게 재창조하다시피 했다. '등불을 든 따뜻한 마음의 숙녀(사람들은 플로렌스를 그렇게 불렀다)'는 그녀 당대에 이미 전설이 되었고, 오늘날에는 현대적 간호의 창시자로 인정받고 있다.

플로렌스와 그녀의 언니는 영국의 집에서 아버지의 교육을 받았다. 플로렌스는 똑똑한데다 예쁘기까지 해서, 그녀의 부모는 플로렌스가 좋은 조건을 갖춘 남자와 결혼하게 될 거라고 믿었다. 하지만 플로렌스에겐 다른 계획이 있었다. 그녀는 어린 소녀였지만, 부유한 영국 여인들의 생활이란 것이 따분하고 무의미할 뿐이란 걸 느끼고 있었다. 뭔가 의미 충만한 일을 하고 싶었다. 1837년 16세의 이 소녀는 하늘의 목소리를 들었다. 하늘이 그녀에게 내린 소명은 선한 일을 하라는 것이었다. 얼마 동안 플로렌스는 자신이 정확히 무슨 일을 해야 '선한 일'을 하게 되는 것인지 알지 못했다. 그러는 중에도 그녀는 시골 마을의 환자들을 방문해 그들에게 음식을 가져다 주고 침대보와 베갯잇을 갈아 주곤 했다.

그녀는 곧 부모의 반대에 부딪혔다. 그런 일을 하는 것은 숙녀답지 않다는 것이었다. 간호에 대해 좀 더 배우고 싶었던 플로렌스가 병원을 방문하게 해 달라고 하자, 부모는 경악했다! 병원은 집에서 간호를 받을 여력이 없는 가난한 사람들을 위한 것이었고, 절대로 아름답고 부유한 신부가 될 사람이 갈 곳은 아니었다. 하지만 플로렌스는 부모를 거역하고 하늘이 내린 소명에 따랐다.

영국의 병원들은 플로렌스가 상상했던 것보다 더 열악했다. 간호사는 전문 교육을 받지 않아도 됐고, 급료도 형편없는데다, 술에 취해 있기 일쑤였다. 간호사들이 환자를 무시하고 냉혹하게 대하는 것은 놀라운 일이 아니었다. 지저분하고 혼잡한 병실에서 병은 빠르게 퍼졌다. 사실 그 당시에는 병원에 입원하면 병이 나아지기 보다는 죽게 될 가능성이 더 높았다. 플로렌스는 문제를 연구하기 시작했다. 전 세계의 전문가들에게 편지를 썼으며, 자신만의 아이디어를 구상하기 시작했다.

소녀 시절 플로렌스는 동물들을 사랑했다. 그녀는 '아테나'라고 이름붙인 애완용 부엉이를 키우기도 했다.

이렇게 바쁘게 지내던 시기에, 플로렌스는 영국 최고의 신랑감으로 꼽히는 리처드 밀네스 Richard Milnes로부터 청혼을 받았다. 사실 플로렌스는 리처드가 싫지 않았고, 그와 결혼하고 싶은 생각도 있었다. 하지만 리처드와 결혼하게 되면 간호사로서의 일을 추구할 기회가 무산될 것이 뻔했다. 결국 플로렌스는 리처드의 청혼을 거절하고, 평생 결혼하지 않겠다고 맹세했다. 이 일로 그녀는 한동안 아주 우울했다.

딸을 다시 기운 차리게 하고 간호에 대해 잊게 하기 위해, 플로렌스의 부모는 유럽 여행을 권했다. 하지만 이 여행은 부모의 기대와는 상반된 결과를 낳았다. 플로렌스의 마음이 바뀌기는커녕, 결심이 더 굳어졌던 것이다. 플로렌스는 이탈리아, 이집트, 그리스 등에서 병자들을 어떻게 간호하는지 연구했고, 마지막에는 독일로 가서 혁신적인 병원과 간호학교를 방문했다. 거기서 플로렌스는 청결한 상태에서, 잘 먹이고 관심을 기울여 돌본 환자들이 더 빨리 회복되는 것을 지켜보았다.

영국으로 돌아온 플로렌스는 짐을 싸서 집을 나감으로써 부모를 충격에 빠뜨렸다. 그녀는 독일의 간호학교로 가서 넉 달 동안 훈련받았다. 그 다음에는 파리로 가서 공부를 마무리했다. 파리에서 미생물에 대해 알게 되자 그녀는 흥분했다. 질병이 전파되는 방식을 이해하게 된 것이다. 1853년, 33세의 플로렌스는 런던에 있는 여성 병원의 감독관으로 지명되었고, 그 병원에서 자신의 이론을 실행에 옮길 수

플로렌스는 발명가이기도 했다. 뜨거운 물을 병실로 펌프질해 보내는 시스템, 벙어리웨이터(dumbwaiter)라는 애칭으로 불린 작은 엘리베이터를 써서 주방에서 병실로 음식을 나르는 방법, 환자에게 종을 나눠 줘서 위급 상황에 간호사를 부를 수 있게 하는 방법 등을 창안했다. 이것들은 오늘날의 병원에서도 여전히 사용되고 있다.

있었다. 플로렌스의 병원 개혁은 아주 성공적이었고, 그녀에 대한 평

판이 높아졌다. 마침내 그녀의 꿈이 실현되었던 것이다!

1854년, 영국은 크림 전쟁에 참전했고, 다수의 사상자를 내게 되었다. 부상병을 치료하는 의료설비의 끔찍한 실상이 신문에 보도되자, 나라 전체가 시끄러워졌다. 영국 정부는 플로렌스를 설득해서 전투 지역으로 파견함으로써 상황을 진정시키고자 했다. 플로렌스는 간호사 38명과 함께 총알이 빗발치는 최전선을 향해 출발했다.

남북전쟁 당시 미국 육군은 병들고 부상당한 병사들을 어떻게 간호해야 할지 플로렌스에게 자문을 구했다.

상황은 신문이 보도한 것보다 훨씬 더 나빴다. 플로렌스와 간호사들이 터키에 있는 야전병원에 도착했을 때, 수천 명의 병사들이 자신들이 흘린 피와 배설물로 범벅이 된 채 병실 복도의 짚더미 위에 누워 있었다. 어디에나 벼룩과 쥐들이 득실거렸다. 침대, 비누, 담요, 깨끗한 천 조각조차 없었고, 하다못해 부상병에게 줄 식수조차 부족했다. 밤에는 부상당해 죽어가는 사람들이 끔찍한 어둠 속에 홀로 방치되어 있었다.

플로렌스가 놀란 것은, 군 장교들이 간호사를 만나는 것을 달가워하지 않는다는 사실이었다. 장교들은 간호사들로부터 이래라저래라 지시받는 것을 불쾌해 했다. 결국 플로렌스는 장교들의 도움을 받지 못하는 상태에서 일해야 했다. 보급품을 구입할 돈이 없어서 플로렌스는 사비를 털어야 했다. 플로렌스 일행은 병원과 환자들을 청소하고 씻겼고, 병원을 건축할 때 만들어 놓고 방치한 하수관과 오물 구덩이 청소를 위해 위생 팀을 불러야 했다. 플로렌스 일행은 주방을 새로 만들어 부상병들에게 영양가 있는 음식을 제공했다. 그들은 부상병들에게 책을 읽어 주고, 집에 보내는 편지를 대필해 줌으로써 그들의 심신을 안정시켰다.

매일 밤 플로렌스는 등불을 켜 들고 병원을 순회하면서, 겁에 질린 사람들을 위로하고 조언해 주었다. 부상병들은 플로렌스의 등불이 복도를 내려오는 순간, 모든 것이 잘 되리라는 안도감을 느끼곤 했다. 이때부터 병사들은 플로렌스를 '등불을 든 숙녀'라 부르기 시작했다.

플로렌스가 도착한 지 겨우 5개월, 그 야전병원의 사망률은 42%에서 2%로 떨어졌다! 기적과도 같은 일이었다. 이제 플로렌스는 전체 군 병원 시스템을 개선하는 데 주의를 돌렸다. 그녀는 군 병원을 재조직하고, 군 진료 기록을 보존하고, 군용 의료 학교를 세워 의사와 간호사에게 전장에 특화된 기법과 의술을 훈련시킬 계획을 세워 영국으로 보냈다.

1856년 크림 전쟁이 끝나고 플로렌스가 고향에 돌아왔을 때, 그녀는 영웅이 되어 있었다. 전장에서 플로렌스가 이뤄낸 성공에 고취된 대중들은 플로렌스가 잉글랜드의 병원 개혁 작업을 계속할 수 있도록 자금을 모아 주기까지 했다. 그녀는 빅토리아 여왕을 만나 병원 시스템의 개혁에 대해 논의했다. 빅토리아 여왕은 플로렌스의 제안을 정책화할 왕립 위원회를 출범시켰고, 얼마 되지 않아 잉글랜드는 세계 최초의 군 의료 학교를 갖게 되었다. 획기적으로 개선된 군 막사와 병원, 그리고 유럽 내 최고의

크림 전쟁이 끝난 후 플로렌스는 외상 후 스트레스 장애 post-traumatic stress disorder에 시달렸고, 이로 인해 여생을 침상에서 보내게 되었다고 주장하는 의견이 있다. 외상 후 스트레스 장애(PTSD)는 정신 장애의 일종으로, 보통은 전쟁 중에 큰 충격에 노출되었던 병사들에게 발병하는 것으로 알려져 있다.

267

군 진료 기록을 보유하게 된 것이다.

그러나 슬프게도 전쟁은 플로렌스의 건강을 빼앗아갔다. 잉글랜드로 돌아온 지 4개월 만에 플로렌스는 홀연히 모습을 감췄고, 그 이후 다시는 대중 앞에 나타나지 않았다. 사실 그로부터 50년간 플로렌스 자신이 병을 앓아, 병상을 떠날 수가 없었다. 하지만 그녀가 일을 그만둔 것은 아니었다.

플로렌스는 전 세계의 보건 기준을 개선하기 위한 운동을 계속했다. 그녀는 200권이 넘는 책과 보고서를 출간했다. 1860년 그녀의 저서 '간호 노트 Notes on Nursing'가 처음 출판되었다. 이 책은 수백 만 권이 팔렸고, 수십 개 언어로 번역되었으며, 오늘날에도 계속 출간되고 있다. 같은 해 플로렌스는 대중이 모아준 자금으로 런던에 '나이팅게일 간호사 훈련 학교 Nightingale Training School of Nurses'를 설립했다. 이 학교는 그 분야에서 세계 유일의 학교였다. 이 학교 졸업생은 영국과 해외로 퍼져나갔고, 전 세계에 걸쳐 나이팅게일 간호 모델을 확립하는 데 기여했다.

그녀의 긴 여생 동안(그녀는 90세까지 살았다!), 플로렌스는 전 세계의 각국 정부로부터 초청받아 간호, 병원, 위생에 관련된 조언을 해 주었다. 먼 앞날을 내다보는 그녀의 개혁은 건강관리의 본질 자체를 변화시켰고, 헤아릴 수 없이 많은 생명을 구했다. 오늘날에도 '등불을 든 숙녀'는 전 세계의 간호사, 의사, 보건 관련 종사자들에게 격려와 희망을 주고 있다.

지금 세상을 흔들고 있는 소녀!

에이미 차오 Amy Chyao

16세의 에이미 차오는 미국 대통령 버락 오바마가 그녀를 의학 진보에 기여한 사람이라 칭찬해 주자, 활짝 웃었다. 에이미는 피부암 치료에 사용되고 있었던 광선과 나노 입자를 사용해, 체내 다른 종류의 암을 치료하는 광역학요법을 고안하는 작업에 도움을 주었다. 이 작업은 인텔 국제 과학 기술 박람회에서 1위를 차지했고, 백악관을 방문하는 부상을 획득하게 되었다. 에이미는 교통량이 환경에 미치는 영향을 감소시키기 위한 작업으로 다른 과학상을 수상했고, 전국 스펠링 비(*단어 철자 맞추기 대회 – 옮긴이) 결승 진출자이기도 하다.

브론테 자매

The Brontëe Sisters

1816~1855년(샬롯), 1818~1848년(에밀리), 1820~1849년(앤) | 작가 | 잉글랜드

내 영혼은 비겁하지 않으니
폭풍 몰아치는 세상 어디에서도 떨지 않으리.
빛나는 하늘나라의 영광이 보이고
마찬가지로 빛나는 믿음이 두려움을 막아 주리라.
에밀리 브론테의 시, 자매들이 처음 출간한 시집에서

누군가 침실 문을 급하게 노크했다. 저녁 일찍부터 이불을 덮고 호롱불빛에 의지해 책을 읽고 있던 샬롯과 에밀리는 깜짝 놀라 읽던 책에서 눈을 떼었다. 이 늦은 밤에 누구일까? 장난꾸러기 남동생 브랜월이 문을 열고 뛰어들어 왔다.

"이것 봐, 아버지가 준 거야!"

브랜월이 손에 든 작은 상자를 누나들에게 건넸다. 상자의 뚜껑을 열자 거기엔 밝게 채색된 장난감 나무 병정 1개 분대가 있었다! 남매들은 환호했다.

샬롯이 먼저 병정 하나를 집어 들고 선포했다.

브론테 자매들은 자신들의 글쓰기를 향한 열정을 "scriblomania" (*집필광 정도의 뜻을 갖는 조어 - 옮긴이)라 불렀다.

271

"이 병정에게 공작의 작위를 하사하노라."

에밀리가 다른 병정 하나를 들고 소리쳤다.

"이 병정은 내 꺼야. 얘는 좀 심각해 보이니 심각씨라고 부르자!"

왁자지껄한 소리를 듣고 막내 여동생 앤도 달려왔다. 앤 역시 병정 하나를 골라 잡았고, 남매들은 그 병정에게 '기다리는 소년'이라는 이름을 지어 주었다. 그들의 머릿속에서 수천 개의 이야기가 소용돌이 쳤다.

불을 뿜는 용이며 높은 성곽, 굉장한 모험과 커다란 위험 등등, 그 순간 세 자매는 곤달 Gondal이라는 마법의 세계를 창조하기 시작했다. 을씨년스럽고 쓸쓸한 집에서 바깥세상과 격리된 채 살았던 세 자매는 유명한 작가를 꿈꿨다.

소녀 시절 브론테 자매들의 꿈은 결국 현실이 되었지만, 큰 대가를 치러야 했다. 그들이 발표한 소설들은 성공을 거두고 문학의 고전이 되었으며, 세 자매는 선풍적인 인기를 끄는 당대의 스타가 되었다. 그럼에도 불구하고 그녀들에겐 늘 비극과 불행의 그늘이 드리워졌다.

브론테 자매로 알려진 샬롯, 에밀리, 앤에겐 두 명의 언니와 남동생이 더 있었다. 언니 마리아와 엘리자베스, 그리고 남동생 브랜윌이 그들이다. 앤이 태어난 직후, 브론테 일가는 아버지의 일자리가 있는 호어스 Haworth로 이사했다. 호어스는 북부 잉글랜드에 있는 춥고 습기 많은 공업 도시였다. 브론테 일가의 새로운 집 뒤에는 거칠고 바람이 많은 황야가 있었고, 집 앞엔 교회와 공동묘지가 있었다. 창밖으로 묘비들의 바다가 보였다. 닥쳐올 슬픔의 신호였을까?

호어스엔 하수도 시설이 없었고, 식수 오염이 심각했다. 그곳에서 태어난 아이들 중 절반이 여섯 살이 되기 전에 죽는 것은 놀라운 일이 아니었다. 마을 사람들의 평균 수명은 25세에 불과했다. 브론테 일가가 호어스로 이사한 지 얼마 지나지 않아, 어머니가 세상을 떠났다. 아이들은 다소 괴팍한 성격의 아버지에 의지해야 하는 처지가 됐다. 아버지는 아이들에게 문학, 역사, 지리를 가르쳤으며 매주 정치학, 시학, 문학을 주제로 자녀들과 토론했다. 하지만 아버지는 브론테 남매들을 마을 사람들로부터 철저히 격리시켰다.

다행히 브론테가의 아이들은 책과 함께 상상력을 키울 수 있었고, 펜을 가지고 무언가를 쓸 수 있었다. 샬롯은 이렇게 썼다.

"우리가 가장 활기찬 기쁨을 느꼈던 때는, 문학 작품을 구성하려 애쓸 때였다."

브론테 자매들은 시를 쓰고 이야기를 만들면서 즐거움을 찾았다. 자매들은 그녀들만의 월간 잡지를 내기도 했다. 쓸쓸한 집이며, 묘지, 신비한 황야, 이 모든 것이 브론테 자매들의 글쓰기 소재였다.

하지만 아버지는 자매들의 미래가 걱정되었다. 그는 자매들이 선택할 수 있는 직업은 교사뿐이라고 생각했고 그러려면 자매들에게 더 많은 교육을 시켜야 했다. 네 명의 딸 마리아, 엘리자베스, 샬롯, 에밀리를 기숙학교로 보낼 때, 아버지는 학교생활이 자매들에게 악몽과도 같은 고통이 될 것이란 사실을 짐작할 수 없었다. 형편없는 음식, 모진 추위, 무자비한 교사들과 지루하기 짝이 없는 수업이 소녀들을 고문했다. 상황은 더 악화되어 1825년에는 유행성 결핵이 이 비위생적인 학교를 휩쓸었고, 마리아(11세)와 엘리자베스(10세)가 몇 달 간격으로 세상을 떠났다. 샬롯과 에밀리는 엄청난 충격과 슬픔에 고통스러워 했고, 결국 집으로 돌아오게 되었다.

소녀들은 다시 식탁에 둘러앉아 공부하게 되었다. 1826년 남동생이 가져 온 장난감 병정과 함께 아이들은 자신들만의 이야기 세계를 창조하기 시작했다. 열 살, 여덟 살, 여섯 살이었던 세 명의 소녀들은 자기가 만들어 낸 이야기를 세로 길이 5센티미터(장남감 병정이 읽기에 딱 알맞은 크기다!)에 불과한 수제 책에 자기들만 겨우 읽을 수 있는 작고 작은 글씨로 써 넣었다. 1년 만에 자매들은 열여덟 권의 작은 책을 만들어 냈다!

그녀가 쓴 책의 주인공처럼, 샬롯은 의지가 굳었다. 그녀는 열두 살 때, 평생 결혼하지 않고 글쓰기에 전념하겠다고 맹서했다. 열네 살엔 벌써 22편의 원고를 완성했다! 새로운 학교에서 몇 년을 더 지낸 후, 샬롯은 글 쓰기로 유명한 학생이 되었다.

브론테 자매들 이야기는 몇 편의 영화로 만들어졌다. 확인해 보자.

열여섯 살에 집으로 돌아온 샬롯은 어린 동생들을 가르치며 글쓰기를 계속했다.

샬롯이 자신의 작품을 가족 아닌 외부 사람들에게 보이기 시작했을 때, 사람들의 평가는 호의적이지 않았다. 샬롯은 유명한 시인 로버트 사우디 Robert Southey에게 조언을 청하는 편지를 썼고 몇 편의 시를 동봉해서 보냈다. 로버트 사우디의 답장이 왔다.

"문학은 여자가 일생 동안 할 수 있는 일이 아니며, 그래서도 안 될 것입니다.”

하지만 샬롯은 이런 고정관념에 굴복하지 않았고, 그 해에 60편의 시를 더 썼다. 그 동안 그녀는 모든 청혼을 거절했다. 샬롯의 두 여동생도 언니의 행동에 힘을 얻었고, 좀 더 진지하게 자신의 글을 쓸 수 있었다.

생계를 위해 교사나 가정교사 일을 해야 했던 소녀들은 그 일을 증오했다. 1845년 샬롯은 동생들이 쓴 시를 읽게 됐다. 환상적이었다! 샬롯은 동생들을 설득해 함께 자비로 시집을 내기로 했다. 여성 작가에 편협한 시각을 갖고 있던 출판사가 책을 내 주지 않았기 때문이다. 같은 이유로 책에 자신들의 이름에서 앞 철자만 따서 커러 Currer, 엘리스 Ellis, 액톤 벨 Acton Bell로 표기할 수밖에 없었다. 시집은 훌륭하다는 평가를 받긴 했지만, 겨우 2권 팔린 것이 전부였다!

자매들은 실망하지 않고 관심을 이야기 쪽으로 돌렸다. 자신이 쓴 이야기를 큰소리로 서로에게 읽어주며 함께 작업을 계속했다. 이 같은 공동작업의 결과로 나온 작품이 에밀리의 ‘폭풍의 언덕 Wuthering Heights’, 앤의 ‘아그네스 그레이 Agnes Grey’, 샬롯의 ‘교수 The Professor’였다. 이 세 개의 소설을 여러 출판사로 보냈다. 작가 이름으로는 시집을 출판할 때에 각자 썼던 남자 이름을 썼다. 1년을 기다린 끝에 ‘폭풍의 언덕’과 ‘아그네스 그레이’는 출판이 결정되었지만 ‘교수’는 어느 출판사에서도 받아 주지 않았다.

샬롯은 세간의 평에 기죽지 않았고, 곧바로 또 하나의 소설 ‘제인에어 Jane Eyre’를 쓰기 시작했다. 제인에어는 자신에게 주어진 신분을 받

샬롯은 소설 '제인 에어'에서 어린 시절 다녔던 학교에서 벌어졌던 범죄를 묘사해 물의를 일으켰다.

아들이기 거부하는 반항적인 가정교사의 이야기로, 그녀의 자전적 경험이 녹아 있는 글이었다. 그녀는 원고를 스미스 엘더 출판사에 보냈고, 편집자들 모두가 그 작품에 호감을 표시했다. 출판사의 소유주 중 한 사람인 조지 스미스 George Smith는 그 원고를 집으로 가지고 가서 읽어 보았다. 일단 손에 잡자 책을 내려놓을 수가 없었고, 결국 앉은 자리에서 500쪽이나 되는 소설을 끝까지 읽고 말았다! 결국 샬롯의 작품도 여동생들과 마찬가지로 출판을 앞두게 되었다.

'제인 에어'는 크게 히트했고, 독창적인 목소리와 환상적인 이야기라는 찬탄이 이어졌다. 그러나 한편으로 심한 비판을 받기도 했다. 당시 사람들에겐 강인하고 격정적인 여주인공이며, 교회의 위선에 대한 공격, 계급이나 성별에 상관없이 모든 사람들이 평등한 권리를 갖는다는 생각이 거북했던 것이다.

'폭풍의 언덕' 역시 격정적인 사랑에 대한 묘사 때문에 '제인 에어'만큼이나 논란을 일으켰다. '폭풍의 언덕'은 처음 출간 시 '제인 에어'만큼 성공적이진 않았지만 결국에는 시대를 통틀어 가장 인기 있는 소설 중의 하나가 되었다. 어떤 비평가는 '폭풍의 언덕'에 대해 '영어로 쓴 가장 열정적이고 독창적인 소설'이란 평을 내놓기도 했다.

'아그네스 그레이'는 호평을 받았지만, 앤의 두 번째 책 '와일드펠 홀의 소작인'은 논란을 불러일으켰다. 남자와 여자가 지켜야 하는 결혼의 법률과 원칙들을 거부하는 여권 신장론자의 이야기였기 때문이다. 비평가들은 젊은 숙녀들에게 '벨 형제들'이 쓴 책은 읽지 말 것을 당부하기도 했다.

이들 혁명적인 책에 대한 찬양과 비판의 목소리가 커져 감에 따라 저자에 대한 호기심 역시 증폭되었다. 대중은 그 책들의 작가가 정말 남자인지, 그 소설들이 실제로는 한 사람에 의해 쓰인 것은 아닌지 궁금해 했다. 난무하는 루머를 진정시키기 위해, 1848년 샬롯과 앤은 런던으로 가서 처음으로 편집자와 대면했다. 출판사 소유주인 조지 스미스는 이토록 강렬한 소설들이 이처럼 가냘프고, 조용하고, 수줍어하는 젊은 여인들에게서 나왔다는 사실에 크게 놀랐다. 이 사실이 알려지자, 브론테 자매들의 작품은 더욱 인기를 얻게 되었다.

그녀들은 해냈다! 하지만 브론테 일가의 실제 삶은 더욱 악화되었다. 변변한 일을 해 본 적이 없었던 남자 형제 브랜웰은 마약에 빠져들었다. 그는 먼저 떠난 누나들과 마찬가지로 결핵에 걸려 1848년 9월 세상을 떠났다. 에밀리 역시 결핵으로 그 해 12월 서른에 생을 마감했다.

브론테 가족이 살았던 집 근처의 요지로 인해 식수가 오염되어서, 모든 가족들이 병을 앓고 요절했다는 주장도 있다.

하지만 비극은 거기서 끝나지 않았다. 샬롯의 막내 동생 앤도 결핵으로 이듬해 봄에 세상을 떠난 것이다. 그때 앤의 나이는 겨우 스물여덟이었다. 1년도 안 되는 동안 샬롯은 남아 있던 세 형제를 모두 잃었고, 가족이라고는 아버지와 자신만 세상에 남게 되었다. 이 시기 샬롯은 친구에게 보낸 편지에서 이렇게 쓰고 있다.

"삶이 왜 이렇게 공허하고 고통스럽기만 한지, 난 정말 모르겠어."

이후 6년 동안 샬롯은 아버지를 돌보며, 낙이라고는 글 쓰는 것밖에 없는 생활을 이어갔다. 그녀는 '셜리 Shirley'와 '빌렛 Villette'이라는 두 권의 소설로 인기를 끌었지만, 자신의 삶에 뭔가가 빠져 있다고 느꼈다. 1854년 예전에 청혼했다가 거절당했던 남자, 아서 니콜스Arthur Nicholls가 샬롯에게 다시 청혼했다. 샬롯은 그를 사랑하진 않았지만, 아서는 친절하고 유머감각이 아주 뛰어난 사람이었다. 친절함과 유머감각은 그 모든 비극을 겪고 나서도 샬롯이 잃지 않고 있던 덕목이기도 했다.

샬롯은 청혼을 받아들였고, 1854년 6월 결혼했다. 결혼 후 샬롯은 아서를 진심으로 사랑하게 됐고, 그녀의 일생 중 가장 행복한 시간을 보냈다. 샬롯은 서른아홉의 나이에 임신을 하게 됐지만, 그녀의 행복은 오래가지 않았다. 몇 달 후 샬롯은 뱃속의 아기와 함께 임신 합병증으로 세상을 떠났다.

황야 끝 외진 곳에 있는 기괴한 집에 틀어박혀 살던 세 명의 자매는 그 시대 사람들을 가장 감동시킨 세 권의 소설을 냈다. 150년 전 그녀들의 소설은 기괴하고, 격정적이며, 혁명적인 것으로 간주되었지만, 오늘날은 시대를 관통하는 가장 강력하고 획기적인 소설로 사랑받고 있다. 샬롯, 에밀리, 앤은 셰익스피어, 초서, 디킨스와 어깨를 나란히 하면서 고금을 통틀어 가장 재능 있는 세 명의 작가로 기억되고 있다.

나는 이렇게 세상을 뒤흔들 거야!

나는 교과서들을 '아이들의 말 kid language'로 고쳐 쓰는 일로 세상을 흔들고 싶다. 나의 목표는 아이들이 교과서를 스스로 집어 들게 만들고, 그것이 따분한 물건이 아니라 모험으로 생각하게 만드는 것이다. 지식이 아니라면 무엇이 우리가 사는 세상을 흔들 것인가!

홀리 멧칼프 Holly Metcalf ● 14세

GIRLS
36

메리 애닝

Mary Anning

1799~1847년 | 화석 탐사가 | 잉글랜드

지구의 지질학적 기록을 판독하는 일에 종사하는
과학자들에게 가장 도움이 된 것은 메리가 발견한 화석들이었다.

셸리 엠링 Shelley Emling 전기 작가

열한 살의 메리는 망치와 끌을 챙겨 들고 해변의 높은 절벽을 향해
출발했다. 전날 밤 그곳에 사나운 폭풍우가 덮쳤다. 메리는 강한 비와
바람이 흙을 씻어내어 조개와 화석들이 드러나 있을 거라고 생각했
다. 운이 좋으면 관광객들에게 팔 수 있는 진기한 표본을 찾아낼 수
있을지도 몰랐다.

해변을 따라 걷던 메리의 눈에 이상한 것이 감지되었다. 절벽 가까
이 모습을 드러낸 그것은 커다란 뼈처럼 보였다. 궁금해진 그녀는 좀
더 가까이 다가가서 살펴보기로 했다. 주변의 바위를 끌로 쪼아 제거
하자 점차 뼈가 모습을 드러냈고 메리의 가슴도 사정없이 뛰기 시작
했다. 그것은 생전 처음 보는 거대한 뼈대였다. 긴 꼬리, 짧은 지느러

미발, 날카로운 이빨을 한 모습이 마치 바다 용(龍)처럼 보였다.

메리가 발견했던 것은 정말로 처음 발견된 것이며, 또한 가장 완전한 모습을 갖춘 이크티오사우루스 Ichthyosaurus의 뼈였다. '물고기 도마뱀'이라고도 불리는 이크티오사우루스는 2억 년 전에 살았던 공룡의 일종이다. 어린 시절의 이 스릴 넘치는 경험은 메리로 하여금 일생동안 화석을 찾아다니도록 했다. 화석 탐사가는 과학계에서 명성을 얻고 존경도 받을 수 있는 직업이었다.

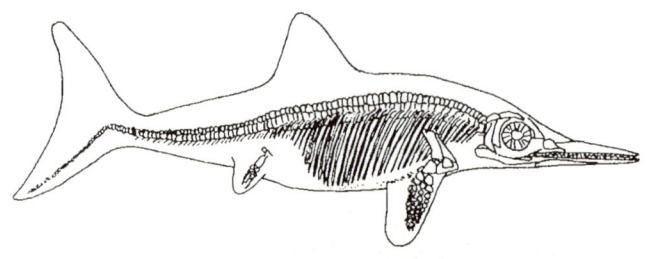

이크티오사우루스 Ichthyosaurus

메리 앤 애닝은 1799년 잉글랜드 남부 해안의 마을인 라임 레기스 Lyme Regis에서 태어났다. 그녀의 아버지는 목수였는데, 취미 삼아 화석을 수집해서 팔기도 했다. 아버지는 메리와 메리의 남동생을 데리고 해안을 뒤져서 조개껍데기 등 흥미로운 것들을 채집하곤 했다. 관광객들은 메리가 파는 코일처럼 생긴 조개껍질 화석을 좋아했다. 당시엔 그게 정확히 뭔지 아무도 몰랐다. 세월이 많이 흘러 그것들이 공룡들이 번성한 시대에 살았던 선사시대의 연체동물인 암모나이트의 화석임을 알게 되었다.

1810년 메리의 아버지가 돌아가시자, 열한 살이었던 메리와 그녀의 가족은 화석을 채취해 파는 일을 계속했다. 메리가 공룡의 뼈대를 발견한 것은 그로부터 몇 달 후의 일이다. 메리는 몇 사람의 채석공을 고용해 바위에서 그 뼈대를 캐냈고, 박물관에 전시할 물건을 사들이는 남자에게 팔 수 있었다. 메리가 발견한 뼈의 주인공은 이후 이크티오사우루스라고 이름 붙여졌다.

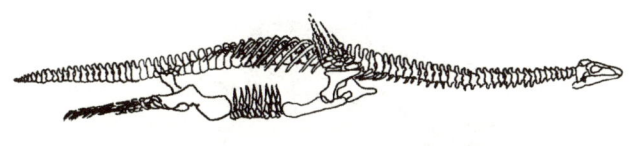

플레시오사우루스 Plesiosaurus

늘 새로운 화석을 찾아다니던 메리는 20대 초반에 두 번째 공룡 뼈를 발견했다. 이것은 '도마뱀에 가깝다'는 의미의 플레시오사우루스 Plesiosaurus로 명명되었다. 길고 가는 몸체를 갖고 있었고, 길쭉한 지느러미발이 거의 다리처럼 보였기 때문이다. 몇 년 후, 메리는 새와 비슷한 공룡을 발견했다. 영국에서는 처음 발견된 것이었고, 후에 '날개 손가락'이라는 뜻으로 프테로닥틸 Pterodactyl이란 이름이 붙여졌다.

일생 동안 메리는 화석 발굴과 판매를 계속했다. 크기가 작은 조개 화석은 여전히 관광객들에게 팔렸지만, 그녀가 찾아낸 공룡 뼈대들은 더 부유하고 학문적인 고객들의 주의를 끌기에 충분했다. 그렇게 사업을 해 가는 동안, 메리는 이크티오사우루스와 플레시오사우루스 화석들을 더 발견했다. 그것들은 과학자와 수집가들에게 비싼 값에 팔렸고 고대 생물에 관한 지식 확대에 기여할 수 있었다.

그녀가 세상을 떠난 해인 1847년, 메리는 유명 인사가 되어 있었다. 그녀는 선사시대 화석 탐사가로서 새로운 연구 분야 확립에 일조를 했다.

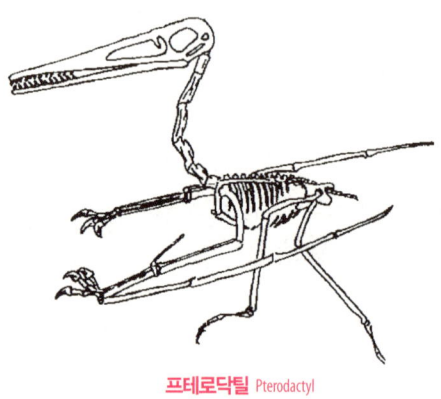

프테로닥틸 Pterodactyl

메리 애닝은 초창기의 여성 과학자 중 한 명으로, 여성을 위한 새로운 문을 연 것으로 평가되고 있다.

나는 이렇게 세상을 뒤흔들 거야!

우리가 사는 세상엔 환경문제가 심각하다. 멸종 위기의 동물, 오염, 삼림 파괴, 인구 과잉 등등, 모든 문제는 서로 깊이 연결돼 있어서 문제를 풀고 해결책을 발견하기가 쉽지 않다. 하지만 문제 해결을 위한 많은 방법이 있다. 나무 심기, 동물 피난처를 위한 모금, 밀렵 반대 운동, 쓰레기 줄이기 등. 나는 이런 일을 통해 세상을 흔들어 보겠다. 나는 어떻게 해야 할지를 알고 있다.

아델라인 르페브르 Adeline Lefevre ● 13세

사카자웨아

Sacagawea

1789~1812년 | 안내인 겸 통역자 | 미국

태평양에 이르는 길고 위험하며 피곤한 여정에서
당신의 부인이 베풀었던 배려 깊은 봉사는 우리가 그녀에게 줄 수 있었던 것보다
훨씬 더 큰 보답을 받아 마땅할 것입니다.

윌리엄 클라크 William Clark 사카자웨아의 남편에게 보낸 편지에서

배는 곧 뒤집힐 것 같았다. 몇 사람은 양동이로 선상의 물을 퍼내고, 한 사람은 방향타와 씨름하고, 두 명의 남자는 돛을 끌어당겼다. 모두가 제정신이 아니었다. 이 혼란의 와중에 한 사람만은 딴 세상에 있는 것 같았다. 갓난아기를 등에 업은 16세의 사카자웨아는 요동치는 배 위에서 조용히 균형을 잡고 있었다.

수많은 산을 넘고 폭포를 내려가야 하는 위험하기 짝이 없는 수천 마일의 여정 동안, 사카자웨아는 갓난아기 폼프를 지게식 요람에 눕히고 그 요람을 등에 묶어 데리고 갔다.

소중한 보급품이 강으로 쏟아져 떠내려가기 시작했고, 사람들 모두가 겁에 질렸다. 식량, 값비싼 장비, 그리고 무엇보다 일지가 떠내려가고 있었다! 리더인 루이스 Lewis와 클라크 Clark가 그들의 경이로운 모험을 적은 유일

286

한 기록이 성난 물결 위로 떠내려갔다. 침착하게 균형을 잡고 있던 사카자웨아는 자신이 무슨 일을 해야 할지 알고 있었다. 순간, 배에 타고 있던 남자들은 아기를 등에 업은 채 물속에 뛰어든 어린 소녀를 보고 충격을 받았다. 사카자웨아는 세상에 다시없는 일지를 비롯해 거의 모든 것을 구해냈다.

그날 사카자웨아는 중요한 화물의 손실을 막았지만, 그건 시작일 뿐이었다. 쇼쇼니 부족 출신의 이 젊은 소녀는 통역이자 길 안내자, 평화의 상징으로 루이스와 클라크의 탐험에서 다른 무엇과 비교할 수 없는 중요한 역할을 해 냈다.

사카자웨아는 1789년 지금의 미국 아이다호 주 지역에서 쇼쇼니 부족의 딸로 태어났다. 11세 무렵 그녀는 다른 한 명의 쇼쇼니 부족 소녀와 함께 다른 부족에게 납치되어 동쪽으로 수백 마일 떨어진 노스다코타 주 지역으로 끌려갔다. 사카자웨아는 노스다코타 지역 만단 Mandan 부족 마을에서 노예로 살게 되었다. 몇 년 후 그녀는 프랑스계 캐나다인 모피상인 투생 샤르보노 Toussaint Charbonneau에게 팔렸고, 투생은 사카자웨아를 아내로 삼았다. 그녀는 16세에 아들을 낳았다. 아들 이름은 장 밥티스트 Jean Baptiste였지만, 사람들은 '폼프 Pomp'라고 불렀다. 폼프는 쇼쇼니 부족의 말로 '남자들의 리더'라는 뜻이다.

1804년 메리웨더 루이스 Meriwether Lewis와 윌리엄 클라크 William Clark가 지휘하는 탐험대(Corps of Discovery)가 만단 부족 마을에 도착했다. 미국 대통령 제퍼슨이 그들에게 미시시피 주 서쪽을 탐사하도록 명령했기 때문이다. 그들에겐 길 안내와 원주민의 말을 통역해 줄 사람이 필요했다. 루이스와 클라크는 샤르보노를 고용했는데, 그 이유는 샤르보노의 원주민 출신 부인들 중 한 명을 안내자로 데려가기 원했기 때문이다. 16세의 사카자웨아는 갓난 아들부터 챙기고, 자신이 노예로 생활했던 마을을 떠날 준비를 했다. 이제 서쪽, 즉 고향을 향해 가게 될 참이었다.

길고 힘든 여행 중에 사카자웨아는 탐험대의 남자들에게 먹을 수 있는 식물을 찾는 법과 그것을 요리하는 방법을 가르쳐 주었고, 그 덕분에 탐험대는 식량 보급이 끊겼을 때도 굶주리지 않을 수 있었다. 그런 일은 여러 번 있었다. 사카자웨아는 탐험대가 몬태나 주 지역을 무사히 통과하도록 안내했다. 만단 부족이나 쇼쇼니 부족을 만났을 때는 훌륭히 통역 역할을 해냈다. 서부 지역 원주민들에게 사카자웨아와 폼프는 평화의 상징이었다.

1805년 10월 탐험대는 여정을 계속하기 위해 말이 꼭 필요했다. 그들은 도움을 얻기 위해 사카자웨아의 일족인 쇼쇼니 부족이 사는 곳을 찾았다. 사카자웨아의 어린 시절 기억만이 그들을 인도할 수 있는 유일한 단서였다. 루이스는 일지에 이렇게 썼다.

인디언 여인은 우리들 우측의 고원 지점을 알아보았다. 그녀가 우리에게 알려준 그 지점은 산맥 너머 서쪽으로 흐르는 강가에 있는 그녀 부족의 여름 피서지에서 그리 멀리 않았다. 그녀는 이쪽 강가 혹은 강의 발원지 바로 서쪽의 강가에서 그녀의 일족을 보게 될 것이라고 장담했다. 우리에게 무엇보다 중요한 것은 그 부족 사람들을 한시라도 빨리 만나는 것이었다.

그들은 정말로 며칠 후 쇼쇼니족을 만날 수 있었다. 쇼쇼니족의 대추장 카메아화이트 Cameahwait는 탐험대를 환영했고, 쇼쇼니족 여인 중 한 명이 사카자웨아를 알아보았다. 오래 전 사카자웨아가 납치될 당시 사카자웨아와 함께 있다가 간신히 포로가 되는 것을 모면했던 여인이었다! 두 여인은 울면서 서로를 끌어안았다. 감동적인 재회였다.

그날 오후, 루이스는 회의를 소집했다. 탐험대의 팀장들과 부족 추장들 간의 만남이었다. 사카자웨아는 카메아화이트 추장의 통역을 맡아야 했다. 회의가 시작되자마자 사카자웨아는 자리를 박차고 뛰어나가 왠지 낯익어 보였던 추장을 얼싸안았다. 대추장 카메아화이트가 그녀의 오빠였던 것이다!

탐험대는 쇼쇼니족의 손님으로 한 달 동안 극진한 대접을 받았고, 대추장 카메아화이트는 그들에게 식량과 말을 제공함은 물론 로키산맥을 넘어가는 길을 자세히 알려 주었다. 탐험대는 1805년 11월 무사히 태평양에 도달했다. 그들은 임시로 통나무집을 지어 비가 잦은 겨울을 보낸 다음, 1806년 3월 말 세인트루이스를 향해 귀로에 올랐다.

사카자웨아, 샤르보노, 그리고 그들의 아들인 폼프는 탐험대가 세인트루이스에 도착하기 전에 자신들의 길을 갔다. 탐험대와 헤어진 후 사카자웨아에게 무슨 일이 있었는지에 대해서는 알려진 바가 없다. 그녀가 20대 초반에 딸 리제트 Lizette를 낳았고, 딸을 낳은 지 얼마 안 되어 죽었다는 소문도 있다. 쇼쇼니족에 합류해 거의 100세 가까운 수명을 누렸다는 얘기도 있다.

사카자웨아의 이야기는 수많은 기념물과 미국 횡단의 역사적 기록물들로 불멸의 생명을 얻었다. 많은 호수, 산, 강, 공원, 걸스카우트 캠프가 그녀의 이름을 따서 명명되었다. 미화 1달러짜리 금화에 그녀의 모습이 새겨지기까지 했다! 그녀의 삶은 용기와 모험을 상징하는 전설이 되었다.

지금 세상을 흔들고 있는 소녀!

마조리 타본 Marjorie Tahbone

이누피아크 에스키모와 키오와 인디언의 혈통인 마조리 타본에게 북미 원주민들과 그들의 공동체를 지원하는 일보다 중요한 일은 없었다. 마조리는 고등학생 시절 원주민 청년 기구, 협의회, 학생회의 등을 만들었다. 그 후 그녀는 Miss Arctic Native Brotherhood, Miss World Eskimo-Indian Olympics, and Miss Indian World 등 수많은 상을 휩쓸었다. 그녀는 이런 타이틀을 바탕으로 북미 전 지역을 바쁘게 여행하며, 대륙에 살고 있는 500개가 넘는 원주민 부족을 대표하는 대사 역할을 하고 있다. 그녀는 현재 페어뱅크스 소재 알라스카대학에 다니고 있다.

마리아 테레지아 폰 파라디스

Maria Theresia von Paradis

1759~1824년 | 피아니스트이자 작곡가 | 오스트리아

마드모아젤 파라디스는 온 국민이
아무리 칭찬해도 지나치다 할 수 없는 예술가다.
이 천재 건반 연주자는 정말 놀랍다.
그녀의 연주보다 실수 없고, 정확하며, 광채가 나는
연주는 들어본 적이 없다.

메르쿠레 드 프랑스 Mercure de France**에 실린 기사**

마리아 테레지아의 작은 손가락이 건반 위를 미끄러졌다. 그녀는
볼 수 없었지만, 상아로 만들어진 건반의 차갑고 매끄러운 촉감을 느
낄 수 있었다. 건반 하나를 눌렀을 때 아주 투명하고 사랑스런 소리가
나자, 그녀는 황홀감에 빠져들었다. 몸집이 작아 간신히 건반을 누를
수 있었던 이 소녀는 얼마 지나지 않아 전 세계의 청중을 놀라게 했
고, 공개 연주회를 한 최초의 여류 음악가가 되었다.

연주하고, 노래하고, 작곡하고, 가르쳤던 시각 장애인 피아니스트
마리아 테레지아는 여성들뿐만 아니라 시각을 잃은 사람들에게도 새
로운 길을 열어 주었다.

마리아 테레지아 폰 파라디스는 1759년 오스트리아 비엔나에서 태

어났다. 그녀의 아버지는 마리아 테레지아 여제의 궁정 비서였고, 여제의 이름을 따서 딸의 이름을 지었다. 마리아 테레지아는 세 살 때 시각을 잃었는데 병 때문이라는 얘기도 있고 사고를 당했다는 얘기도 있다. 그녀는 어릴 때부터 음악에 뛰어난 재능을 보였지만, 눈으로 악보를 볼 수 없어 모든 것을 귀로 배우고 기억해야 했다.

그녀의 천재성을 알아 본 여제가 후원해 주었기에, 마리아 테레지아는 최고의 스승들에게 음악 교육을 받을 수 있었다. 그녀는 열한 살 때 최초의 연주회를 열어 노래도 하고 오르간도 연주했으며, 열여섯 살에는 피아노의 명인이자 뛰어난 가수로 인정받게 되었다.

1783년 그녀는 3년 일정의 유럽 순회 연주 길에 올랐다. 가는 곳마다 엄청난 찬사를 들었지만 그녀의 가장 중요한 방문지는 파리였을 것이다. 파리에서 마리아 테레지아는 열네 곡을 연주했을 정도도 찬사를 받았으며, 유럽 최초로 시각 장애인을 위한 학교를 열 계획을 하고 있던 발렌틴 호이 Valentin Haüy를 만나기도 했다.

장애를 가진 사람들을 기피하는 것이 보통이던 시절이었지만, 그녀는 다른 시각 장애인들이 재능을 발전시킬 기회를 갖게 되길 간절히 바랐다. 그녀는 호이에게 자신이 어떻게 수학, 읽기, 음악을 배웠는지를 설명했다. 호이는 그때부터 자신의 시각 장애인 학교에서 테레지아가 배운 방법을 적용할 수 있었다.

마리아 테레지아는 다른 위대한 음악가들에게 영감을 주었다. 볼프강 아마데우스 모차르트, 프란츠 요셉 하이든은 마리아 테레지아를 위한 피아노협주곡을 작곡했고, 안토니오 살리에르는 오르간 협주곡을 그녀에게 헌정했다.

연주 여행 중 마리아 테레지아는 자신의 음악을 작곡하기 시작했다. 그녀는 나무못을 꽂는 판(펙보드)을 사용해 곡을 적어 두는 방법을 개발했다. 그러면 다른 사람이 그걸 보고 종이에 옮겨 적을 수 있었다. 이 천재 음악가는 최소한 다섯 개의 오페라와 세 개의 칸타타, 그밖에 다수의 소품을 작곡했다.

1808년 그녀는 비엔나에서 음악학교를 시작했다. 그녀의 소망은 소녀들에게 음악 교육을 받을 기회를 주는 것이었다. 당시 음악 교육은 대개 소년들에게만 허용되었다. 마리아 테레지아가 세운 음악학교에서는 시각 장애 학생과 정상인 학생 모두에게 피아노, 성악, 음악 이론을 가르쳤다. 학교는 커다란 성공을 거두었다. 마리아 테레지아는 1824년 사망할 때까지 가르치는 일을 계속했다. 그녀는 자신을 위해서 뿐만 아니라 여성과 장애인에 대해 사람들이 갖는 편견을 극복하기 위해서도 열심히 일했다. 마리아 테레지아의 일생은 한 명의 소녀가 성취할 수 있는 일에 한계가 없다는 사실을 세상 사람들에게 보여 주고 있다.

나는 이렇게 세상을 뒤흔들 거야!

나는 고등학교와 대학에서 무용을 배워 춤꾼이 될 것이다. 고등학교에 들어가면 'Keep on Dancing'이란 작은 그룹을 시작해서 아이나 어른 모두가 춤을 즐길 수 있는 세상을 만들 것이다. 나는 암을 앓고 있는 소년 소녀를 위한 댄스 프로젝트도 시작할 꿈을 갖고 있다.

에밀리 크레프트 Emilie Kreft ● 13세

엘리자베스 비제 ㅡ르 브룅

Elisabeth Vigé-Le Brun

1755~1842년 | 화가 | 프랑스

짐은 그림에 관해서는 아는 것이 없다.
하지만, 그대를 통해 그림을 사랑하게 되었노라.

프랑스 왕 루이 16세, 엘리자베스가 그린 마리 앙투아네트 왕비의 초상화를 칭찬하며

무대의 조명이 꺼지자 엘리자베스는 자신의 주변에 있는 관객들을 둘러보았다. 호사스런 가발과 반짝이는 보석으로 치장하고, 화려한 색깔의 옷을 차려입은 아름다운 남녀들이 무대를 주시하고 있었다.

엘리자베스가 그린 가장 유명한 그림인 마리 앙투아네트의 초상화는 화가에게 너무 많은 돈을 지불했다고 비판받았다. 프랑스 왕실은 그 초상화가 루브르 박물관의 벽을 보도록 뒤집어 걸어야만 했다. 초상화는 프랑스혁명 후에야 원상태로 돌려졌다.

막이 오르자 무대 중앙에 붓과 팔레트를 손에 든 소녀가 이젤 앞에 서 있었다. 그녀는 모슬린 드레스를 입고 밀짚모자를 쓴 아름다운 여인을 모델로 그림을 그리고 있었다.

잠깐, 이런 장면을 어디서 봤더라? 엘리자베스는 배우들이 자신의 삶을 연기하고 있다는 사실을 새삼 깨달았다. 소녀 엘리자베스는 마리 앙투아네트를 그리고 있었다! 그녀는 정교한 가발이나 하얗게 분칠한 모습이 아닌 왕비의 인간적인 모습을 표현하려고 애썼다. 놀랍게도 그녀는 속옷 차림의 왕비를 그렸고, 사람들은 그녀를 비난했다. 하지만 실제 자신의 삶과는 다르게 연극 무대의 관객들은 그녀를 비난하지 않았다. 모두 기립하여 그녀에게 박수를 보내기까지 했다. 엘리자베스는 애써 눈물을 참았다. 일생 동안 이때보다 더 큰 감동과 자랑스러움을 느낀 적은 없었다.

상상해 보라, 왕과 왕비가 그림을 그려 달라고 애걸하는 열다섯 살의 천재적 화가를! 엘리자베스는 역사상 가장 천재적이고 성공한 초상화 화가였고, 최고로 부유한 예술가였으며, 그녀가 살았던 시대에 유럽에서 가장 유명한 사람이었다. 하지만 엘리자베스 비제 르 브룅의 시작은 아주 초라했다. 그녀는 파리의 중류 가정에서 태어났다. 그녀의 아버지는 웬만큼 성공한 화가였고, 가끔씩 딸에게 자신의 그림이나 붓을 가지고 놀게 했다.

엘리자베스는 여섯 살에서 열한 살까지 수녀원에서 살았고, 거기서 처음으로 화가로서의 재능을 선보였다. 엘리자베스는 회고록에서 이렇게 쓰고 있다.

그때 나는 늘 스케치를 하며 지냈다. 그릴 수 있는 곳이면 어디라도 그림을 그려 넣었다. 내 연습장은 두상과 얼굴 그림으로 가장자리까지 빈틈없이 채워졌다. 기숙사 벽에는 숯으로 그린 그림이…… 그리고 예상대로 나는 자주 벌을 섰다.

엘리자베스가 1년쯤 집에 돌아와 있을 때였다. 갑작스런 사고로 아버지가 사망했다. 아버지가 가족의 생계를 위해 남긴 돈은 거의 없었기에 엘리자베스는 그림을 그려 주고 돈을 받기 시작했다. 따로 그림을 배우지도 않았지만, 열다섯 살 무렵 그녀는 그림으로 온 가족을 먹여 살릴 정도로 놀라운 재능을 표출했다.

엘리자베스의 평판은 빠르게 퍼져 나가 프랑스 귀족들의 그림 주문이 끝없이 쏟아져 들어왔다. 그러는 동안 엘리자베스의 어머니는 부유한 보석상과 재혼했다. 엘리자베스는 새 아버지가 된 남자를 증오했다. 그 남자는 엘리자베스 아버지의 옷을 입었고, 성격이 고약했으며, 엘리자베스가 번 돈을 모두 자기에게 넘기라고 강요했다. 그 상황을 벗어나고 싶었던 엘리자베스는 친구의 만류에도 불구하고 미술 수집상 장 밥티스트 피에르 르 브룅과 서둘러 결혼했다. 엘리자베스의 친구들은 "그와 결혼하느니 차라리 목에 돌을 매달고 강에 뛰어드는 것이 낫다"고까지 말했다고 한다. 하지만 엘리자베스에겐 그런 말들이 귀에 들어오지 않았다.

슬프게도 친구들이 옳았다. 그녀의 남편은 돈을 벌 생각이 없었고 그녀의 모든 수입을 자기에게 바치라고 강요했다. 그녀에게 뜯어낸 돈은 여자, 술, 도박에 탕진했다. 엘리자베스는 비참했다.

그림을 그리는 동안에만 진짜 행복을 느낄 수 있었다.

– 엘리자베스 비제 르 브룅

그러나 다행히도 그녀의 재능이 그녀에게 행복을 가져다 주었다. 1778년엔 그녀가 궁정 공식 화가가 되어야 한다고 마리 앙투아네트가 고집할 만큼 그녀는 유력 인사가 되었다. 당시 스물 셋이었던 엘리자베스는 왕비에 대해 이렇게 썼다.

"왕비 전하의 위엄 있고 당당한 풍모를 대하면 깊은 경외심이 일어났다. 하지만 그분은 나를 아주 친절하고 따뜻하게 대해 주었기에 마음속의 두려움은 눈 녹듯 사라지곤 했다."

이 사건과 함께 엘리자베스는 가장 인기 있는 초상화 화가가 되었다. 왕실을 포함해 당대의 가장 영향력 있는 사람들이 그녀를 찾았고, 엘리자베스는 믿기 어려울 만큼 많은 돈을 벌었다.

왕비들과 공주들이 처음으로 예를 갖춘 옷차림이 아닌 자연스러운 모습의 초상을 그릴 수 있도록 허락했다. 엘리자베스는 그들에게 머리카락에 녹말가루를 뿌리지 않도록 부추겨 가장 자연스러운 모습을 연출했고, 당시 패션의 새로운 기준을 만들기도 했다(*그 시대 유럽에서는 가발이 유행했고, 가발에 하얀 녹말가루나 밀가루를 많이 뿌릴수록 멋쟁이로 인식되었다. 이것을 가루 가발(Powdered twig)이라 했다 – 옮긴이). 그렇게 그려진 자신의 모습이 아름답게 보인다는 사실에 여인들은 환호했다. 엘리자베스는 세상에서 가장 매력 없다고 평가되는 사람에서조차 내면의 아름다움을 알아보는 재능이 있었다.

하지만 시간이 흐르자, 엘리자베스를 시기하는 사람들이 늘어났고 그녀에 대한 이상한 소문이 퍼졌다. 그녀가 그림 값을 천문학적으로 요구한다든가, 믿기 어려울 정도로 호화로운 파티를 즐긴다든가, 재

엘리자베스는 에카테리나 여제의 마지막 초상화를 완성하지 못했다. 초상화가 절반쯤 그려졌을 때 여제가 자신의 아들인 폴에게 살해되었기 때문이다.

무장관과 불륜 관계라든가 하는 근거 없는 소문들이었다. 심지어 엘리자베스의 그림들이 실제로는 그녀가 그린 것이 아니라 다른 남자가 그린 것이라고 주장하는 적대세력까지 생겼다.

1789년 프랑스대혁명이 나라를 휩쓸었다. 마리 앙투아네트는 처형되었고 왕실의 많은 사람들과 엘리자베스의 친구들이 죽음을 맞았다. 엘리자베스는 몸서리를 쳤다. 왕비와 가까웠던 만큼 언제 자신도 그런 운명을 맞을지 모른다고 생각한 엘리자베스는 딸과 함께 이탈리아로 도피했다. 모녀는 그 후 12년 동안 프랑스로 돌아갈 수 없었다.

도피 생활 동안 엘리자베스는 이탈리아, 오스트리아, 체코슬로바키아, 독일, 스위스, 영국, 러시아 등 유럽 전역을 떠돌았다. 그녀는 방문한 나라마다 왕족과 중요 인사들의 초상화를 그려 주고 자신과 딸의 생계를 해결했다. 엘리자베스가 초상화를 그려준 인물 중에는 또 한 명의 악명 높았던 여왕, 러시아의 에카테리나 여제도 포함되어 있었다.

엘리자베스는 긴 도피 생활 중 남편에게 결별을 선언했다. 모스크바에서 남편에게 보낸 편지에서 그녀가 독립적인 존재로 우뚝 섰음을 확인할 수 있다.

"만약 내게 일이 없었으면 어떻게 됐을까? 내가 병이 들었다면, 당신은 나를 굶겼을 것이다. 당신이 돈을 저축할 리 없고, 당신을 속여 먹는 여자에게 돈을 낭비하고, 도박을 하고, 남자다운 품위조차 잃어 버렸을 것이 뻔하니까! 나는 내 재산을 이방인의 손에 넘기지 않을 것이다. 뿐만 아니라 다른 누구의 조언도 듣지 않을 것이다."

스스로의 힘으로 생계를 해결하는 여자가 전무했던 시대에, 엘리자베스는 싱글맘이 되기로 결정했고, 자신의 방식으로 돈을 벌며 세상과 맞섰다.

1802년 255명의 예술가들이 엘리자베스의 귀국을 청원한 후, 그녀의 프랑스 귀환이 허용되었다. 노년에 이르기까지 엘리자베스는 계속해서 훌륭한 그림을 그렸으며, 1830년대에는 회고록을 출판했다. 회고록은 대중의 인기를 끌었다. 70대의 나이에 그녀는 자신의 일생을 이렇게 정리했다.

"그림에 대한 나의 사랑은 결코 사라진 적이 없었다. 내 생명이 끝나기 전에는 절대 그 힘이 사라지지 않기를 바란다."

아마도 그림은 그녀에게 강인함과 함께 에너지도 주었던 것 같다. 엘리자베스는 87세까지 살았으며, 일생 동안 900점이 넘는 그림을 남겼다. 그 그림들은 파리의 루브르박물관, 뉴욕의 메트로폴리탄미술관, 이탈리아의 우피치미술관, 런던의 국립미술관 등에 걸려 있다. 엘리자베스는 라파엘 및 카라바지오와 같은 위대한 화가들과 어깨를 나란히 하고 있으며, 페미니스트란 용어가 출현하기 200년 전부터 여류 화가들에게 영감과 용기를 주었다.

지금 세상을 흔들고 있는 소녀!

아키아네 크라마릭 Akiane Kramarik

리투아니아인 엄마와 미국인 아빠 사이에서 태어난 아키아네 크라마릭은 네 살 때 라인 드로잉을 시작해서 여섯 살엔 본격적으로 그림을 그리기 시작했다. 이제 10대인 아키아네는 거의 50여 개나 되는 국제적인 텔레비전 쇼에 소개되었고, 300만 달러어치의 그림을 판매했다. 아키아네는 시인으로도 등단해 두 권의 책을 저술했다. 아키아네: 그녀의 예술과 삶과 시 Akiane: Her Art, Her Life, Her Poetry'와 '내 꿈은 나보다 크다: 미래의 기억 My Dream Is Bigger than I: Memories of Tomorrow'이 그녀가 쓴 책이다.

필리스 휘틀리

Phillis Wheatley

1753~1784년 | 시인 | 아프리카, 미국

겁에 질린 흑인 소녀가 플랫폼에 서 있었다. 그녀는 백인 군중들 앞에서 사시나무 떨 듯 몸을 떨었다. 그녀는 거의 알몸이라 해도 좋을 만큼 헐벗었고, 맨발은 온통 긁힌 상처투성이였다. 보스턴 항구의 풍경과 소음은 낯설고 불편했다. 그녀는 바다 건너 아프리카에 있는 집이 그리웠다. 가족이 있는 고향에서 끌려와 세상 천지에 혼자가 된 소녀는 흰 얼굴을 한 사람들을 바라보며 '이제 누구의 집으로 가게 될까' 하는 서글픈 생각에 사로잡혔다. 이 일곱 살배기 소녀는 막 노예로 팔려 갈 참이었다.

그 당시 아메리카 대륙의 많은 가정이 노예를 소유했고, 노예에게 집안일이며 농사일을 시켰다. 1761년 보스턴에 사는 수산나 휘틀리

Susannah Wheatley는 집안일을 도울 노예를 사기 위해 집을 나섰다. 수산나는 딸이 결혼해서 집을 떠났을 때 느끼게 될 허전함을 달래주면서 친구 역할을 해 줄 누군가를 찾고 있었다.

수산나는 느닷없이 붙잡혀 와 판매대의 상품처럼 서 있는 많은 아프리카인 중에서, 맨발에 허약해 보이는 어린 소녀에게 눈이 갔다. 수산나는 그 아이를 사기로 결정했다. 수산나가 아이에게 바란 것은 집안일을 도와 주고, 자신의 말벗 역할을 해 주는 것이었다. 하지만 이 어린 노예 소녀는 더 위대한 인물이 될 운명이었다. 소녀는 남다른 총명함과 재능으로 믿기 힘든 곤경을 극복하고 세계적으로 이름을 날리는 시인이 되었다.

대다수 아프리카 출신 노예들이 그렇듯 필리스가 어느 나라에서 태어났는지, 어느 부족 출신인지는 분명치 않다. 필리스는 1753년에 태어난 것으로 추정되고, 서아프리카의 풀라 Fula 부족 출신이었으리라 짐작될 뿐이다. 당시에 노예 무역상들은 아프리카 흑인 아이를 납치했고, 아메리카 대륙으로 데려와 팔아 넘겼다. 필리스가 노예선에 실려 대서양을 횡단하는 길고도 험한 항해 끝에 보스턴에 도착한 것은 1761년이었다. 그녀를 사 들인 휘틀리 부인은 필리스란 이름을 붙여주었고, 당시 관습대로 주인의 성을 쓰게 되었다.

필리스는 믿기 힘들 정도의 영특함으로 주변의 모든 사람들에게 충격을 주었다. 단 16개월 만에 영어를 읽었으며, 열두 살이 됐을 때는 라틴어를 공부하기 시작했다. 책 읽기를 좋아했던 필리스는 시에 대한 열정을 불태웠고, 열네 살 때부터 시를 발표했다.

다행히도 휘틀리 집안은 필리스의 창조성에 대해 호의적이었고, 그녀의 활동을 지원했다. 많은 노예들이 가혹한 대우를 받았지만, 필리스는 그녀가 원할 때면 언제든 읽고 쓸 수 있었다.

휘틀리 집안 사람들은 필리스의 침대 곁에 늘 펜과 잉크를 준비해 주었고, 겨울 동안 밤새 난롯불을 지펴주었다. 필리스의 방을 따뜻하게 해주어 영감이 떠오를 때 필리스가 바로 시를 쓸 수 있게 해주려는 배려였다.

10대 소녀인 필리스는 그녀의 아름다운 시 덕분에 보스턴의 명사가 되었다. 그녀는 유명한 가문을 방문했고, 보스턴의 학식 높은 인물들과 대화할 수 있었다. 필리스는 의심할 바 없이 자신의 특권을 즐겼지만 그녀가 노예라는 사실은 변하지 않았다. 그녀는 여전히 당시의 강압적인 인종차별을 받아 내야만 했다.

17세가 됐을 때 필리스는 세계적인 명성과 인정을 받는 계기가 된 시 한 편을 썼다. 그 시는 아메리카 식민지 전역에서 출판되었고, 몇 년 후 런던에서도 시집이 출간되었다. 필리스는 영국을 여행하는 특권을 누릴 수 있었다.

필리스 휘틀리는 오늘날에도 영감 넘치는 작가로 추앙된다. 필리스의 시집 출간 200주년 기념일에는, 미국 전역에서 아프리카계 미국인 여류 시인들이 한데 모여 그녀의 문학적 유산을 기리기도 했다.

그녀는 작품을 출간한 최초의 아프리카계 미국 여성이었다. 그 뿐만이 아니라 남성 여성을 막론하고, 출간된 시집을 갖게 된 최초의 아프리카계 미국인 작가였다.

1775년 필리스는 조지 워싱턴을 기리는 시 한 편을 썼다. 조지 워싱턴은 당시 독립전쟁을 지휘하고 있던 미군 사령관이었고, 얼마 안 있어 미합중국의 대통령이 될 인물이었다. 필리스의 시는 다음과 같다.

전진하라, 위대한 지휘관이여, 그대의 덕과 함께
그대의 모든 행위를 여신이 안내하게 하라.
왕관이며 저택, 시들지 않는 금빛으로 빛나는 옥좌가
워싱턴이시여! 그대의 것이 되리라.

시를 읽고 크게 감동한 워싱턴은 케임브리지에 있는 자신의 사령부로 필리스를 초대했다. 그녀가 얼마나 긴장했을지 상상해 보라! 필리스는 두려움을 억누르며 미국에서 가장 유명한 지도자와 그 휘하 장교들을 만났다.

이때 필리스는 노예 신분에서 해방되어 있었다. 휘틀리 집안은 그녀의 시집이 출간된 직후 그녀에게 자유를 주었다. 필리스는 인생의 많은 부분을 노예 신분으로 살았지만, 그녀의 시는 자유를 말하고 있다. 기독교를 주제로 한 시도 썼으며, 유명인이며 개인적으로 알고 지내던 사람들을 위한 비가(悲歌)도 썼다. 그녀가 시인으로 성공한 것도 놀랄 만한 일이지만, 여성이자 아프리카계 노예로서 감당해야 했던 어마어마한 장애들을 생각해 보면, 그녀의 성취는 진정 비범한 것이 아닐 수 없다.

나는 이렇게 세상을 뒤흔들 거야!

내가 세상을 뒤흔들 방법은 내 목소리를 통해서다. 나는 사랑과 평화의 노래를 만들어, 사람들이 서로 사랑하도록 용기를 북돋워 주는 세계 연주 여행을 할 것이다. 나는 세상의 어린이들에게 내 노래를 들려 주며 사랑을 전파하겠다.

토냐 조이스 카카지 Tonya Joyce Khakazi ● 13세

엘리자 루카스 핑크니

Eliza Lucas Pinckney

1722~1793년 │ 영농 기업가 │ 미국

3개의 농장을 경영하는 것이 내 일이다. 그 일은 많은 업무처리를 요구하고,
보통 사람이 상상도 못할 정도로 피곤하다.
하지만 그 일이 일개 소녀에게 과중한 짐이라고 생각할 필요는 전혀 없다.
내가 왜 행복했는지를 곧바로 확인시켜 줄 수 있기 때문이다.

엘리자 루카스 핑크니 Eliza Lucas Pinckney

엘리자의 아버지는 말없이 모여 있는 가족들에게 편지를 읽어 주었다. 가족 모두가 불안해했고, 엘리자는 그 편지가 좋은 소식을 담고 있지 않다는 것을 진즉부터 알고 있었다. 아버지는 슬픔이 가득 담긴 눈으로 자신이 안티구아 Antigua로 소집됐다고 알려 주었다. 선택의 여지는 없었다. 아버지는 사우스캐롤라이나에 있는 집에 가족들을 남겨 둔 채 당장 떠나야 했다.

"그러면, 누가 농장을 돌보죠?"

어머니가 물었다. 가족들은 어머니가 아버지를 대신해 농장을 가꿀 수 있을 만큼 건강하지 않다는 것을 알고 있었다.

"제가 할 수 있어요."

열여섯 살이 된 엘리자가 조용히 말했다. 온 가족이 엘리자를 쳐다보았다.

엘리자의 말은 진심이었고, 곧 농장을 운영하는 바쁜 나날이 시작되었다. 캄캄한 새벽 5시에 일어나 두 시간 동안 책을 읽고 난 후, 엘리자는 밭에 나가 일꾼들을 감독했다. 그러다가 해가 뜨면 아침 식사를 했다. 식사 후, 엘리자는 한 시간 정도 음악을 듣거나 다른 공부를 했다. 엘리자는 자신의 공부 외에도 여동생과 농장의 노예 소녀들에게 읽기를 가르쳤다. 이 수업은 저녁 식사 때까지 계속됐다. 저녁을 먹은 후엔 농장의 회계장부를 점검하고 계산했다. 이 역시 여러 시간이 걸리는 일이었다. 마침내 잠자리에 들 때는 흠뻑 지쳐 있는 상태였지만, 잠들기 전에도 잠시 짬을 내서 책을 읽거나 글을 쓰곤 했다.

1722년 12월 28일 왜소한 체구의 엘리자베스 루카스 Elizabeth Lucas 가 태어났을 때, 그녀가 역사에 남을 위대한 농업 혁신가가 될 운명을 타고났음을 짐작한 사람은 아무도 없었다. 엘리자는 아버지가 영국군 장교로 근무하던 서인도제도에서 태어나 어린 시절을 안티구아에서 보냈고, 영국으로 건너가 학교를 다녔다. 엘리자가 16세가 되자, 가족은 미국의 사우스캐롤라이나로 이주했다. 그곳 와푸 크리크 Wappoo Creek에 엘리자의 아버지가 상속받은 농장이 있었기 때문이다.

엘리자의 가족이 미국에 온 지 1년 지났을 때, 엘리자의 아버지는 징집 통보를 받았다.

당시의 다른 농장들과 마찬가지로 엘리자의 농장도 노예에 의존했다. 엘리자는 매일 노예 소녀들을 가르쳤으며, 자신이 가르친 소녀들이 정상적으로 교육을 받을 수 없는 다른 노예 소녀들을 가르칠 수 있는 교사 역할을 하게 되기를 희망했다.

몸이 약한 엘리자의 어머니를 대신해 17세의 엘리자가 농장을 운영하고 가족 소유의 다른 재산 2가지를 감독해야 했다. 안티구아에서 아버지가 보내오는 편지에 의지해, 엘리자는 농장 일체를 관리했다. 남부의 다른 농장들과 마찬가지로 엘리자의 농장도 노예의 노동력에 의존했다. 엘리자는 12명이 넘는 노예와 인부들을 감독했고 어머니와 어린 여동생을 돌봐야 했다.

그녀가 10대였던 시절에 작물을 실험한 결과를 보면 그녀의 사업적 감각을 엿볼 수 있다. 때때로 그녀의 아버지는 안티구아로부터 새로운 품종의 씨앗을 보내 주었는데, 엘리자는 그것들을 사우스캐롤라이나의 토양에 심어 키웠다. 목화, 생강, 알팔파와 같은 작물을 시험하던 끝에, 엘리자는 인디고 indigo 씨앗을 받아낼 수 있었다.

인디고란 식물은 섬유와 잉크에 쓰이는 푸른색 염료의 원료였다. 오늘날은 많은 염료들이 만들어지고 있지만, 엘리자가 살던 시절에 인디고는 영구히 탈색되지 않는 독특한 특성으로 인해 수요가 아주 많았다. 당시 영국의 의복 제조업자들은 프랑스로부터 막대한 양의 인디고 염료를 수입하는 상황이었다.

몇 년 만에 엘리자는 프랑스의 인디고 재배자들과 경쟁할 수 있었고, 이내 공급이 달릴 정도로 성장했다. 1740년 엘리자가 처음 인디고 씨앗을 심었을 때, 거의 대부분의 모종이 일찍 내린 서리를 맞고 시들었다. 엘리자는 지혜롭게도 다음 해를 위해 씨앗의 일부를 남겨 두었다. 하지만 다음 해에도 이 소중한 작물을 100포기밖에 수확할 수 없었다.

아버지는 서인도제도의 경험 많은 염료 기술자를 엘리자의 농장으로 보냈다. 염료 제조는 정확한 시간 조절과 정밀한 첨가제 용량 측정이 필요한 매우 섬세한 공정이었다. 염료 기술자는 사우스캐롤라이나에서 인디고가 성공하면, 서인도제도의 인디고와 경쟁하게 될 것을 두려워했다. 그는 엘리자 농장의 얼마 되지 않는 수확물을 고의로 훼손하기도 하고, 제조 공정 중 석회를 많이 첨가해 일부러 색깔을 망치기도 했다.

자신의 신사업을 반드시 성공시키겠다는 각오로, 엘리자는 남아 있는 씨앗으로 인디고 농사를 짓는 것을 멈추지 않았다. 마침내 1744년 엘리자의 와푸 농장은 이 유망한 작물 생산에 성공했다. 그녀는 총 8킬로그램의 인디고를 생산했고, 그 중 3킬로그램을 영국에 팔았다. 영국의 의복 제조업자들은 엘리자의 제품이 그들이 사용하던 프랑스 제품과 비슷하거나 더 낫다고 평가했다.

일련의 성공에 용기를 얻은 엘리자는 사우스캐롤라이나의 다른 농장주들에게 인디고 씨앗을 나눠 주고 재배법도 가르쳐 주었다. 얼마 가지 않아 사우스캐롤라이나 주 전역에서 이 새로운 식물 재배 붐이 일어났다. 사우스캐롤라이나 주 당국도 이 작물의 수익성을 알게 되었다. 1747년 사우스캐롤라이나 농장들은 61톤의 인디고를 수출했고, 한창일 때는 매년 450톤 이상을 수출할 수 있었다.

실험적인 기업 영농의 성공으로 21세의 엘리자는 부유하고 독립적인 여성이 될 수 있었다. 두 번의 결혼 신청을 거절했던 엘리자는 1744년 유명한 법률가인 찰스 핑크니와 결혼했다. 두 사람은 찰스턴에 저택을 지었지만, 엘리자는 농업과 원예 분야에 대한 관심을 버리지 않았다. 그 후 아마, 대마 등의 다양한 작물을 실험했고 누에 양식과 비단 생산을 시도하기도 했다.

기업 영농의 선구자였던 엘리자는 슬하에 4명의 자녀를 두었으며, 남북전쟁과 미합중국의 탄생을 지켜봤을 정도로 장수했다. 1793년 엘리자는 병으로 세상을 떠났다. 그녀는 존경의 대상이었으며, 미국 경제에 얼마나 기여했는지 모든 사람들이 알고 있었다. 그녀의 선견지명과 끈기가 사우스캐롤라이나에 아주 중요한 작물을 선사했고, 그 작물은 수십 년 동안 사우스캐롤라이나 주의 농장들을 먹여 살렸다. 당시 미국 대통령이었던 조지 워싱턴은 개인 자격으로 엘리자의 장례식에서 운구를 하겠노라고 자청했다고 한다.

지금 세상을 흔들고 있는 소녀!

윈터 비네키 Winter Vinecki

아빠가 전립선암 판정을 받았을 때, 아홉 살배기 소녀 윈터 비네키는 아빠의 목숨을 위협하는 그 암에 대해 사람들이 너무나 모르고 있다는 사실을 알아차렸다. 그녀는 비영리기구인 팀 윈터 Team Winter를 만들어 전립선암에 대한 인식을 고취하고 전립선암 30만 달러 이상의 연구 기금을 모았다. 불행히도 그녀의 아빠는 진단받은 후 10개월 만에 돌아가셔서 팀 윈터가 태동하는 것을 볼 수 없었다. 그녀는 철인삼종경기 아동 부문에서 두 차례 우승한 기록과 '윈터의 영감을 주는 대화'를 통해 사람들에게 널리 알려졌고, 그 대화록은 미국 전역의 학교에 제공되었다.

로라 바씨

Laura Bassi

1711~1778년 | 물리학자 | 이탈리아

> 로라는 아무것도 두려워하지 않았다. 가부장적인 18세기 과학계에
> 받아들여지기 위해 확고하고 단호한 자세로 싸웠다.
>
> **마르타 카바짜** Marta Cavazza 전기 작가

"엄마 엄마, 나 지금 가도 되죠?"

로라의 무릎 위에 놓인 수틀 속의 자수 작품은 주름이 가고 올이 풀려 있었다. 로라의 어머니는 한숨을 쉬었다. 이 아이는 남자로 태어나야 했다고 이미 100번도 넘게 생각한 참이다. 그녀는 마지못해 고개를 끄덕였다. 로라는 지긋지긋했던 수틀을 던져 버리고, 방금 도착한 선생님을 맞으러 쏜살같이 뛰어 나갔다.

어린 로라 마리아 카테리나 바씨 Laura Maria Caterina Bassi 는 배움에 목말라 있었다. 계몽주의 태동기였던 1711년 이탈리아 볼로냐에서 태어난 로라는 호기심을 폭발시키는 흥미진진한 시대를 살았다. 미지의 것을 두려워하고 삶의 수수께끼 앞에서 공포에 사로잡히던 지난

세대와는 질적으로 달랐다. 사람들은 관찰과 질문을 통해 주변 세계를 이해하기 시작했고, 알 수 없으리라 생각했던 것 중 일부를 이해할 수 있게 되었다. 삶은 두려운 수수께끼라기보다 해결해야 할 복잡한 문제가 되어 가고 있었다.

불행히도 계몽시대는 로라와 같은 여성은 초대하지 않았다. 로라와 같은 상류 계층의 소녀는 바느질과 가정과 하인을 관리하는 법을 배우고, 엄마가 될 준비를 하는 것이 당연시됐다. 소녀들이 자연 세계에 대해 관심을 갖는 일은 상상도 할 수 없었고, 자연에 대해 호기심을 갖는 두뇌를 갖고 있다는 것조차 용납할 수 없는 일로 받아들여졌다. 하지만 로라는 이 같은 편견에 굴복하지 않았으며 일생 동안 세상이 자신에게 바라는 역할과 타협하지 않았다.

로라는 라틴어, 논리학, 형이상학, 자연철학, 대수, 기하, 그리이스어, 프랑스어에 능통했던 것으로 알려져 있다.

로라의 선생님은 바씨 가문의 주치의이자 볼로냐 대학의 교수였다. 그는 로라를 가르쳐 달라는 로라 아버지의 요청을 받아들여 매일 바씨가의 저택을 방문했고, 해가 비치는 정원에서 로라에게 수학, 철학, 해부학, 자연사, 외국어 등을 가르쳤다.

로라가 스무 살이 되었을 때, 로라의 선생님은 더 이상 가르칠 것이 없노라고 선언했다. 그는 로라를 볼로냐 대학으로 불러들여 최고의 교수들로부터 단련받게 했다. 로라의 지성을 의심하는 노련한 교수들(물론 전부가 남자였

만약 당신이 생각이 깨어있는 사람으로 그 시대에 가게 된다면, 권위에 의문을 제기하고 자신이 편견을 갖게 된 동기를 검토하고, 최선의 교사가 되기 위해 자신의 경험에 의지할것이다.

다)은 몇 시간 동안 로라에게 질문을 퍼부었고, 그녀의 답에 시비를 걸었다.

로라는 정답을 말했을 뿐만 아니라 씩씩하게 자신의 답을 논리적으로 방어했다. 교수들은 그녀의 지식을 논파할 수 없었다. 결국 팔라쪼 푸블리코(Palazzo Pubblico, 대중에게 공개된 궁전)에서 거행된 엄숙한 의식을 통해, 로라는 대학의 해부학 교수 및 과학원 아카데미의 회원으로 임명되었다. 볼로냐 대학 600년 역사상 여성이 교수로 임명된 것은 처음이었다.

하지만 시간이 흘러도 로라는 그녀의 업적과 상관없이 특별한 사람으로 간주되었다. 좋은 의미로 특별한 것이 아니었다. 남자 교수들처럼 학교생활에 참여할 수 없다는 의미로서의 특별 대우였던 것이다. 그녀는 우아한 젊은 여자였고 지적인 사람들과의 만남에 능숙했으며, 만나는 사람들을 자신의 재치와 지식으로 매혹시켰다. 대학의 높은 분들은 로라를 과학계의 미인대회 우승자처럼 허수아비로 만들었다. 그들은 로라가 파티를 주관하고 지체 높은 손님들을 맞는 일에 만족하기를 바랐다. 로라는 고대 로마 신화에 나오는 지혜, 발명, 예술의 여신 이름을 따서 '볼로냐의 미네르바'라 불렸다. 사랑스런 칭호였지만 로라가 원한 것은 그것이 아니었다. 로라는 가르치고 싶었다.

사람들이 만든 게임의 룰에 따라 여주인의 의무를 수행하면서, 로라는 몇 명의 유력한 친구를 만들 수 있었다. 그 후 로라는 집으로 돌아와 조용히 자신이 하고 싶었던 일을 시작했다. 그녀는 남편인 물리학자 주세페 베라티 Giuseppe Veratti의 지원을 받아 자기 집에 수업을 위한 개인 실험실을 갖췄다. 로라는 자녀를 돌보는 의무를 소홀히 한다는 남성 학자들의 비판을 귓등으로 흘리며, 실험실에서 또 다른 자녀들(결국 그녀는 12명의 제자를 두었다!)에게 실험 물리학을 가르치며 연구에 열중했다.

성가신 일이 많았지만, 로라는 불평하지 않았다. 그녀는 대다수 남자 동료들과는 달리, 자신의 연구와 가르치는 일을 거르지 않았고 자신이 발견한 것을 출판하거나 유명해지는 일 따위엔 신경 쓰지 않았다. 로라에겐 오로지 지식만이 목표였다.

1745년 로라가 34세가 되었을 때, 그녀의 오랜 연구와 의심 많은 동료들을 다루는 우아한 기술이 보상을 받기 시작했다. 그때까지 남성의 과학이라 알려진 기계학, 유량 측정법, 탄성을 가르치는 것이 로라에게 허락된 것이다. 교황 베네딕트 15세는 로라를 교황 자신이 운영하는 베네딕트 아카데미의 회원으로 지명했다. 하지만 교황의 후원에도 불구하고 동료들은 여전히 로라를 견제했고, 아카데미 회원이었음에도 불구하고 로라에게 투표권을 허락하지 않았다.

베네딕트 아카데미의 멤버가 된 후로 로라의 권위가 의심 받는 일은 훨씬 줄어들었다. 그녀는 자신의 능력을 증명했고, 여성들도 가사를 돌보는 것 이상의 더 많은 일을 할 수 있음을 보여 주었다. 그녀의 명성은 널리 퍼졌고, 그녀가 죽기 2년 전인 65세 때에는 볼로냐 과학원의 실험 물리학 분과 의장이라는 권위 있는 직위에 임명되었다.

로라 바씨는 여성의 평등을 위해 싸운 영웅이었다. 남성 우월주의에 맞선 그녀의 분투와 승리는 차별의 꼬리표를 달고 있던 모든 소녀들을 격려했다. 로라가 보여 주었듯, 다르다는 것은 멋진 일로 바뀔 수도 있는 것이다.

나는 이렇게 세상을 뒤흔들 거야!

조안 롤링 J. K. Rowling이나 끝내주게 재미있는 릭 리오던 Rick Riordan(*퍼시 잭슨과 번개 도둑의 작가 – 옮긴이) 같은 작가가 되어 셰익스피어와 켄 폴릿 Ken Follett(*'대지의 기둥' 시리즈의 판타지 소설 작가 – 옮긴이)을 합친 것보다 더 많은 작품을 출간하는 것이 내 꿈이다. 나는 적절한 주제를 찾아 숨은 메시지를 전달하는 책을 쓸 수 있다. 남성 주도적인 시대를 배경으로 강력한 여성을 주인공으로 한 책을 쓸 수도 있다. 나는 소설을 통해 사람들을 자연스럽게 가르칠 수 있을 것이다. 나는 수백만 명에게 영감을 주는, 세상을 뒤흔드는 소녀가 될 작정이다.

케이트 새뮤얼스 Kate Samuels ● 13세

후아나 이네스
델 라 크루즈 수녀

juana Ines de La Cruz

1651~1695년 | 학자이자 시인 | 멕시코

내 생각에, 배움은 형편없는 주제에
머리만 풍성한 머리카락으로 장식할 명분은 없어 보인다.

후아나 이네스 델 라 크루즈 수녀 *Juana Ines de La Cruz*

열다섯 살의 후아나는 초조한 나머지 두 주먹을 꼭 쥐었다. 그녀 주위에는 멕시코시티에서 가장 지적이고 학식 있다는 사람 마흔 명이 모여 있었다. 후아나에겐 그들의 질문에 답해야 하는 이 곤란한 상황이 영원히 지속될 듯 느껴졌다. 그들은 철학, 수학, 역사, 문학, 종교, 그리고 뭐가 됐든 그들이 생각할 수 있는 모든 질문을 해 댔다. 후아나는 여러 시간에 걸쳐 그들의 질문에 답했다. 과연 그녀는 자신의 능력을 증명하고 공부를 계속해도 좋다는 허락을 받을 수 있을까?

후아나는 긴 시간 동안 기발하고 멋진 대답

후아나는 그녀의 어머니보다 훨씬 훌륭한 독서가였지만 그 사실을 비밀로 했다. 어머니의 감정을 상하게 하고 싶지 않기 때문이다. 그러나 그로 인해 후아나는 대학 입학도 허락받지 못했다.

으로 사람들을 놀라게 했다. 그녀에 관한 모든 소문들은 사실이었던 것이다. 그녀가 이 시험을 통과한 것은 시작에 불과했다. 후아나는 이후 멕시코에서 가장 뛰어난 지식인이자 시인이 되었다.

1651년 11월 12일, 후아나 라미레즈 데 아스바헤 Juana Ramirez de Asbaje는 멕시코 마을의 하시엔다(hacienda, 농장 저택)에서 태어났다. 세 살이 되자 후아나는 언니를 따라 학교에 갔고 금방 글 읽는 법을 배웠다. 후아나는 곧 어머니보다 더 잘 읽을 수 있게 되었다. 후아나의 놀라운 지적 능력은 숨길 수 없었다. 수학, 철학, 종교, 문학, 역사에 아즈텍 언어까지 닥치는 대로 섭렵했다. 후아나는 그렇게 어렵다는 라틴어조차 몇 차례의 강의를 듣고 곧바로 터득해 주변 사람들을 놀라게 했다.

일곱 살이 됐을 때, 후아나는 멕시코시티에 있는 대학에 대해 들었다. 그러나 당시의 다른 학교들이 모두 그랬던 것처럼, 그 대학도 남학생에게만 입학이 허용됐다. 후아나는 남자아이로 변장해 수강할 수 있게 해 달라고 어머니를 졸랐다. 어머니가 허락하지 않자 그녀는 할아버지의 서재에 있는 책으로 독학을 시작했다. 그녀는 그 무렵 집필을 시작했고, 마을 축제를 주제로 시를 쓰기도 했다.

열 살이 되자 후아나는 멕시코시티로 가서 친척과 함께 살게 되었다. 후아나가 천재라는 소문이 퍼졌고, 몇 년 후엔 멕시코 총독 부부의 초청으로 총독 관저에 머물게 되었다. 거기서 후아나는 공부를 계속했고, 시와 노래, 연극으로 총독 관저에 사는 사람들을 즐겁게 해주었다. 열다섯 살 무렵, 후아나는 멕시코를 대표하는 지성들로부터 광범위한 주제에 걸쳐 구두시험을 치렀고, 당당히 합격했다.

후아나는 공부를 계속하고 싶다는 열망으로 불타올랐지만 1,600년대의 멕시코 소녀로서 그녀가 할 수 있는 역할은 누군가의 아내와 엄마가 되는 것뿐이었다. 그런데 후아나가 계속 공부해서 학자가 될 수 있는 유일한 방법이 있었다. 바로 수녀가 되는 것이었다. 1669년 그녀는 수녀원에 들어갔고, 그후론 후아나 이네스 델 라 크루즈 자매(Sor)로 불리게 되었다.

그녀는 수녀원에 기거하면서 다양한 문화생활을 즐겼고, 가끔씩 방문하는 최상류 계층의 손님들을 즐겁게 해 주었다. 무엇보다 행복했던 것은 자신의 공부를 계속할 수 있었다는 점이다. 과학에 관심이 많았던 그녀는 입수할 수 있는 과학 기자재와 실험 도구들을 이용해 연구에 매진했다. 하지만 교회는 그녀의 과학 연구를 반대했고, 몇 달 동안 실험을 중지시키기도 했다. 하지만 후아나는 과학을 완전히 포기할 수 없었다. 달걀을 요리하거나 수녀원의 배치를 살펴보는 일상적인 일에도 과학적인 방법을 적용한 것이다.

후아나가 쓴 시와 희곡들은 멕시코와 스페인에서 출간되었다. 후아나는 문학을 통해 여성의 사회적 지위에 대해 문제를 제기했다. 후아나는 여성에게 더 많은 힘과 자유가 주어져야 한다고 주장했다.

1695년 페스트가 멕시코를 휩쓸었다. 페스트에 걸린 수녀들을 간호하던 후아나는 그 해가 끝나기 전에 세상을 떠났다. 하지만 후아나는 그녀가 남긴 작품 속에 살아있으며, 자신의 능력을 감추지 않고 꿈을 포기하지 않았던 지성인이자 여성의 표본으로 남아 있다.

프리메로 수에노(Primero Sueño, 첫 번째 꿈)라는 제목의 시는 후아나 수녀의 대표작으로 알려져 있다. 그 시는 아름답고 상징적인 언어로 우리에게 '마음을 깨우라'고 말하고 있다.

그렇게 환상은 삼라만상의 이미지를 조용히 베껴내고,

보이지 않는 붓이 마음의 색깔을 칠한다.

빛은 없지만 여전히 아름다운 유사성이여,

달 아래 있는 세상의 모든 피조물과 똑같지는 않지만,

그것들 역시 지성의 하늘에 뜨는 찬란한 별이니

보이지 않는 것들의 개념을 그려내고

그 그림들을 영혼에 펼쳐 보인다.

나는 이렇게 세상을 뒤흔들 거야!

나는 마음의 눈을 뜨게 해 주는 책을 써서 세상을 뒤흔들겠다. 고난을 이겨내고 살아 온 사람들을 인터뷰해서, 그들의 말이 수백만 명에게 전달될 수 있도록 할 것이다. 이 책은 세상을 향해 침묵했던 사람들에게 자신의 목소리를 내게 해 주고, 그들이 더 큰 흐름의 일부가 되도록 기회를 주는 일일 것이다.

매디 세낙 Maddy Cenac ● 13세

잔 다르크

Jeanne d'Arc

1412~1431년 | 전사이자 성인 | 프랑스

내게 여성스런 옷을 입으라는 명령이 내려졌다. 나는 거부했고, 지금도 거부한다.
여자들이 하는 그런 일을 해낼 여자들은 차고 넘친다.

잔 다르크 Jeanne d'Arc

화살과 석궁을 손에 든 잔느 Jeanne 는 성의 망루에 서서 적군의 진영을 내려다보았다. 이 용감한 열일곱 살 소녀는 프랑스군을 이끌고 전쟁에 뛰어들 참이었다. 그녀는 이미 어려운 전투에서 승리했고, 지금은 마지막 목표에 집중하고 있었다. 마지막 목표는 프랑스의 오를레앙 Orleans 시를 포위하고 있는 영국인들을 격퇴시키는 것이었다. 영국군 진영을 향해 화살 하나를 내리 쏘는 잔 다르크의 심장이 쿵쾅대며 뛰었다. 화살에 묶어 보낸 메시지는 영국군이 도시를 포기하지 않으면 공격하겠다는 잔느의 마지막 경고였다.

영국군은 거부했고, 잔 다르크는 병사들에게 전투 준비를 시켰다. 다음 날 아침, 잔느는 영국군을 급습했다. 잔느는 그 피비린내 나는 전투 중에 부상당했지만, 결국 승리할 수 있었다. 1429년 5월 8일, 잔느의 용기와 감화력 있는 리더십 덕분에 프랑스군은 5개월 간 오를레앙을 포위하고 있던 영국군을 물리칠 수 있었다.

잔느는 1412년 1월의 어느 추운 아침, 프랑스의 동레미 Domremy 마을에서 농부의 딸로 태어났다. 잔느는 신앙심 깊은 소녀였고, 시골 아낙들과는 아주 다른 인물이 되리라는 꿈을 갖고 있었다.

당시 프랑스는 영국과의 백년전쟁을 치르는 중이었고 영국군이 프랑스의 많은 지역을 지배하고 있었다. 백년전쟁 중인 1422년 프랑스의 왕 샤를 4세가 죽었다. 전통적으로 왕위 계승자('왕세자 dauphin'라고도 한다)는 랭스 Rheims 시로 가서 대관식을 하고 새로운 왕으로 즉위해야 한다. 랭스에서 왕관을 쓰지 않으면 왕으로서의 정통성을 인정받기 어려웠던 것이다. 하지만 전쟁 중이라 왕세자는 안전하게 랭스로 갈 수 없었고, 따라서 공식적으로 즉위할 수 없었다.

열두 살 무렵 잔느는 신의 음성을 들었다고 믿었다. 신의 음성은 잔느가 위대한 일을 완수하기 위해 선택되었다고 했다. 이후 수년 동안 잔느는 성 미카엘과 성녀 가타리나, 성녀 마르가리타의 환영을 보았다. 이들 성인, 성녀들은 오를레앙(오를레앙은 랭스로 가는 길 중간에 있었다)을 해방시키고, 왕세자를 랭스로 데려가서 대관식을 치르게 하는 것이 잔느의 운명이라고 말했다. 위험하기 짝이 없는 임무였다.

1429년 잔느는 자신의 운명을 받아들이기로 한다. 17세의 농촌 소녀를 믿고 도와 줄 사람을 구한다는 것은 불가능에 가까웠지만, 잔느는 믿기 어려울 정도로 강한 의지와 설득력을 갖춘 소녀였다. 잔느는 왕세자군의 사령관을 설득해 말과 몇 명의 호위병을 얻은 후 여정을 시작했다. 잔느는 남장을 하고 미래의 왕을 만나기 위해 전쟁에 찢긴 프랑스를 가로질러 갔다.

잔느가 도착하자, 왕세자는 성직자와 신학자들을 불러 잔느를 시험하고 조사하게 했다. 젊은 소녀가 주장하는 신이 내린 소명을 믿을 수 없었던 것이다. 잔느는 이들의 불신을 극복하고 오를레앙을 공격할 수 있는 병력을 하사받

았으며, 심지어 지휘관의 호칭까지 받았다! 젊은 지휘관은 전투를 위해 무장했다. 가벼운 갑옷을 입고 칼날에 다섯 개의 십자가가 새겨진 독특한 검을 찼다. 그녀는 비단으로 테를 두른 흰색 깃발을 들었다. 깃발에는 손 안에 지구를 들고 있는 예수님을 수놓았다. 잔느는 그렇게 군대를 이끌고 오를레앙으로 떠났다.

잔느는 몇 차례 전쟁을 치르며 승리했다. 잔느가 갖고 있는 감화력과 리더십은 병사들로 하여금 승리하기에 충분한 정신력과 사기를 유지할 수 있도록 했다. 잔느는 '창을 쓰는 일이며 병사를 집결시키고 위계질서를 잡는 일, 대포를 배치하는 일 등 못하는 것이 없는 탁월한 전쟁 전문가'라고 묘사되어 있다. 영국인들은 도망쳤고, 오를레앙의 포위는 풀렸다. 잔느가 본 비전의 앞부분이 현실화되었던 것이다.

프랑스 국민들 대부분이 오를레앙의 승리를 기적으로 받아들였다. 오를레앙 전투에서 승리한 후 잔느는 다음 비전을 실현하기 위해 나아갔다. 그 비전은 왕세자를 랭스로 모셔가 대관식을 올리는 일이었

다. 다시 한번 잔느는 설득의 힘을 발휘해 왕세자를 그녀의 계획에 따르도록 했다. 잔느는 길을 막는 영국군과 여러 번의 전투에서 승리했으며 오를레앙과 랭스 사이에 있는 프랑스 마을을 모두 해방시켰다. 왕세자는 안전이 확보되었을 때 움직이는 방식으로 1주일 정도 시차를 두고 잔느를 따라왔다. 결국 랭스에 도착한 왕세자는 무사히 대관식을 올리고 샤를 7세로 즉위했다. 프랑스가 한 명의 지도자에 의해 통합되는 순간이었다.

1430년 잔느는 아직 남아 있는 또 하나의 위협으로부터 프랑스를 지키려고 몸을 일으켰다. 그 위협이란 부르고뉴군의 공격이었다. 잔느는 용감히 싸웠지만 부르고뉴군에게 사로잡혔다. 부르고뉴군은 잔느에게 악감정을 갖고 있던 영국군에게 그녀를 넘겼다. 복수하고 싶어 안달이 난 영국군은 그녀를 재판에 회부했다. 그녀의 죄목은 남장을 하고 사악한 마법을 썼다는 것이었다(당시 남장을 하는 것은 기독교 교리에 반하는 범죄로 간주되었다). 영국인들은 프랑스 국민들에 대해 잔느가 갖고 있는 힘과 영향력을 두려워했으며, 공정한 재판을 할 생각은 아예 없었다. 재판 결과 잔느에게 사형이 내려졌다.

1431년 5월 30일, 19세의 소녀 잔 다르크는 기둥에 묶여 불태워졌다. 사형 집행인은 그 후 두려움 속에 보낸 날들을 이렇게 고백했다.

"나는 성녀(聖女)를 불태운 죄로 천벌을 받을까 몹시도 두려웠다."

샤를 7세는 이 용감한 프랑스의 전사를 구하기 위해 아무런 노력도 하지 않았다. 한갓 시골 처녀에 의해 프랑스가 승리했다는 사실을 받아들이기가 곤란했기 때문일 것이다. 잔느가 죽은 지 20년이 지나서야 샤를 7세는 잔느의 재판에 대해 재심을 명했고, 원심 판결은 파기됐다. 그 후 다시 500년 가까운 세월이 흐른 뒤, 로마 가톨릭 교회는 잔느를 성인으로 선포했다.

잔 다르크의 두려움 없는 리더십은 백년전쟁에 상당한 영향을 미쳤다. 잔 다르크의 군사적 승리는 영국군의 사기를 꺾었고, 프랑스 국민들에게는 새로운 희망을 주었다. 잔느의 삶은 무수한 예술가, 작가, 음악가, 역사가들의 영감을 자극했다. 그녀는 프랑스의 수호성인으로 기려지고, 그녀가 사망한 5월 30일은 프랑스의 공휴일로 지정되었다. 겨우 19년의 생을 살았지만, 그녀가 보여준 영웅적 행동은 수백 년을 넘어 오늘날까지 생생하게 전해지고 있다.

지금 세상을 흔들고 있는 소녀!

마이라 아벨라 네베스 Mayra Avellar Neves

마이라 아벨라 네베스는, 브라질 내에서 가장 폭력적이고 가난한 동네인 하우지 자네이루Rio de Janeiro 외곽의 '파벨라favelas'에서 성장했다. 마약 카르텔과 경찰은 거의 내전 수준의 전투를 벌였고, 심할 때는 교사와 의사도 마을 안에 들어올 수 없는 상황이 벌어졌다. 열다섯 살 무렵 마이라는 수백 명의 아이들과 10대 소년 소녀를 조직해서, 최소한 학교 수업 시간 중에는 폭력 행위를 그칠 것을 요구하는 항의 시위를 벌였다. 2008년 마이라는 국제 아동 평화상을 수상했다. 국제 아동 평화상 재단은 마이라의 평화 운동에 10만 달러 넘는 돈을 지원했다.

트렁 자매

The Trung Sisters

14~43년 | 전사이자 여왕 | 베트남

남자 영웅 모두가 복종하며 머리를 조아렸다.
오직 두 명의 자매만이 나라의 치욕을 씻기 위해 당당히 일어섰다.

15세기 베트남의 시

전장으로 가는 코끼리의 등 위에서 트렁 자매는 모여 있는 사람들을 훑어보았다. 수만 명의 베트남 병사들이 존경심과 경외감을 담은 눈빛으로 트렁 자매를 우러러보았다. 중국이 베트남을 침략한 이후 150년 동안 그 누구도 중국에 대항해 싸울 엄두조차 내지 못했다. 중국은 거대한 병력과 잘 훈련된 병사, 게다가 강력한 무기를 갖고 있었기 때문이다. 하지만 이제 베트남 병사들은 두려워하지 않았다. 그들은 지금 조국의 해방을 위해 싸우고 있으며, 동양 역사상 가장 위대한 여걸을 따르고 있기 때문이었다. 언니인 트렁 트락이 검을 치켜 들고 복수를 맹세했다.

무엇보다 먼저, 조국의 복수를 하겠다.

둘째, 훙왕조의 혈통을 복구하겠다.

셋째, 남편의 죽음에 대해 복수하겠다.

마지막으로, 이 세 가지 목적이 달성될 것을 확신한다. [35]

이 말이 끝나자, 8만여 명의 베트남 병사들은 함성과 함께 전장으로 뛰어들었다.

역사상 전무후무한 전사 자매, 트렁 트락과 트렁 니는 서기 14년 경 북부 베트남의 작은 마을에서 태어났다. 자매의 아버지는 베트남의 강력한 영주였다. 그녀들의 어머니는 중국 통치자를 증오하였으며 증오를 표현하는 일을 두려워하지 않았다. 기원전 111년 중국이 베트남을 침공한 이래, 중국은 베트남인들을 억압하며 막대한 세금을 거뒀고, 베트남의 고유한 문화와 전통을 포기하라고 강요했다. 트렁 자매는 베트남 국민들이 가혹하고 불공정한 지배를 받는 것을 보며 자랐다. 자매의 아버지는 일찍 돌아가셨지만, 그녀들은 베트남의 자유를 되찾겠다는 꿈을 잊은 적이 없었다.

자매의 어머니 만 티엔 부인은 세상에 드문 강인한 여인이었다. 전통적으로 베트남 여성은 유럽이나 아시아 다른 지역 여성에 비해 많은 권리를 누렸다. 베트남 여성은 재산을 상속받을 수 있었고, 정치 지도자나 판사, 상인, 전사(戰士)가 될 수도 있었다. 하지만 중국인의 통치는 베트남 여성의 시계를 과거로 되돌려 놓았고, 여인들의 자유를 박탈했다(아마 전족(纏足)이라고 들어본 적이 있을 것이다). 티엔 부인은 중국인 지배자에 맞서 저항했다. 재혼을 않기로 결심한 다음부터 어린 딸들에게 군사 전략, 무예, 검술, 궁술 등 전쟁의 기술을 가르치는 일에 온 힘을 쏟았다. 티엔 부인은 전쟁의 날이 다가오고 있음을 알고 있었다.

트렁 트락은 10대 소녀일 때, 젊은 지역 족장 티 사크와 사랑에 빠져 결혼했다. 트렁 트락 부부는 트렁 니와 함께 중국의 지배에 저항했고 나라를 유린하고 있는 침입자를 타도할 계획을 비밀리에 실행에 옮겼다. 트렁 트락은 '용감하고 두려움을 모르는' 기질이었다고 전

트렁 자매가 첫 전투에서 중국군에게 승리하자 트렁 트락의 남편을 죽이라고 명했던 중국 총독 토딘은 너무 놀랐고 겁에 질렸다. 결국 온 몸의 털을 잃어 모습을 바꾸고, 은밀하게 베트남을 떠나 도망쳤다고 한다.

해진다. 중국의 기록이 전하는 바에 따르면 남편인 티 사크는 아내가 결정하면 아무 이의 없이 따랐다고 한다. 10대의 트렁 자매는 중국과의 전쟁에 참여하도록 베트남 귀족들을 설득했다고 추측된다. 이들의 모의를 알게 된 중국 총독은 트렁 트락의 남편을 잔인하게 처형했고, 그 시체를 성문에 매달아 반란 세력에게 경고했다.

하지만 총독의 기대와 달리 그의 처사는 역효과를 불러왔다. 트렁 자매는 겁을 먹고 움츠러들기는커녕, 중국이 저지른 불의에 분노했고 중국에 맞서 봉기하기로 결정한 것이다. 트렁 자매는 국민들의 용기를 북돋우며 함께 봉기할 것을 촉구했다. 8만 명의 남녀가 혁명군

트렁 자매 군단에 속한 여전사들의 용맹은 가히 전설적이다. 전해지는 이야기에 따르면 펑 티 친 장군은 만삭의 몸으로 전투에 참가했다고 한다. 펑 장군은 전투 중에 아이를 낳았고, 아기를 등에 업은 상태로 전투를 계속했다고 한다.

에 자원했고 그들 대부분은 20대였다! 트렁 트락은 남편을 위해 상복

을 입는 것조차 거부했다. 상복이 동료 전사들의 사기를 떨어뜨릴까 염려했기 때문이다.

트렁 자매는 자원자 중에서 36명의 여성을 선발하여 군대를 통솔하는 장수로 삼았다. 장수로 선발된 여성 중엔 트렁 자매의 어머니도 포함되어 있었다. 서기 40년 중국의 지배를 받은 지 150년 만에 처음으로, 트렁 자매는 침입자에 맞서 국민적 저항운동을 일으켰다. 자매는 훌륭한 조화를 이뤘다. 트렁 트락은 전쟁을 총괄하는 전략가였고, 트렁 니는 두려움을 모르는 전사였다. 트렁 자매는 제대로 훈련되지도 않은 병력을 이끌고 중국이 점령하고 있던 65개 성을 해방시켰고, 베트남 땅에서 중국인들을 몰아내는 기적을 이루었다. 트렁 트락과 트렁 니의 이야기는 순식간에 퍼져 나갔고, 중국의 지도자까지 겁먹게 했다. 역사 기록은 이렇게 기술하고 있다.

"여인이 당당하게 젊은 백성들을 이끌었다. 한(漢)나라 황제조차 그 여인의 소문을 듣고 두려움에 떨었다."

이 같은 위업을 이룬 후 트렁 자매는 새로운 나라를 세웠다. 그 나라의 영토는 남부 베트남에서 중국 남부까지 펼쳐졌다. 트렁 자매는 공동 통치자로 선출되었고, 중국인이 시행하던 불공정한 정책들을 신속하게 개혁했다. 트렁 자매는 베트남의 전통 가치를 따르는 좀 더 작은 정부를 만들기 위해 노력했으며, 침략자에 의해 부과되던 악명 높은 세금을 폐지했다. 이후 3년 동안 트렁 자매는 분노한 중국군에 대항해 싸우면서 새로운 독립국가인 베트남을 통치했다.

불행히도 베트남의 자유는 오래가지 않았다. 중국군은 병력, 무기,

전투 경험 등 거의 모든 면에서 베트남군 보다 우위에 있었다. 서기 43년에 있었던 전투가 트렁 자매의 마지막 전투였다. 현재 하노이 근방에서 벌어진 전투에서 수천 명의 베트남 병사가 중국군에게 잡혀 참수 당했고, 만 명 이상이 포로가 되었다. 트렁 자매는 항복해 패배를 인정하기보다 베트남인들이 좀 더 명예롭게 여기는 탈출 수단을 택했다. 자결이었다. 트렁 자매가 강에 뛰어들어 죽었다는 얘기도 있고, 구름을 타고 하늘로 올라갔다는 얘기도 있다.

그 후 950년 동안, 트렁 자매의 전설은 베트남 사람들이 중국에 저항할 수 있는 용기를 주었다. 중국의 통치를 받았던 암흑시대에 일어난 많은 봉기가 여성이 주도한 것이었다! 그녀들의 이야기는 한 세대에서 다음 세대로 전해졌고, 결국 트렁 자매는 여신처럼 숭배되기에 이르렀다.

현재의 베트남 사람들도 여전히 트렁 자매를 추모하고 기린다. 이야기, 시, 연극, 포스터, 기념비, 우표에 트렁 자매가 등장해서 베트남인들을 격려해 준다. 베트남의 수도인 호치민 시에는 트렁 자매의 이름을 딴 길이 있고, 유명한 하노이의 '하이 바(두 명의 자매란 뜻) 탑'을 비롯해 트렁 자매를 기리기 위한 신성한 사원들이 지어졌다. 베트남 정부는 트렁 자매를 국민 영웅으로 선포했고 매년 5월 '하이 바 트렁의 날'에는 전 국민이 트렁 자매의 희생과 용기를 기린다.

150년 동안 베트남에서는 그 누구도 중국에 저항할 생각을 하지 못했다. 트렁 자매가 봉기한 후에야 베트남 사람들은 자유를 위해 싸우기 시작했다. 이들의 영웅적인 행동은 이후 베트남 사람들이 외세의 지배를 타파하기 위해 어려운 싸움에 뛰어들 수 있도록 해 주었다. 병사들은 트렁 자매가 힘을 줄 것이라 믿으며 트렁 자매의 초상화를 품고 전장에 뛰어들었다. 트렁 자매 덕분에 베트남은 여성 전사의 오랜 역사를 갖게 되었다. 베트남 국민 중 많은 사람들이 트렁 자매가 없었더라면 오늘날의 베트남도 없었을 것이라 믿고 있다.

나는 이렇게 세상을 뒤흔들 거야!

나는 미국 최초의 여성 대통령이자, 유태계 대통령이 되어 세상을 흔들어 보겠다. 내가 책임질 중요한 문제 중에는 여성에게 차별 없는 급여를 지급하고, 더 나은 조건의 육아 휴직을 보장하는 정책도 포함된다.

배시 슈스터만 Bassie Shusterman ● 14세

핫셉수트

Hatshepsut

기원전 1508~1458년 | 파라오 | 이집트

이집트 신민들이 어깨를 나란히 하고 서 있는 광장은 발 디딜 틈이 없었다. 태양은 새 왕정의 기념비가 모습을 드러내기를 기다리는 듯 쨍쨍 내리쬐었다. 나팔 소리가 울려 퍼지는 가운데 노예들이 장막을 걷자 돌로 만들어진 기념비가 드러났고, 앞줄에 서 있는 사람들은 거기 새겨진 것을 더 잘 보기 위해 눈을 부릅떴다. 사람들은 눈앞에 드러난 광경에 충격을 받았고, 뒷줄에 있는 사람들에게 자신이 본 것을 전하느라 웅성거렸다. 충격적인 소식은 물결처럼 퍼져나가 이내 모든 사람들이 돌에 새겨진 놀라운 내용을 알게 되었다.

이전의 기념비엔 핫셉수트가 남편의 뒤에 서 있음으로서, 왕비 역할에 어울리는 모습이었다. 혹은 후견인이자 조언자 자격으로 그녀의 양아들 옆에 서 있기도 했다. 지금 사람들이 보고 있는 이 새로운 조각물에선 핫셉수트가 온전히 홀로 서 있었다. 더욱 충격적인 것은 핫셉수트가 입고 있는 옷이었다. 대담하게도 그녀는 남자 복장, 다시 말해 파라오의 복장을 하고 있었다! 도대체 이게 무슨 일인가? 그들에게 여성 파라오는 처음이었다. 그러면 핫셉수트의 양자는 뭐란 말인가? 그가 파라오가 될 예정이지 않았던가? 신들이 좋아하지 않을 것이었다. 마아트 maat, 즉 우주의 질서가 교란될 것이 뻔했다.

어느 날 갑자기 파라오가 된 이 소녀는 파라오 투트모스 1세의 맏딸로 태어났다. 그녀의 유일한 형제인 여동생이 어려서 죽은 후로는 파라오의 외동딸로 자랐다. 핫셉수트 가문이 권력을 잡기 전에, 이집트는 분열되어 있었고, 간간이 외세의 지배를 받기도 했다. 수 세대에 걸쳐 핫셉수트 일족은 분열된 이집트를 통일하기 위해 노력했다. 결국 핫셉수트의 아버지

당시 이집트 사람들은 6~7명의 자녀를 두는 것이 보통이었고(그 중 절반은 어릴 때 사망했다) 여자아이도 남자아이와 마찬가지로 환영받았다. 여자아이 이름은 보통 '풍요가 온다', '환영한다'와 같은 뜻을 갖고 있었다. 여자아이에게 '그 남자아이는 큰 녀석이야' 같은 이름을 붙이기도 했다.

가 이집트 통일의 위업을 달성했고, 그의 치세 기간 중 이집트는 번영을 이루었다. 핫셉수트의 아버지인 투트모스 1세는 절대 권력을 가진 파라오로서 이집트 신민의 존경과 사랑을 받았다.

이집트 왕족은 대개 왕가의 혈통 보전을 위해 형제간에 결혼했다. 핫셉수트도 예외가 아니었다. 부왕이 사망하자, 젊은 핫셉수트는 이복 오빠인 투트모스 2세와 결혼했다. 그 때 핫셉수트의 나이는 열두 살 정도였을 것이다. 당시 대부분의 이집트 소녀들은 열두 살을 전후

해 결혼했다. 이복 오빠가 왕이 되었고, 핫셉수트는 그의 왕비가 되었다. 얼마 되지 않아 핫셉수트는 딸, 네페루리 공주를 낳았다. 이 시기의 조각물을 보면 핫셉수트는 왕비 복장을 하고 남편 뒤에 서 있다.

많은 역사학자들이 투트모스 2세를 허약하고 병치레가 잦았던 왕으로 묘사하고 있고, 그로 인해 그의 재위 중 핫셉수트가 실질적으로 이집트를 통치한 것으로 보고 있다. 투트모스 2세는 젊어서 사망했고, 이집트 왕실의 관례에 따라 다른 후궁이 낳은 투트모스 2세의 아들이 왕위를 계승했다. 그러나 투트모스 3세는 다섯 살로 파라오가 되기에는 너무 어렸다. 핫셉수트는 열다섯 살의 나이에 투트모스 3세의 후견인이 되었다. 이 시기의 조각에서 핫셉수트는 양아들 옆에 서 있는 모습으로 등장한다. 그녀는 투트모스 3세가 혼자 힘으로 통치할 수 있을 만큼 나이가 들 때까지, 공동 통치자의 역할을 하기로 되어 있었다. 하지만 핫셉수트에게는 자기만의 계획이 있었다.

핫셉수트는 이미 이집트에서 여성이 가질 수 있는 최고의 지위에 도달했지만, 더 많은 것을 원했다. 핫셉수트는 자신에게 파라오의 칭호를 내렸다. 왕이 되었던 것이다! 왕비의 지위와 파라오의 지위 사이엔 엄청난 차이가 있다. 왕비는 파라오의 동료에 불과했다. 왕비는 자신의 이름으로 불리지도 않았다. 일생 동안 남자와의 관계에 따라 호칭이 정해졌던 것이다. '왕의 딸' 아니면 '왕의 정실부인' 같은 식이었다. 반면에 파라오는 의심할 바 없이 이집트 왕국 내 모든 토지와 신민의 지배자이자 주인이었다. 파라오가 원하기만 하면 어느 때고 그의 신민에게 생계를 작파하고 피라미드나 사원을 건축하라고 명할 수도 있었다. 파라오는 세금 징수, 비상시를 대비한 식량 비축, 운하와 건축물 시공, 법령을 유지하는 책임을 갖고 있었다. 군의 수장으로서 파라오는 전쟁을 계획할 수 있었고, 개인 권한으로 병사들을 전투에 투입할 수 있었다.

가장 중요한 것은 이집트 사람들이 파라오를 신성한 존재, 즉 이 땅에 신의 뜻을 전하는 사자로 믿었다는 점이다. 파라오는 신민을 대표하여 신과 직접 소통하는 존재였고, 이집트의 번영을 보장하고 재앙으로부터 신민을 지켜 주는 존재였다. 고대 이집트인들은 파라오가 없으면 자신들이 생존할 수 없다고 믿었다.

핫셉수트는 여성이 파라오가 되면 신민들이 충격과 당황에 빠질 것이란 점을 알고 있었다. 이집트 사람들은 마아트 maat 라는 우주의 질서를 믿고 있었는데, 여성 파라오는 그 질서를 깨뜨리는 존재였다. 핫셉수트는 신민들이 좀 더 자연스럽게 느낄 수 있도록 자신의 모습을 바꿔 나갔다. 조각물 속에서 핫셉수트는 정면 중앙에 자리했지만, 평평한 가슴에다 남자 옷을 입고 모조 턱수염을 붙였다. 신민들은 그녀가 여전히 여자인 줄 알고 있었지만, 이런 이미지를 통해 핫셉수트가 남자의 역할을 할 능력이 있고, 남자의 일을 해낼 수 있음을 믿게 되었다.

핫셉수트의 경우와 달리, 당시 이집트 소녀들은 가정 밖에서 일자리를 갖는 것이 허용되지 않았다. 운이 좋아야 직조공, 가수, 무희, 악기 연주자 등의 일을 하는 것이 고작이었다.

또한 파라오에겐 여러 가지 의례를 수행하기 위해 왕비가 필요했기 때문에, 핫셉투트는 한 번 더 관행을 깨고 자신의 딸 네페루리에게 왕비의 칭호를 내렸다.

이집트와 같은 남성 우월 사회에서, 신민들이 핫셉수트를 신성한 지배자로 받아들인 것은 보통 드문 일이 아니었다. 투트모스 3세가 나이가 찬 후에도 이집트 신민들은 핫셉수트를 자신들의 파라오로 여겼고, 그 결과 핫셉수트의 통치는 20년 넘게 지속되었다! 당시 이집트인의 평균 수명이 30살 정도였다는 사실을 생각하면 20년이란 통치기간은 놀랍기 그지없는 일이다.

이집트 사람들은 고양이를 엄청나게 사랑했다!
• 고양이가 죽으면, 주인은 눈썹을 밀고 옷을 찢어 슬픔을 표현했다.
• 고양이를 미라로 만들기도 했는데 이집트의 한 공동묘지에서는 30만 구의 고양이 미라가 발견되기도 했다.
• 고양이를 죽인 사람은 사형선고를 받고 돌에 맞아 죽을 수도 있었다.
• 귀족이 사냥할 때, 화살에 맞아 떨어진 새는 특별히 훈련된 고양이가 회수했다.

핫셉수트가 통치한 영토는 아프리카 북동부로부터 아라비아 반도, 오늘날의 시리아에 이르는 영역을 모두 포함하고 있다. 핫셉수트의 통치는 새로웠고, 평화를 중시했으며, 안정과 번영으로 이어졌다. 먼 곳의 다른 나라들을 탐사했으며, 그때까지 이집트인들이 가 보지 않은 나라에 상단을 파견해 무역에 성공했다. 역사상 핫셉수트는 장엄한 건축물들을 건립한 업적으로 알려져 있다. 그녀는 쇠락한 사원을 복구하는 일에 많은 공을 들였고(3,500년 전에도 이집트에 있는 건축물 중엔 이미 수천 년 묵은 것들이 많았다!), 수백 개의 성지(聖地)와 기념비, 조각상을 조성했다. 핫셉수트가 자신의 영면을 위해 나일강변에 건축한 장제 신전인 다이르알바리(Deir el-Bahri)는 역사상 가장 아름다운 건축물 중 하나로 꼽힌다.

핫셉수트는 나이가 들어 통치가 어려워지자 장성한 양아들에게 파라오 자리를 물려 주었다. 투트모스 3세는 양어머니가 훌륭하게 닦아 놓은 길을 계승했고, 신민들의 사랑을 받는 성공적인 파라오가 되었다. 하지만 투트모스 3세가 권력을 행사하기 위해서는 핫셉수트의 동의를 얻어야 했다. 핫셉수트는 50을 바라보는 나이에 사망했다. 당시의 이집트인 평균 수명보다 20년 가까이 더 산 셈이다. 핫셉수트는 왕가의 계곡(Valley of the Kings)에 있는 장엄하고도 아름다운 묘지, 다이르알바리에 묻혔다. 기존의 모든 원칙을 파괴했던 여성으로서의 삶에 어울리는 마지막 모습이었다.

핫셉수트는 고대 이집트의 위대한 지배자 중 한 명이었다. 그녀의 통치는 클레오파트라, 투탄카문 왕, 네페르티티 여왕보다 더 강력했고 성공적이었다. 하지만 오늘날 그녀에 관해 알려진 것은 아주 적다. 왜냐고? 핫셉수트가 죽은 지 몇 해 후, 누군가가 핫셉수트와 관련된 모든 기록을 말살했기 때문이다. 그녀를 조각한 상은 산산이 부서졌고, 조각에 새겨진 그녀의 이미지는 도려내졌다. 초상화는 불태워졌고, 핫셉수트라는 이름은 파라오의 리스트에서 삭제되었으며, 그녀의 미라도 어디론가 사라졌다. 그녀의 영광을 증언할 다이르알바리의 장엄한 사원조차 산사태 아래 묻혀 버리고 말았다.

누군가 핫셉수트를 아예 존재한 적이 없는 사람으로 만들고 싶어한 것이다. 누구였을까? 질투심에 불탄 그녀의 양아들? 분노한 정부(情夫)? 여성 파라오를 잊고 싶었던 후대의 이집트인들? 이 문제는 여전히 큰 수수께끼로 남아 있다. 어쨌든 핫셉수트의 통치를 지워 버리고자 하는 이들의 비밀스럽고 사악한 기도에도 불구하고, 핫셉수트의 전설은 사라지지 않았다.

1,800년대 후반 고고학자들은 핫셉수트의 생애를 파고들었고, 그녀의 사원을 찾아냈으며, 새로 새겨진 글자 밑에 남아 있던 그녀의 이름을 추적했다. 그렇게 흩어져 있던 역사의 조각들을 모으자 핫셉수트가 이집트 역사상 가장 영향력 있는 여성이었음이 밝혀졌다. 2007년 그녀의 미라도 발견되었다. 핫셉수트는 이집트 왕들 가운데서 정당한 자리를 되찾게 되었고, 인습과 고정관념을 벗어난 그녀의 독특한 생애는 오늘날에 이르기까지 고고학자들을 매혹시키고 있다.

나는 이렇게 세상을 뒤흔들 거야!

나는 어린이 도서관에 있는 이집트에 관한 모든 책을 읽었다. 지금은 성인 도서관에서 이집트 관련 책을 읽고 있다. 나는 이집트학의 전문가가 되어 세상을 흔들어 보려 한다. 고대 이집트를 전공하는 고고학자가 되면 그럴 수 있을 것이다. 사람들이 이집트와 이집트의 역사에 대해 더 많이 배울 수 있도록 내 경험을 글로 쓸 작정이고, 스핑크스를 열고 들어가 그 안에 무엇이 있는지도 보고 싶다.

카리사 라이트 Karissa Light ● 13세

이 책의 주인공들은 각자 완전히 다른 방식으로 세상을 뒤흔들었지만,
그들에게는 몇 가지 공통점이 있다.
가난, 교육 부족, 가족의 반목, 성차별적인 사회, 억압하는 정부, 자기 불신 등의
장애를 극복하고 자신의 꿈을 실현했다는 사실이다.
이 책의 주인공 누구도 쉬운 길을 갈 수 없었지만 결코 포기하지 않았다.

옮기는 내내 즐거움과 가벼운 흥분을 느꼈다.

그전까지 잘 모르던, 혹은 이름 정도나 알고 있었던 여성들의 인생
속으로 깊숙이 들어가, 그들과 시대와 지역을 초월한 대화를 나눌 수
있었기 때문이다. 46명의 인생 역정을 큰 과장 없이 담담하게 그려냄
으로써 오히려 더 큰 감동의 공간이 확보된 탓이기도 하리라. 이 책은
기존의 위인전과는 여러모로 다르다. 그 다른 점을 중심으로 이 책의
장점을 얘기해 보기로 하겠다.

첫째, 인물들이 아주 다양한 분야에 걸쳐 있다.

3,500년 전의 인물부터 동시대를 살아가는 사람까지, 천차만별의 배경에서 태어나 나름의 성취를 이룬 여성들이 주인공이다. 이 책엔 영농 기업가, 패션 디자이너, 발명가, 고고학자, 수녀, 가수, 바이올리니스트, 배우, 시인, 소설가, 화가, 조각가, 건축가, 노예 해방 운동가, 시민운동가, 여성 참정권 운동가, 전사(戰士), 전투기 조종사까지 등장한다. 물론 기존 위인전의 단골 분야인 정치인, 여왕, 과학자들도 당연히 포함돼 있다. 지금 이 땅의 아이들은 마음대로 꿈도 꾸지 못하고 무한 경쟁에 질식당하고 있다. 자신의 꿈조차 스펙의 일부로 정리해야 하는 그 아이들에게 다양한 분야에서 성취가 가능하다는 사례를 보여주는 것만으로도 숨 쉴 여지가 조금은 생기지 않을까 하는 바람을 갖게 된다.

둘째, 여성만을 다루고 있다는 것 자체가 매력적이다.

저자의 말마따나 역사상 유명한 사람 이름을 대 보라고 하면, 대부분 남자의 이름을 더 많이 생각해 낼 것이다. 옮긴이 역시 그랬다. 최근까지도 여성이 정치, 사회적으로 충분한 권리를 누리지 못했음은 누구나 알고 있는 사실이다. 일부 세계에선 아직도 그러하다. 남성보다 더 많은 억압과 도전을 이겨내고 성취를 이룬 여성들의 삶은 그 자체로 감동적이다. 그런 인생 이야기들이 존재했다는 것만으로도 세상을 살아갈 용기와 격려, 위안을 얻게 될 것이다.

셋째, 46개의 인생 이야기를 10대를 중심으로 정리했다.

이 책의 주인공 46인은 모두 스무 살이 되기 전 중요한 성취를 이루었다. 많은 위인전들이 전체 인생을 다룸으로써 성취의 대부분을 이룬 인생 후반전에 집중하는 경향이 있지만, 이 책은 정반대다. 그런 성취의 씨앗이 어떻게 뿌려졌고 어떤 토양에서 어떻게 자라게 되었는지에 집중한다. 위대한 인물 이야기 중 10대에 스포트라이트를 비춘 책은 없었다. 10대 청소년들이 충분히 공감대를 형성하며 읽을 수 있는 드문 책이다.

넷째, 모든 10대들에게 지금 당장 시작할 수 있다고 격려한다.

이 책엔 세상을 흔들었던 46명의 인생 이야기뿐 아니라, 지금 현재 세상을 흔들고 있는 10대들의 이야기가 수록되어 있다. 아버지의 전립선암을 계기로 전립선암 환자를 돕는 비영리 조직을 만든 윈터 비네카나 히우지자네이루의 살벌한 동네 파벨라에 살면서 수업시간 중에는 폭력행위를 그쳐 달라고 호소한 마이라의 이야기는 어떤 일을 성취하기 위해 어른이 될 때까지 기다릴 필요가 없음을 확신하게 해준다. 공부와 스펙 쌓기에 지친 우리 아이들에게 용기와 동기를 불러일으킬 수 있을 것이다.

다섯째, 엄마와 딸이 함께 읽을 수 있다.

이 책은 청소년뿐 아니라 엄마가 읽어도 충분히 흥미롭다. 엄마와 딸이 함께 책을 읽고, 46명의 인생 하나하나에 대해 얘기하며 즐거운 시간을 보낼 수도 있겠다. 위인에 대한 존경심을 불러일으키려는 작위적 과장이 없는 탓에, 고리타분한 위인전에 질린 아이들에게도 부담이 없을 것이라 생각한다.

세상을 뒤흔든다는 것이 꼭 유명해지거나 엄청난 부자가 되는 것을 뜻하지는 않는다. 스스로 선택하고, 세상의 잣대에 순응하지 않으며, 사람들의 마음과 생각을 바꾸고, 세상에 도움이 되는 일을 한다면 그것이 바로 세상을 뒤흔드는 것일 수 있다. 이 책을 통해 청소년들이 자신만의 독립적인 삶, 자신의 전부를 던질 수 있는 열정적인 삶을 추구할 수 있게 된다면 더 없는 기쁨일 것이다.

세상을 뒤흔든 IO대들 | 소녀 편

초판 1쇄 | 2014년 8월 5일
　　3쇄 | 2016년 5월 23일

지은이 | 미셸 로엠 매칸 · 아멜리 웰든
옮긴이 | 장은재

펴낸이 | 설웅도
펴낸곳 | 라의눈

편집장 | 김지현
책임편집 | 안은주
마케팅 | 최제환
경영지원 | 설효섭
디자인 | Kewpiedoll Design

출판등록 | 2014년 1월 13일(제2014-000011호)
주소 | 서울시 서초중앙로 29길(반포동) 낙강빌딩 2층
전화번호 | 02-466-1283
팩스번호 | 02-466-1301
전자우편 | eyeofrabooks@gmail.com

ISBN : 979-11-952558-3-2 13190

잘못 만들어진 책은 구입처나 본사에서 교환해 드립니다.
책값은 뒤표지에 있습니다.
라의눈에서는 독자 여러분의 소중한 아이디어와 원고 투고를 기다리고 있습니다.